财务精英进阶指南
业务+税务+法务
协同操作实务及风险防范

王 越 ◎著

中国铁道出版社有限公司

CHINA RAILWAY PUBLISHING HOUSE CO., LTD.

图书在版编目（CIP）数据

财务精英进阶指南：业务＋税务＋法务协同操作实务
及风险防范 / 王越著 . — 北京：中国铁道出版社有限
公司，2021.9（2024.1 重印）
　ISBN 978-7-113-28005-5

　Ⅰ.①财…　Ⅱ.①王…　Ⅲ.①企业管理 – 税收管理 –
税法 – 研究 – 中国　Ⅳ.①D922.220.4

　中国版本图书馆 CIP 数据核字（2021）第 103662 号

书　　名：财务精英进阶指南：业务＋税务＋法务协同操作实务及风险防范
　　　　　CAIWU JINGYING JINJIE ZHINAN : YEWU+SHUIWU+FAWU XIETONG CAOZUO
　　　　　SHIWU JI FENGXIAN FANGFAN
作　　者：王 越

责任编辑：王淑艳　　　　编辑部电话：（010）51873022　　　电子邮箱：554890432@qq.com
封面设计：末末美书
责任校对：苗　丹
责任印制：赵星辰

出版发行：中国铁道出版社有限公司（100054，北京市西城区右安门西街 8 号）
网　　址：http://www.tdpress.com
印　　刷：河北宝昌佳彩印刷有限公司
版　　次：2021 年 9 月第 1 版　2024 年 1 月第 7 次印刷
开　　本：787 mm×1 092 mm　1/16　印张：20　字数：409 千
书　　号：ISBN 978-7-113-28005-5
定　　价：79.80 元

序

苏轼有句名诗,"不识庐山真面目,只缘身在此山中。"因税收而学习税收等同于一叶障目,不见泰山。笔者当年在税务局工作期间,每期的《税务公文通讯》全文必览,甚至能够流利地背诵《中华人民共和国税收征收管理法》全文,但细思一下,这种学习税收的思路是终南捷径,还是误入歧途?

正如想成为一名优秀的注册会计师,要同时报考《会计》《审计》《财务成本管理》《公司战略与风险管理》《经济法》《税法》科目。上述门类共同构成一个系统的会计从业人员的知识体系。苏轼还有一句话,"博观而约取,厚积而薄发",说的也是这么个道理,只有具有"面"的积累,才会有"点"的精研。如果仅是看看税法条文,极易形成按图索骥的机械理解。税法条文制定的背后也是有着财政学原理、会计处理、关联法律、宏观调控措施等这些深深的背景。比如,为什么要对自产农产品给予免税待遇的背后,是以工哺农、反馈农业的产业转型思路;政府行政性收费不征税背后的原因是私人产品与公共产品的分界使然;新能源汽车补贴的本质,不是无偿性地对汽车生产厂家的政府补助,而是落实产业升级弯道超车策略下的政府购买的范畴,从而纳入增值税的征收体系。诸如此类,不胜枚举。当你拥有了这些税法背景知识之后,再去看税法的条文,就会有庖丁解牛、条分缕析的感觉了。

因此,本书着重从宏观的视角,多维度地展示对税收具体政策的理解,犹如带着美学的境界去浏览一幅幅画作,原来枝枝叶叶也是别有一番情趣的。

另外，全书以案例为铺陈，让读者带着疑问，与作者一同探索一个个案例的答案。正如明代作家冯梦龙的《警世通言》《醒世恒言》《喻世明言》系列小说，通过一个个小故事整合而形成对于人性的思考，毕竟看到故事，就会有感官的刺激，通过感性的应急反应来吸引读者，最后通过叙事说理，给读者理性认识，也就达到写书的目的了。

本书的案例，基本贯穿各个税种，特别是增值税与企业所得税、个人所得税这三大税种，同时包罗税收的实体法与程序法。纳税人通常重实体而轻程序，殊不知产生纳税争议时，由于属于行政法的税法对程序正义的重视与保护，执法程序不当往往会成为纳税人的救命稻草。

当然，本书对于具体税法的诸要素，如税目、税率、计税依据、计税方法、纳税义务发生时间也探究较细。毕竟，这些环节对纳税人的涉税风险防控是至关重要的。本书还有一个特点：案例基本全是真实事件，其中不少是笔者亲自参与的案例，相信这些案例带有一定的普适性，对在工作中遇到相同或类似案例的读者朋友们，应当可以起到"他山之石，可以攻玉"的效果。

鉴于税法属于社会科学，有些案例属于"仁者见仁、智者见智"的一孔之见，没有绝对的真理，作者的观点难免有失偏颇之处。曾记得关于涉税问题的处理，税务局的同仁们也是争得面红耳赤，各执一词，这是正常的。正如税法的修订一直在路上一样，时移势异，与时俱进。过去是正确的不代表永远正确，甚至成了阻碍新事物的桎梏，但好在本书是讲述学习税法的方法论，不是对具体问题的盖棺定论，盼望读者朋友们予以理解。

相信这本书会成为财税爱好者与从业者们的辅助工作与学习实操中的一本不可多得的诤书！苟有一得，是所至盼！

是为序！

王　越

目 录 |

上篇　研习税法知其本义：复杂涉税案例解析

中篇　掌握税法与相关法律的渊源：精准解决疑难业务

下篇　钻研程序法：化解税务危机

上　篇

研习税法知其本义：复杂涉税案例解析

学习税法要坚持看原文、读原著、学原理，税法的精髓凝聚在言简意赅的条文里，所有的税法解释均来源于税法的原文，纳税人要多看税法原文，特别是原文中的关键字与词。

古时候，有一个非常有名的画家叫张僧繇。有一次，他在金陵安乐寺的墙壁上画了四条龙，但是都没有眼睛。围观者问他缘由，他说画上之后，龙就会飞走。但是人们不信，于是张僧繇就为龙画上了眼睛。画好之后，龙立刻腾云驾雾飞走了。这个"画龙点睛"的故事意在写文章或讲话时，在关键处用几句话点明实质，使内容更加生动有力。因此，仔细推敲、耐心琢磨税法原文中的关键字词，对我们学习税法与应用税法往往具有临门一脚的功效。

▶▶ 混合还是兼营，愁煞合同签订人

关键字：建筑服务＋材料、设备、动力

案例

先来段关于EPC的定义，EPC（engineering procurement construction）是指公司受业主委托，按照合同约定对工程建设项目的设计、采购、施工、试运行等实行全过程或若干阶段的承包。通常公司在总价合同条件下，对其所承包工程的质量、安全、费用和进度进行负责。

那么，一般纳税人的甲公司与同样是一般纳税人的乙公司签订EPC工程总承包合同，约定总价10亿元。合同内容包括设计、采购、施工，如何确定相应的税目，开具相应的发票？

先看法律条文的规定：

《财政部 国家税务总局关于全面推开营业税改征增值税试点的通知》（财税〔2016〕36号）第三十九条　纳税人兼营销售货物、劳务、服务、无形资产或者不动产，适用不同税率或者征收率的，应当分别核算适用不同税率或者征收率的销售额；未分别核算的，从高适用税率。

第四十条　一项销售行为如果既涉及服务又涉及货物，为混合销售。从事货物的生产、批发或者零售的单位和个体工商户的混合销售行为，按照销售货物缴纳增值税；其他单位和个体工商户的混合销售行为，按照销售服务缴纳增值税。

依据"财税〔2016〕36号"第三十九条，设计属于文化创意服务的子税目，

即设计服务，是指把计划、规划、设想通过文字、语言、图画、声音、视觉等形式传递出来的业务活动。包括工业设计、内部管理设计、业务运作设计、供应链设计、造型设计、服装设计、环境设计、平面设计、包装设计、动漫设计、网游设计、展示设计、网站设计、机械设计、工程设计、广告设计、创意策划、文印晒图等。

采购的材料、设备、动力属于货物，施工则属于建筑服务，则 10 亿元的合同应当分别适用设计、货物、建筑三个税目，否则从高适用货物的税率。

但依据第四十条，甲公司与乙公司签订的单项合同又像是混合销售，因为既涉及建筑服务和设计服务，又涉及货物，则需要按照销售方销售货物或销售服务征税，但只有一个税目，哪个对呢？

我们来分析税法的原文，根据财税〔2016〕36 号附件二《营业税改征增值税试点有关事项的规定》第七条，建筑服务：一般纳税人为甲供工程提供的建筑服务，可以选择适用简易计税方法计税。（甲供工程，是指全部或部分设备、材料、动力由工程发包方自行采购的建筑工程。）

在实际业务中如何应用

我们推理过程如下：甲供工程中，如果甲方提供全部或部分设备、材料、动力，而施工方仅提供建筑服务，或施工方既提供建筑服务又提供部分设备、材料、动力，则施工方可以选择按简易计税方法，即按 3% 的征收率开具建筑服务税目的增值税发票。那么反过来推理，如果施工方提供全部设备、材料、动力，并且提供建筑服务，则只能适用一般计税方法，按 9% 的税率开具建筑服务税目的增值税发票，即施工方既提供了货物（设备、材料、动力）又提供了建筑服务，属于混合销售行为，则按建筑服务税目缴纳增值税，这里我们可以得出结论，即建筑业的混合销售为"货物＋建筑服务"，而非"货物＋建筑服务＋设计服务"。

我们还可以进一步推理，如果按此前我们所讲的兼营，即按 13% 货物、9% 建筑服务、6% 设计服务开具发票，则施工方完全可以找关联方签署两个合同，施工方从事包工包料，按 9% 纳税，关联方从事工程设计，按 6% 纳税，从而整体降低税负。如果按此前我们所讲的混合销售，全部按 9% 施工服务纳税，同样纳税人会按上述办法拆分后变为"建筑服务的 9%＋工程设计服务的 6%"。

如此一来，则税收政策明显干扰了 EPC 这种施工模式的推进，我国的工程公司起步较晚，且长期处于以施工管理为主的阶段。事实上，目前我国大部分中小工程公司仍然处于施工管理阶段，不具备设计、采购、施工的总承包能力。到 20 世纪 80 年代末期，才有少数国有大型工程公司或设计院转型成为以 EPC 总承包为主业的工程公司。推动我国施工领域的改革从施工作业的低利润率的发展模式向总承包、集团化运作模式转化，争取高利润率市场的空间。

我们看到早在 2003 年 2 月 13 日，中华人民共和国建设部颁布《关于培育发展工程总承包和工程项目管理企业的指导意见》（建市〔2003〕30 号），在该规章中，建设部明确将 EPC 总承包模式作为一种主要的工程总承包模式予以政策推广。既然宏观产业政策要推广这种模式，如果不予以调整税收政策，则失去了税收调控的意义。

因此，我们认为上述 10 亿元的合同从税目上应当分解为两部分：一是包工包料的材料、设备、动力和建筑服务；二是工程设计。

为了增加我们解析的可信度，我们再来看一个 BT 模式，BT 是英文 build（建设）和 transfer（移交）缩写形式，意即"建设—移交"，是政府利用非政府资金来进行非经营性基础设施建设项目的一种融资模式。

注意，BT 是一种融资模式，即 BT 合同。实际上提供了施工和融资两种业务，而施工普遍采取包工包料的形式。为此，我们看到当时的河南省国家税务局发布的"营改增"指引中规定如下：对于 BT 项目，如果合同中对工程投资金额和投资回报分别进行明确约定的，投资方和业主方共同确认的工程投资金额由投资方按照"建筑业"计算缴纳增值税，取得的回报收入按照"利息收入"缴纳增值税。如果合同中对工程投资金额和投资回报没有分别进行明确约定的，投资方取得的全部收入按照"建筑业"缴纳增值税。

这和 EPC 模式异曲同工，将整个合同确认为两部分：一部分为包工包料的建筑服务；另一部分为资金融通的贷款服务。

★后续关注：混合销售的相关规定

《国家税务总局关于进一步明确营改增有关征管问题的公告》（国家税务总局公告 2017 年第 11 号）规定：纳税人销售活动板房、机器设备、钢结构件等自产货物的同时提供建筑、安装服务，不属于《营业税改征增值税试点实施办法》（财税〔2016〕36 号附件 1）第四十条规定的混合销售，应分别核算货物和建筑服务的销售额，分别适用不同的税率或者征收率。

如果说 EPC 合同提供的是自产活动板房、机器设备、钢结构件同时提供建筑、安装服务以及工程设计服务，则就要按三个税目来征税了，即按销售货物、建筑服务、设计服务来开具增值税发票并缴纳税款，因此，税法学习永无止境。

检索备注

福建税务局关于 BT、BOT 操作指引

1. 以投融资人的名义立项建设，工程完工后转让给业主的，在项目的不同阶段，分别按以下方法处理：

（1）在建设阶段，投融资人建设期间发生的支出为取得该项目（一般为不动产）所有权的成本，所取得的进项税额可以抵扣。投融资人将建筑工程承包给其他施工企业的，该施工企业为建筑业增值税纳税人，按建筑服务征收增值税，其销售额为工程服务承包总额。

（2）在转让阶段，除单独约定计价并分别核算的贷款服务、直接收费金融服务、经纪代理服务、企业管理服务销售额外，应就所取得收入按照销售不动产征收增值税，其销售额为取得的全部回购价款及价外费用。

2. 以项目业主的名义立项建设，工程完工后交付业主的，在项目的各个阶段，按以下方法处理：

（1）在建设阶段，投融资人建设期间发生的支出为工程建设成本，所取得的进项税额可以按规定抵扣。投融资人将建筑工程承包给其他施工企业的，该施工企业为建筑业增值税纳税人，按建筑服务征收增值税，其销售额为工程承包总额。

（2）在交付阶段，除单独约定计价并分别核算的贷款服务、直接收费金融服务、经纪代理服务、企业管理服务销售额外，应就所取得收入按照提供建筑服务征收增值税，其销售额为取得的全部回购价款及价外费用。

（3）按 BT 方式建设的项目，建设方（或投资方）纳税义务发生时间为按 BT 合同确定的分次付款时间。合同未明确付款日期的，其纳税义务发生时间为建设方（或投资方）收讫款项或者取得索取款项凭据以及应税行为完成的当天。

BOT 项目如何计算缴纳增值税的问题

1. 以投融资人的名义立项建设，工程完工后经营一段时间，再转让业主的，在项目的各个阶段，按以下方法处理：

（1）在建设阶段，投融资人建设期间发生的支出为取得该项目（一般为不动产）所有权的成本，所取得的进项税额可以抵扣。投融资人将建筑工程承包给其他施工企业的，该施工企业为建筑业增值税纳税人，按建筑服务征收增值税，其销售额为工程服务承包总额。

（2）在经营阶段，投融资人对所取得的收入按照其销售的货物、劳务、服务、不动产、无形资产适用的税率计税。

（3）在交付阶段，除单独约定计价并分别核算的贷款服务、直接收费金融服务、经纪代理服务、企业管理服务销售额外，应就所取得收入按照销售不动产征收增值税，其销售额为取得的全部回购价款及价外费用。

2．以项目业主的名义立项建设，工程完工后经营一段时间，再交付业主的，在项目的各个阶段，按以下方法处理：

（1）对于使用权和经营权的定义。

使用权：不改变财产的本质而依法加以利用的权利。（2020年12月物权法定，财产的使用权必须是由法律设定的，如土地承包经营权、采矿权、取水权等，税目注释中对不动产、动产租赁服务的定义也是转让使用权，但对动产、不动产使用权物权法并没有规定。）

经营权：经营过程中对企业财产经营、投资和其他事项所享有的支配、管理权。

（2）使用权和经营权的区别。

使用权是依照法律设定一种独立的权利，对财产占用、使用、收益的权利，可以独立于所有产权而存在；经营权虽也是对财产占用、使用、收益，但有两点不同：一是客体不仅限于财产（如动产、不动产）也可以是一项资产（不动产、动产、无形资产的复合）；二是经营权不能独立存在必须依附在所有权上（包括企业的所有权、财产所有权）。

（1）在建设阶段，投融资人建设期间发生的支出为工程建设成本，所取得的进项税额可以按规定抵扣。投融资人将建筑工程承包给其他施工企业的，该施工企业为建筑业增值税纳税人，按建筑服务征收增值税，其销售额为工程承包总额。

（2）在交付阶段，除单独约定计价并分别核算的贷款服务、直接收费金融服务、经纪代理服务、企业管理服务销售额外，应按照销售建筑服务征收增值税，并向项目业主开具发票；项目业主按销售无形资产征税，向投融资人开具发票，销售额按固定资产减去一定年限后的不动产残值确定。双方销售价格明显偏低或偏高且不具有合理商业目的或无销售额的按照 36 号文第四十四条确定。

（3）在经营阶段，投融资人对经营期间所取得的收入按照其销售的货物、劳务、服务、无形资产适用的税率计税。

▶▶ 超市搞促销，买单谁掏包

关键字：企业＋给予＋折扣

案例

某超市开展周末促销，对持某银行卡的客户采取买50元减5元的促销政策，即客户买50元的商品（适用13%税率，向消费者个人出售）只要划卡支付45元，另5元由该卡的银行支付，现银行要求该超市就这5元部分给其开具发票。该超市咨询是按6%开具专票，还是按13%税率开具普票？

这里有三方：超市、银行、消费者，很明显如果现金消费，消费者则需要付出50元的现金购买相应的商品；但持卡消费，只需要支付45元，毫无疑问，消费者获得了好处。那么这个好处是超市给予的，还是银行给予的？

先看法律条文的规定：

《国家税务总局关于印发增值税若干具体问题的规定的通知》（国税发〔1993〕154号）规定：纳税人采取折扣方式销售货物，如果销售额和折扣额在同一张发票上分别注明的，可按折扣后的销售额征收增值税；如果将折扣额另开发票，不论其在财务上如何处理，均不得从销售额中减除折扣额。

《国家税务总局关于确认企业所得税收入若干问题的通知》（国税函〔2008〕875号）规定：企业为促进商品销售而在商品价格上给予的扣除属于商业折扣，商品销售涉及商业折扣的，应当按照扣除商业折扣后的金额确定销售商品收入金额。

注意看，企业给予的才是折扣，如果说超市提供了折扣，则超市取得的收入应当为45元。但我们注意到，超市最终是收取了50元，并没有提供折扣！

付出这5元的恰恰是银行，银行为什么要替顾客支付5元钱呢，毫无疑问是在推销银行卡的使用，这里我们再来引用一个文件就能看得更为详细些了。

《财政部 税务总局关于个人取得有关收入适用个人所得税应税所得项目的公告》（财政部 国家税务总局公告 2019 年第 74 号），企业在业务宣传、广告等活动中，随机向本单位以外的个人赠送礼品（包括网络红包，下同），以及企业在年会、座谈会、庆典以及其他活动中向本单位以外的个人赠送礼品，个人取得的礼品收入，按照"偶然所得"项目计算缴纳个人所得税，但企业赠送的具有价格折扣或折让性质的消费券、代金券、抵用券、优惠券等礼品除外。

问题理清了，银行为了促销银行卡的使用，愿意为每位持卡顾客赠送礼品，但前提条件是持卡顾客必须持卡消费，只要顾客持卡消费，则银行愿意赠送给顾客礼品，（即现金），只不过替顾客代付顾客购买商品的部分对价。

对于超市而言，收到了顾客支付的 45 元以及银行替顾客支付的 5 元，超市提供了销售货物的增值税应税行为，并没有提供折扣，如果开具发票，应当全额向顾客开具 50 元的增值税发票。

对于顾客而言，则是获得了相应的赠品（即现金），并使用该现金支付商品的对价。相应的现金属于顾客的营业外收入，顾客用 5 元钱加上自有的 45 元钱支付商品对价，取得超市开具的全额 50 元的增值税发票。

对于银行而言，通过业务宣传、广告等活动，向持银行卡客户赠送了礼品（即现金），属于银行的业务宣传费用。那么银行支付的 5 元是否需要发票呢？我们知道开具发票，意味着顾客向银行提供了增值税应税行为，但事实上顾客只是获得赠品，与银行并未发生任何增值税应税行为，是不需要开具发票的。《国家税务总局关于发布企业所得税税前扣除凭证管理办法的公告》（国家税务总局公告 2018 年第 28 号）第十条规定：企业在境内发生的支出项目不属于应税项目的，对方为单位的，以对方开具的发票以外的其他外部凭证作为税前扣除凭证；对方为个人的，以内部凭证作为税前扣除凭证。

不妨看看天津市税务局对上述业务的规定——《天津市国家税务局 2015 年企业所得税汇算清缴执行口径》：网络电商平台支付给顾客的促销代金券支出，同时具备以下条件时可凭相关凭证在税前扣除：

（1）网络电商平台的促销活动的安排；

（2）消费者实际使用该优惠券的消费记录；

（3）网络电商平台实际支付优惠金额的资金划拨明细。

▶▶ 一入"简易"深似海！从此进项税难抵

关键字：用于＋项目

案例

网上有这么一则税法问答。

问：房地产企业同时具有新老项目，其在2016年5月1日"营改增"以后发生的管理费用、销售费用进项税如何抵扣？

答：按照18号公告第13条规定计算抵扣。

先看法律条文的规定：

《国家税务总局关于发布房地产开发企业销售自行开发的房地产项目增值税征收管理暂行办法的公告》（国家税务总局公告〔2016〕18号）第十三条规定：一般纳税人销售自行开发的房地产项目，兼有一般计税方法计税、简易计税方法计税、免征增值税的房地产项目而无法划分不得抵扣的进项税额的，应以《建筑工程施工许可证》注明的"建设规模"为依据进行划分。

不得抵扣的进项税额＝当期无法划分的全部进项税额×（简易计税、免税房地产项目建设规模÷房地产项目总建设规模）

管理费用、销售费用、财务费用属于期间费用，如果按照上述省局的答复口径，只要是期间费用就是无法划分，需要按建设规模计算不得抵扣的部分进项税额。

我们查找成本和期间费用的区别，产品成本是对象化的费用。但费用涵盖范围较宽，而产品成本只包括为生产一定种类或数量的完工产品的费用，着重于按产品进行归集。产品成本是费用总额的一部分，但不包括期间费用。

《财政部 国家税务总局关于全面推开营业税改征增值税试点的通知》（财税〔2016〕36号）第二十七条规定：

> 下列项目的进项税额不得从销项税额中抵扣：（一）用于简易计税方法计税项目、免征增值税项目、集体福利或者个人消费的购进货物、加工修理修配劳务、服务、无形资产和不动产。其中涉及的固定资产、无形资产、不动产，仅指专用于上述项目的固定资产、无形资产（不包括其他权益性无形资产）、不动产。

我们认真读读"用于简易计税方法计税项目"，看两个关键词："用于"和"项目"。从这句话是否可以看出，购进货物、服务等只有用于"简易计税方法计税项目"的才不允许抵扣，而期间费用是无论如何也无法对应到简易计税项目上去的，是无法按成本对象化的费用，既然如此就不是用于简易计税方法计税项目上，为什么不可以抵扣进项税额呢？

例1：甲地产公司既有一般计税方法项目A，又有简易计税方法项目B。公司总经理出差另一个城市参与土地出让招投标项目，取得的差旅费增值税专用发票注明的进项税额，还需要按建设规模计算不得抵扣吗？他这个差旅费和A、B两项目可是八竿子打不着啊。

例2：甲建筑公司只有一个老项目，且选择了简易计税方法。如果按照某主管税务机关的说法，那这个老项目简易计税期间是一分钱进项税额也不能抵扣了？实际上，很多期间费用内容是甲公司用于找新项目支付的咨询费、考察费、会务费、差旅费。

例3：甲建筑公司现在只有一个简易计税方法的项目，将于2019年8月开具发票结算完毕。为了开辟新的项目，决定支付广告费为本公司宣传。如果这个广告费增值税专用发票在2019年8月取得并计入销售费用，则依据上述逻辑不能抵扣，但如果在9月份取得并计入销售费用，则可以完全避开上述规定，获得抵扣，是不是有点形同儿戏？

可喜的是，北京市国家税务局"营改增热点问答（2016年5月1日）"一则指引给了我们一种合理的解释，

> 问：企业既有简易计税项目，又有一般计税项目，"营改增"后购进办公用不动产，能否抵扣进项税？

答：可以，根据《财政部 国家税务总局关于全面推开营业税改征增值税试点的通知》（财税〔2016〕36号）附件1的规定，下列项目的进项税额不得从销项税额中抵扣：

（一）用于简易计税方法计税项目、免征增值税项目、集体福利或者个人消费的购进货物、加工修理修配劳务、服务、无形资产和不动产。其中涉及的固定资产、无形资产、不动产，仅指专用于上述项目的固定资产、无形资产（不包括其他权益性无形资产）、不动产。

北京国税明确回复是可以抵扣的，因为购进的不动产是用于办公的，作为固定资产处理以后，其折旧额是计入"管理费用"科目，并不能明确用于简易或一般计税项目上去，只有购进的不动产是用于简易计税项目使用的，才是不可以抵扣的。我们还可以进一步推理，办公用不动产实际上既为简易计税项目，也为一般计税项目提供了服务，根本不属于专用，当然是可以抵扣进项税额的。

▶▶ "三流一致"前世今生，前后文件变更过程

关键字：并向购买方

案例

有这么一篇报道，A风电公司违反规定抵扣税款，受到某市国税局稽查局的查处，被依法追缴税款及滞纳金462.66万元。

某市国税局稽查局3名稽查员到某市A风电公司开展专项检查时，发现该公司银行存款和应付账款均较上年大幅增加。既然资金状况较好，为何不及时支付货款？带着疑问，稽查人员以调查核实其资金往来情况为突破口，展开了对该公司的深入检查。

稽查人员获取了A公司购进货物取得相关增值税专用发票的信息，发现A公司可能存在取得收款方与开票方不一致的进项增值税专用发票的问题。为此，稽查人员对有关账户和相关凭证一一展开分析，通过比对，他们发现该公司2012年从B设备有限公司购进风电叶片后，只将货款的一小部分直接支付给开票方B设备有限公司，而其余款项未支付，应付账款却挂在非开票单位天津C工程有限公司账上。

稽查人员约谈了A公司相关业务的经办人员。经过耐心宣传教育，相关人员交代了这些增值税专用发票的来龙去脉。原来，2012年2月27日，A风电公司、B设备有限公司和天津C工程有限公司3家企业签订了《三方抵款协议》。根据《三方抵款协议》内容：A风电公司向天津C工程有限公司支付风电叶片货款2 376.03万元，其余款项450.75万元直接支付给B设备有限公司。财务会计解释称，由于平时对税收政策学习不够，对政策理解出现了偏差，以为既然签订了《三方抵款协议》，尽管支付货款的单位与开具增值税专用发票的销货单位不一致，也是可以申报抵税的。该会计主动向税务人员承认错误，愿意接受税务机关的处理。

> 稽查局援引处理依据即是著名的"三流一致"的首发之文——《国家税务总局关于加强增值税征收管理若干问题的通知》（国税发〔1995〕192号）第一条第三款：购进货物或应税劳务支付货款、劳务费用的对象。纳税人购进货物或应税劳务，支付运输费用，所支付款项的单位，必须与开具抵扣凭证的销货单位、提供劳务的单位一致，才能够申报抵扣进项税额，否则不予抵扣。
>
> 　　既然A从B处购进设备，销售货物、开具发票、收取款项的对象均应当是A，结果B欠C的款项，责成A将大部分款项转付给C，以结平三角债，但造成收款的C并不是销售货物与开具发票的B，三流不一致，最终补税加滞纳金462.66万元。

先看法律条文的规定：

学习税收文件一定要看文件所处的情境。1994年增值税改革时推出的增值税专用发票系纸质手写发票，当时刚推出来时，虚开现象极其严重。为了打击日趋猖獗的增值税专用发票违法犯罪活动，国家税务总局出台《关于加强增值税征收管理若干问题的通知》（国税发〔1995〕192号）第一条第三款规定："所支付款项的单位"其实就是"收取款项的单位"，收款单位必须与开具抵扣凭证的销货单位一致，也就是资金流必须一致。

同年还出台了另一份重磅文件——《国家税务总局关于加强增值税征收管理工作的通知》（国税发〔1995〕15号）规定：增值税一般纳税人购进货物或应税劳务，其进项税额申报抵扣后的时间，按以下规定执行：

> （一）工业生产企业购进货物（包括外购货物所支付的运输费用），必须在购进的货物已经验收入库后，才能申报抵扣进项税额，对货物尚未到达企业或尚未验收入库的，其进项税额不得作为纳税人当期进项税额予以抵扣。
>
> （二）商业企业购进货物（包括外购货物所支付的运输费用），必须在购进的货物付款后才能申报抵扣进项税额，尚未付款或尚未开出承兑商业汇票的，其进项税额不得作为纳税人当期进项税额予以抵扣。
>
> （三）一般纳税人购进应税劳务，必须在劳务费用支付后，才能申报抵扣进项税额，对接收应税劳务，但尚未支付款项的，其进项税额不得作为纳税人当期进项税额予以抵扣。增值税一般纳税人违反上述规定的，按偷税论处。一

经查出，则应从当期进项税额中剔除，并在该进项发票上注明，以后不论其货物到达或验收入库，或支付款项，均不得计入进项税额申报抵扣。

两相对照，可见当时对增值税专用发票等抵扣凭证管理之严格，但国税发〔1995〕192号是存在一个待解问题，按照192号文的逻辑，必须在支付款项后才能判别是否"三流一致"，但实际现实经济生活中，货物发出、发票开具、货款收取时间并不完全一致的，难道说发票开出之后，必须等到货款支付一致时才能抵扣进项税额吗？显然这是不可能的，因此各地税务机关纷纷打开方便之门。

比如《河北省国家税务局关于印发增值税若干问题处理意见的通知》（冀国税发〔2000〕29号）考虑到目前企业经营方式的多样性以及三角债务的大量存在，所以，在要求企业规范货款支付方向的同时，可由企业申报经县级税务机关严格审核把关，对情况属实者暂允许抵扣进项税额。

看清楚没有，B卖货给A，则A欠B的货款，而B又欠C的款项，则A取得B开具的增值税专用发票，但货款却由A付给C，河北国税局在情况属实前提下是允许抵扣的。

但一直到2014年，《国家税务总局关于纳税人对外开具增值税专用发票有关问题的公告》（国家税务总局公告2014年第39号）才部分解决了这个问题。该文规定，对外开具增值税专用发票同时符合以下情形的，不属于对外虚开增值税专用发票：

一、纳税人向受票方纳税人销售了货物，或者提供了增值税应税劳务、应税服务；

二、纳税人向受票方纳税人收取了所销售货物、所提供应税劳务或者应税服务的款项，或者取得了索取销售款项的凭据；

三、纳税人按规定向受票方纳税人开具的增值税专用发票相关内容，与所销售货物、所提供应税劳务或者应税服务相符，且该增值税专用发票是纳税人合法取得并以自己名义开具的。

受票方纳税人取得的符合上述情形的增值税专用发票，可以作为增值税扣税凭证抵扣进项税额。

这份文件出彩之处是"纳税人向受票方取得了索取销售款项的凭据"，也即不再强调一定要收取款项若没有实际收取款项，只要有相关的凭据也可以，这份文件某种程度上也是对国税发〔1995〕192号文件的修正。那么本例A公司、B公司、C公司三方协议中，A公司被B公司要求向C公司支付款项，这个协议，我们认为就是B公司取得了索取销售款项的凭据，同时B公司也符合其他两项条件，当然是可以抵扣进项税额的。

时光推进到2016年5月的全面试行"营改增"，国家税务总局在"营改增"访谈中谈道："三流合一"是1995年"国税发192号"文件，那个文件的其他条款全都废止了，就留了这一条。到现在已有二十多年，现在形势的发展无论是支付手段，还是发票监管，都是电子做账，已经很强大了。当时都是手写专用发票。在那种情况下，税务局需要看是否"三流合一"，但是现在该条款适用的范围还仅限于货物和运输服务。"营改增"的服务领域不适用该条规定。关于该条款总局会再作评估，如果觉得它存在已经没有意义的话，今后有可能会取消。

最终一锤定音的是2017年10月30日国务院第191次常务会议修订并自2018年1月1日执行的《中华人民共和国增值税暂行条例》（以下简称《增值税暂行条例》）的条款修订，我们看看画龙点睛之处。

> 原条例第六条 销售额为纳税人销售货物或者应税劳务向购买方收取的全部价款和价外费用，但是不包括收取的销项税额。
>
> 新条例第六条 销售额为纳税人发生应税销售行为收取的全部价款和价外费用，但是不包括收取的销项税额。

最大的变化之处在于新条例销售额不再强调向"购买方"收取，即悄悄地拿掉了"向购买方"这几个字，意味着纳税人哪怕不是从购买方收取款项，其开具的增值税专用发票，购买方也是可以抵扣的。由于《增值税暂行条例》的法律级次属于行政法规，远高于"国税发〔1995〕192号"这一税收规范性文件，那么再纠结于形式上的"三流一致"就有点泥古不化了。

▶▶ 无价何来费？有价才有费

关键字：价格＋价外费用

案例

　　高速公路企业收取的公路路产损坏赔偿费是否应征收增值税？有的同志认为属于车辆通行费的价外费用，需要缴纳增值税，其适用税率（或征收率）与该高速公路企业收取车辆通行费的适用税率（或征收率）一致，并应当开具增值税发票。

　　先看法律条文的规定：

　　价外费用如何理解？《财政部 国家税务总局关于全面推开营业税改征增值税试点的通知》（财税〔2016〕36号）第三十七条：价外费用，是指价外收取的各种性质的收费，但不包括以下项目：

　　（一）代为收取并符合本办法第十条规定的政府性基金或者行政事业性收费。

　　（二）以委托方名义开具发票代委托方收取的款项。

　　我们认为价外费用应当理解为应征增值税的"价格"＋与价格有关联的"之外费用"，即价格是前提，有了应征增值税的"价格"的前提，才会存在应征增值税的"之外费用"。

　　高速公路企业向顾客提供什么应征增值税的"价格"呢？财税〔2016〕36号文将其定性为不动产经营租赁服务，并规定公路经营企业中的一般纳税人收取试点前开工的高速公路的车辆通行费，可以选择适用简易计税方法，减按3%的征收率计算应纳税额。

　　那么，高速公路企业向顾客提供了高速公路的通行服务，但顾客因驾驶不当造成公路路产损坏可和高速公路通行没有半毛钱关系，也没有哪家高速公路企业希望路产被顾客撞一下以便收费的道理。那么这个公路路产损坏赔偿费用和高速公路通行费就毫无关系，既然和应征增值税的高速公路通行费这个价格毫无关系，又何谈什么价外费用呢？

因此，收取顾客的高速公路通行费和收取顾客的撞坏公路路产损害赔偿费，本质上就是两码事，和道路通行没关系，不需要交税。

当时安徽省国税局的"营改增"指引即有一例。

> 问：高速公路公司收取的路损赔偿如何征税还是免税？
>
> 答：不属于发生增值税应税行为，暂不征收增值税。

★后续关注 1：易被人忽视的价外费用

根据《国家税务总局关于对福建雪津啤酒有限公司收取经营保证金征收增值税问题的批复》（国税函〔2004〕416 号），《增值税暂行条例》及《中华人民共和国增值税暂行税条例实施细则》（以下简称《增值税暂行条例实施细则》）有关价外费用的规定，福建雪津啤酒有限公司收取未退还的经营保证金，属于经销商因违约而承担的违约金，应当征收增值税；对其已退还的经营保证金，不属于价外费用，不征收增值税。

上述这个文件是如何理解价外费用的？举个例子来说明，啤酒有限公司根据与经销商的合同收取了经营保证金，当时计入了"其他应付款"科目，与销售给经销商的啤酒是没有逻辑上的关系的。如果将来退还，则自动冲销"其他应付款"即可；但是如果不予退还，就和销售应征增值税的啤酒这个"价格"产生了联系，从而归入了"价外费用"，也需要缴纳增值税。如果不这么规定，将会产生避税后果。

比如收取保证金 100 万元，销售啤酒 1 000 万元，如果保证金在没收后不征收增值税，纳税人就会将保证金提高，啤酒销售额减少，从而规避增值税。正因如此，"国税函〔2004〕416 号"把应征增值税的啤酒作为价格，将不退还的保证金作为了"价外费用"，一并予以征收增值税，这个问题值得纳税人引起关注。

★后续关注 2：价外费用的资金流向要注意

《国家税务总局关于增值税若干征管问题的通知》（国税发〔1996〕155 号）对

增值税一般纳税人（包括纳税人自己或代其他部门）向购买方收取的价外费用和逾期包装物押金，应视为含税收入，在征税时换算成不含税收入并入销售额计征增值税。

这里一定要注意括号内的"纳税人自己或代其他部门"，即资金最终归一般纳税人，或一般纳税人代其他部门，因此押金、保证金不属于价外费用，原因就是在收取押金、保证金的时候，资金将来要退还给纳税人，或者用来抵充应税价款的，只有逾期后不再返还的，即资金流向由返还客户变为自己所有时，才能作为计征增值税销售额。

►► 款项多期收取，纳税义务细缕

关键字：允许纳税人选择

案例

某一般纳税人为客户定制一台环保设备，不含税价款1 000万元。合同签订时主要条款如下：2019年4月签订合同时先收取200万元款项；2019年10月发出设备时收取300万元款项；2020年1月，货物到达客户验收合格后再收取400万元款项，另保留100万元的质量保证金，增值税专用发票在验收合格时全额开具1 000万元增值税专用发票。试问增值税在哪个时点确认纳税义务发生时间呢？

先看法律条文的规定：

《增值税暂行条例实施细则》第十九条第一款第（一）项规定的收讫销售款项或者取得索取销售款项凭据的当天，按销售结算方式的不同，具体为：

（三）采取赊销和分期收款方式销售货物，为书面合同约定的收款日期的当天，无书面合同的或者书面合同没有约定收款日期的，为货物发出的当天；

（四）采取预收货款方式销售货物，为货物发出的当天，但生产销售生产工期超过12个月的大型机械设备、船舶、飞机等货物，为收到预收款或者书面合同约定的收款日期的当天；

......

那么，本案例结算方式是预收货款还是分期收款呢？从签订合同时即收取200万元款项，是预收部分货款，但货物交付后与验收时又分期收取部分款项，则又类似于分期收款。显然两者的纳税义务发生时间是不一样的，前者为货物发出时点即应纳税，即无论是否开具增值税发票，均应当在 2019 年 10 月全额纳税；后者则按合同约定时间的 2019 年 4 月、10 月、2020 年 1 月分期纳税。

为了详细了解个中深意，我们专门查找了上述条款的《中华人民共和国增值税暂行条例实施细则释义》：总的原则是在条款并列的情况下，允许纳税人选择，也就是说，在个别条款中规定的纳税义务发生时间是纳税人经营活动中的某几个时点中的一个时点，只要达到了其中一个时点就必须确认纳税义务，但选择哪个时点是纳税人的权利，并不一定必须是最早发生的那个时点。

我们不由得叹服这种以保障纳税人合法权益为出发点的释义解读，只要纳税人不提前开具发票，这种付款方式兼具预收部分货款和发货后分期收取部分款项的特点，应当从维护纳税人合法权益并保障有资金缴税的必要，宜采取分期收款方式，即收多少钱，交多少的税。如果采取预收货款方式，则会出现钱未收足，却要按全额先行垫付销项税额的情况。

我们又查找到了一个具体的税收规范性文件——《广东省国家税务局关于分期收款方式销售货物增值税纳税义务发生时间的批复》（粤国税函〔2008〕434 号）：

> 你局《关于如何确定增值税纳税义务发生时间问题的请示》（佛国税发〔2008〕33 号）悉。关于纳税人销售需要安装调试的机械设备，货款分若干期收取，其增值税纳税义务发生时间如何确定问题，省局意见如下：
>
> 货款由购买方在一定期限内分多期支付，无论货款在发货前或后收取，均应视为分期收款方式销售货物。根据《中华人民共和国增值税暂行条例实施细则》第三十三条的规定，采取分期收款方式销售货物，应将合同约定的收款日期的当天确定为增值税纳税义务发生时间。

发货前收取部分货款是预收，发货后收取部分货款是赊销或分期，但均视为分期，这就完美地诠释了《中华人民共和国增值税暂行条例实施细则释义》关于纳税义务发生时间由纳税人选择的解释。

我们再来讨论关联的两个问题。

其一，合同约定分期收款，如果购货方未按合同约定支付货款呢？是以合同约定时间为准，还是以实际收取货款时间为准？还是看《中华人民共和国增值税暂行条例实施细则释义》的解答：合同法中承认口头合同的存在，因此对于口头合同就存在举证难的问题，为此，需要增加"书面"两字，强调书面合同是执行的依据；另一方面是对于无书面合同或者书面合同未约定该事项的，税法确定货物发出的当天作为纳税义务发生时间，主要考虑两点：一是便于掌握，也便于纳税人核算；二是从道理上也便于纳税人接受和遵从。按照规定，在合同约定时间纳税，也就是在纳税人收到货款时纳税，只就收到的货款征税，没有收到的货款在下一个收款日期再纳税，这样既不占用纳税人资金，也有利于税款及时足额入库。因此，反过来说，如果纳税人没有在合同中约定收款时间，或者没有订立书面合同，就要在货物发出时全额纳税，势必占用一部分资金。这也说明，税法的目的是引导纳税人按照规范的方式经营，相应的纳税义务也较轻，如果经营不够规范，那么所负的纳税义务虽然相同，但需要付出的成本就要增加，实际上增加了纳税人的实际支出，客观上具有惩罚效应。

因此，即使到了合同约定时间，如果购买方未支付款项，仍应以合同为准，即取得索取销售款项凭据的当天，该销项款项凭据即合同中注明的应收款日期，如果不凭借合同约定时点而以不履行合同的实际支付时间点将造成税收征管的无所适从。

其二，质保金的问题。质保金即使约定了收款时间，其纳税义务发生时间也不应是合同约定收取质保金的时间，因为质保金不属于分期收款的一部分，即在货物验收时即应全额确认收入。我们可以从一个反例来验证，《国家税务总局关于在境外提供建筑服务等有关问题的公告》（国家税务总局公告 2016 年第 69 号）规定纳税人提供建筑服务，被工程发包方从应支付的工程款中扣押的质押金、保证金，未开具发票的，以纳税人实际收到质押金、保证金的当天为纳税义务发生时间，因此，质保金的纳税期限应当为验收的时点。

►► 老房子不是老项目，已抵扣未必要转出

关键字：项目 + 专用

案例

　　我公司是一般纳税人的商贸公司，公司的主体大楼工程是老项目，"营改增"以后陆续发生增加空调机组、消防泵等工程，这些均属于老项目房产的附着物，现在收到的增值税发票的进项是否可以抵扣？另外公司的一楼用于对外出租，适用的是简易计税方法，如何处理？

先看法律条文的规定：

《财政部 国家税务总局关于全面推开营业税改征增值税试点的通知》（财税〔2016〕36号）第二十七条 下列项目的进项税额不得从销项税额中抵扣：

　　（一）用于简易计税方法计税项目、免征增值税项目、集体福利或者个人消费的购进货物、加工修理修配劳务、服务、无形资产和不动产。其中涉及的固定资产、无形资产、不动产，仅指专用于上述项目的固定资产、无形资产（不包括其他权益性无形资产）、不动产。

　　（二）非正常损失的购进货物，以及相关的加工修理修配劳务和交通运输服务。

　　（三）非正常损失的在产品、产成品所耗用的购进货物（不包括固定资产）、加工修理修配劳务和交通运输服务。

　　（四）非正常损失的不动产，以及该不动产所耗用的购进货物、设计服务和建筑服务。

　　（五）非正常损失的不动产在建工程所耗用的购进货物、设计服务和建筑

> 服务。
>
> 　　纳税人新建、改建、扩建、修缮、装饰不动产，均属于不动产在建工程。
>
> 　　（六）购进的贷款服务、餐饮服务、居民日常服务和娱乐服务。
>
> 　　（七）财政部和国家税务总局规定的其他情形。
>
> 　　本条第（四）项、第（五）项所称货物，是指构成不动产实体的材料和设备，包括建筑装饰材料和给排水、采暖、卫生、通风、照明、通信、煤气、消防、中央空调、电梯、电气、智能化楼宇设备及配套设施。

　　这里面一定要注意，老房子未必是简易计税的项目，该一般纳税人的商贸公司利用该办公楼从事贸易经营，其销售的货物适用的是一般计税方法，因此上述增加空调机组、消防泵取得的增值税专用发票注明的进项税额原则上是可以抵扣的。

　　《国家税务总局关于发布纳税人提供不动产经营租赁服务增值税征收管理暂行办法的公告》（国家税务总局公告 2016 年第 16 号）规定，一般纳税人出租其 2016 年 4 月 30 日前取得的不动产，可以选择适用简易计税方法，按照 5% 的征收率计算应纳税额。

　　比如这个大楼一共五层，其中四层自营，一层出租。但购进的空调机组、消防泵等货物后进行安装工程，根据《国家税务总局关于发布纳税人转让不动产增值税征收管理暂行办法的公告》（国家税务总局公告 2016 年第 14 号），所称取得的不动产，包括以直接购买、接受捐赠、接受投资入股、自建以及抵债等各种形式取得的不动产。

　　则上述购进货物进行的安装属于自建形式取得的不动产，既然是不动产，为整栋大楼包括简易计税项目服务，就不是专用于简易计税项目的不动产，所有取得的空调机组、消防泵及安装工程服务的增值税进项税额均是可以抵扣的，不需要再分摊转出部分进项税额。

　　如果将来出售整座大楼，怎么办？

　　根据《国家税务总局关于发布纳税人转让不动产增值税征收管理暂行办法的公告》（国家税务总局公告 2016 年第 14 号）：一般纳税人转让其 2016 年 4 月 30 日前取得（不含自建）的不动产，可以选择适用简易计税方法计税，以取得的全部价款和价外费用扣除不动产购置原价或者取得不动产时的作价后的余额为销售额，按照 5% 的征收率计算应纳税额。

如果卖大楼时选择按简易计税方法交税，则依据财税〔2016〕36 号第三十一条：已抵扣进项税额的固定资产、无形资产或者不动产，发生本办法第二十七条规定情形的，按照下列公式计算不得抵扣的进项税额：

不得抵扣的进项税额＝固定资产、无形资产或者不动产净值 × 适用税率

这栋大楼属于老房子，老房子本身是不含增值税进项税额的，2016 年 5 月 1 日之后，用于老房子装修部分取得的进项税额是有对应的利用老房子对外提供商贸经营的销项税额的，该进项税额与销项税额是匹配的。因此当老房子适用简易计税方法销售时，就需要将按不动产净值部分计算的进项税额转出来，因为这部分进项税额没有创造销项税额，而是适用简易计税方法的应纳税额。

说白了，也就这栋房子从竣工到出售，有三个阶段：第一阶段，"营改增"之前不存在进项税额；第二阶段用于商贸经营，可以抵扣；第三阶段，简易计税对外出售，净值部分对应进项税额不能抵扣。

►► "个人"有两种，"增、税"两不同

关键字：其他个人

案例

有个船老板手里有条船，现在筹划和别人合资开设一家水路运输公司，但现在咨询相关人员后犯愁了，因为船只的转移涉及增值税和个人所得税，如果全额交税，船老板根本拿不出交税的真金白银来。

先看法律条文的规定：

《增值税暂行条例》第一条规定　在中华人民共和国境内销售货物或者加工、修理修配劳务（以下简称"劳务"），销售服务、无形资产、不动产以及进口货物的单位和个人，为增值税的纳税人，应当依照本条例缴纳增值税。

《增值税暂行条例实施细则》第一条所称个人，是指个体工商户和其他个人。

第四条规定，单位或者个体工商户的下列行为，视同销售货物……（六）将自产、委托加工或者购进的货物作为投资，提供给其他单位或者个体工商户。

可见，不属于个体工商户的其他个人，即自然人，将船（货物）投资到其他单位不属于视同销售，不需要缴纳增值税。其实自然人即使作价销售已使用过的船，也是免征增值税的。

《增值税暂行条例》第十五条规定，下列项目免征增值税：……（七）销售的自己使用过的物品。

《增值税暂行条例实施细则》第三十五条条例第十五条规定的部分免税项目的范围，限定如下：……（三）第一款第（七）项所称自己使用过的物品，是指其他个人自己使用过的物品。

《财政部 国家税务总局关于部分货物适用增值税低税率和简易办法征收增值

税政策的通知》（财税〔2009〕9号）规定，小规模纳税人（除其他个人外）销售自己使用过的固定资产，减按2%征收率征收增值税。小规模纳税人销售自己使用过的除固定资产以外的物品，应按3%的征收率征收增值税。

因此，其他个人销售固定资产也好，固定资产以外的物品也罢，均免征增值税。

其实从增值税理论上而言，由于《增值税暂行条例》第二十一条，属于下列情形之一的，不得开具增值税专用发票：（一）应税销售行为的购买方为消费者个人的。

其他个人在购入应税货物、劳务、服务、不动产、无形资产时压根取得不了增值税专用发票，本身成了增值税的实际负担者，如果对于其他个人再次转手或销售或投资再征一道增值税的话，就会出现两头交税的情况。

我们再来看看个人所得税的规定。

《财政部 国家税务总局关于个人非货币性资产投资有关个人所得税政策的通知》（财税〔2015〕41号）规定，个人以非货币性资产投资，属于个人转让非货币性资产和投资同时发生。对个人转让非货币性资产的所得，应按照"财产转让所得"项目，依法计算缴纳个人所得税。

但是有优惠政策，个人应在发生上述应税行为的次月15日内，向主管税务机关申报纳税。纳税人一次性缴税有困难的，可合理确定分期缴纳计划并报主管税务机关备案后，自发生上述应税行为之日起不超过5个公历年度内（含）分期缴纳个人所得税。

鉴于其他个人没有账册，很难提供财产原值，因此在实际征管中不少是采用核定征收的方式。中央税收规范文件，如《国家税务总局关于加强和规范个人取得拍卖收入征收个人所得税有关问题的通知》（国税发〔2007〕38号）第四条规定，纳税人如不能提供合法、完整、准确的财产原值凭证，不能正确计算财产原值的，按转让收入额的3%征收率计算缴纳个人所得税；拍卖品为经文物部门认定是海外回流文物的，按转让收入额的2%征收率计算缴纳个人所得税。地方税收规范性文件，比如《新疆维吾尔自治区财政厅 税务局关于调整全区代开发票个人所得税征收率的通知》（新财法税〔2019〕26号）规定，取得财产转让所得，按开票金额（不含增值税）1%的征收率征收个人所得税。

综上，其他个人以船舶对外投资，其实综合税负并不高。

▶▶ 文件前后有修改，关键是看"加"和"减"
关键字：认证期限

案例

某企业财务咨询：2016年7月29日开出一张专票，因与客户熟悉，所以一直没有对账。该张发票被采购人员放在抽屉里，忘了交给财务认证抵扣，等到发现时已经是2017年7月份了。是否还可以先开具红字发票，再开具蓝字发票给对方认证抵扣？

先看法律条文的规定：

税收政策因应形势会不断地修正，提醒纳税人，一定要注意税收新旧文件增加了哪些字，减少了哪些字，这增加与减少的文字才是新文区别于旧文的关键所在。

我们先来看旧文——《国家税务总局关于全面推行增值税发票系统升级版有关问题的公告》（国家税务总局公告2015年第19号）：专用发票尚未交付购买方或者购买方拒收的，销售方应于专用发票认证期限内在增值税发票系统升级版中填开并上传《信息表》。

我们再来看新文——《国家税务总局关于红字增值税发票开具有关问题的公告》（国家税务总局公告2016年第47号）：销售方开具专用发票尚未交付购买方，以及购买方未用于申报抵扣并将发票联及抵扣联退回的，销售方可在新系统中填开并上传《信息表》。

我们注意到，相比"19号公告"，"47号公告"少了"于专用发票认证期限内"，也即现在开具红字增值税专用发票不再考虑任何认证期，任何时候符合条件均可以开具增值税红字发票。

　　纳税人不禁欢欣鼓舞，但财务人员看到国家税务总局公告 2016 年第 47 号公告的末尾"本公告自 2016 年 8 月 1 日起施行"，心情一下子又从欢欣中掉进了冰窟窿，这发票是 2016 年 7 月 29 日开出来的，只能适用 19 号公告。

　　且慢，看文件要看周全，47 号公告还有一个尾巴：此前未处理的事项，按照本公告规定执行。

　　祝福你，纳税人，2016 年 8 月 1 日之前未处理完的事项，根据有利于纳税人的原则，还是可以开具红字发票的，把发票联与抵扣联退回后由销售方开具红字作退货处理，然后再开具蓝字。

　　此案例距现在已过去几年，之所以拿来分析，也只是告诉读者解决问题的方法。

▶▶ 货物被盗进项必转出？管理不善理解有出入

关键词：管理不善

案例

我公司购入一批货物存放在仓库中，也取得了该批货物的增值税专用发票，但最近遇到专业偷窃团伙，部分货物被盗，请问进项税额是否需要转出？

先看法律条文的规定：

《增值税暂行条例》第十条：

下列项目的进项税额不得从销项税额中抵扣：……（二）非正常损失的购进货物，以及相关的劳务和交通运输服务；《增值税暂行条例实施细则》（以下简称《增值税暂行条例实施细则》）第二十四条规定，条例第十条第（二）项所称非正常损失，是指因管理不善造成被盗、丢失、霉烂变质的损失。

这里要关注两点，其中一点是损失必须是真实发生的，不能是预估的损失。比如《国家税务总局关于企业改制中资产评估减值发生的流动资产损失进项税额抵扣问题的批复》（国税函〔2002〕1103号）：对于企业由于资产评估减值而发生流动资产损失，如果流动资产未丢失或损坏，只是由于市场发生变化，价格降低，价值量减少，则不属于《增值税暂行条例实施细则》中规定的非正常损失，不做进项税额转出处理。

这个文件中提到的市场发生变化，价格降低就给我们提供了一个思路，因为市场的原因导致的损失就不是管理不善引起的非正常损失。比如《安徽省国家税务局关于若干增值税政策和管理问题的通知》（皖国税函〔2008〕10号），近年来，各地陆续反映一些增值税政策和管理问题，经研究，并请示国家税务总局，现将有关问题通知如下：

（一）纳税人对存货采用"成本与市价孰低法"进行计价，每期期末因存货账面价值低于市价而计提的存货跌价准备不属于非正常损失，不需要作进项税额转出处理。

（二）纳税人因库存商品已过保质期、商品滞销或被淘汰等原因，将库存货物报废或低价销售处理的，不属于非正常损失，不需要作进项税额转出处理。

安徽省国税局这个文件事先请示了国家税务总局，进一步验证因市场销路不畅的原因导致商品过保质期或商品滞销或被淘汰等原因的损失均是正常损失。

另外，我们关注被盗、丢失、霉烂变质前面是有定语"管理不善"的，而管理不善的表述说明，管理有两种：一种是管理不善；一种是管理完善，二者均会造成损失。

所以被盗、丢失、霉烂变质造成了企业的损失。企业已经蒙受损失，如果不分青红皂白，一律不许抵扣，只会加重企业的损失。因此，在发生损失后，要追查原因。如果企业安全保卫规章制度健全，落实有力，但企业毕竟不是以生产防盗产品为主业的，不可能将人、财、物集中用于防盗上，在尽了一般的安全保卫职能之后，仍然被专业盗窃团伙所盗，这种损失增值税进项税额其实是可以抵扣的。我们不妨来看另一份国家税务总局的文件——《国家税务总局关于商业零售企业存货损失税前扣除问题的公告》（国家税务总局公告 2014 年第 3 号），商业零售企业存货因零星失窃、报废、废弃、过期、破损、腐败、鼠咬、顾客退换货等正常因素形成的损失，为存货正常损失。商业零售企业存货因风、火、雷、震等自然灾害，仓储、运输失事，重大案件等非正常因素形成的损失，为存货非正常损失。

发现没有？失窃不就是被盗嘛，国家税务总局明确将零星失窃列为正常损失。可以看出商业零售企业出现的这些正常因素的损失，并不是企业管理就能一步管到位的，允许出现这样的损失才符合商业零售企业的市场运营特质，而非正常损失也不一定就是管理不善。比如风、火、雷、震等自然灾害，以及因为运输公司的原因导致的运输失事；再比如一个开金店的，安保措施不可谓不严，但全国各地仍然有抢劫金店的案件发生，这显然不是金店管理不善造成的。

▶▶ 送礼送出增值税，如何缴税费周章

关键词：交际应酬消费

案例

一般纳税人甲公司因业务拓展需要，购进一批手提电脑，价款113 000元，企业财务认为是用于送礼的，不能抵扣增值税进项税额，所以未索取增值税专用发票，直接拿普通发票入账。会计处理为：

借：管理费用——业务招待费　　　　　　　　　　　113 000

贷：银行存款　　　　　　　　　　　　　　　　　　　　113 000

先看法律法规条文：

《增值税暂行条例》第十条规定，下列项目的进项税额不得从销项税额中抵扣：

（一）用于简易计税方法计税项目、免征增值税项目、集体福利或者个人消费的购进货物、劳务、服务、无形资产和不动产。

《增值税暂行条例实施细则》第二十二条规定，条例第十条第（一）项所称个人消费包括纳税人的交际应酬消费。

我们好好品鉴"交际应酬消费"这六个字。

原《中华人民共和国企业所得税法暂行条例实施细则》（财法字〔1994〕3号）第十四条：纳税人按财政部的规定支出的与生产、经营有关的业务招待费，由纳税人提供确实记录或单据，经核准准予扣除。

原《中华人民共和国外商投资企业和外国企业所得税法实施细则》（国务院令第85号）第二十二条规定：企业发生与生产、经营有关的交际应酬费，应当有确实的记录或者单据，分别在下列限度内准予作为费用列支：

　　（一）全年销货净额在一千五百万元以下的，不得超过销货净额的千分之五；全年销货净额超过一千五百万元的部分，不得超过该部分销货净额的千分之三。

　　（二）全年业务收入总额在五百万元以下的，不得超过业务收入总额的千分之十；全年业务收入总额超过五百万元的部分，不得超过该部分业务收入总额的千分之五。

　　其实，内资企业的业务招待费和外资企业的交际应酬费是一个意思。那么，为什么增值税在交际应酬费的"费"字前加了一个"消"字呢？

　　我们再来结合《增值税暂行条例实施细则》第四条，单位或者个体工商户的下列行为，视同销售货物：……（八）将自产、委托加工或者购进的货物无偿赠送其他单位或者个人。

　　好了，我们用增值税的思维来完整诠释交际应酬消费的真实含义。

　　（1）增值税的属性系流转税，即对应税行为（包括货物）的流转环节予以征税，只要货物流转一道环节，该环节就将产生增值税。

　　（2）企业购进手提电脑时，手提电脑生产商将货物销售给企业，形成一道流转环节，手提电脑生产商向企业开具增值税发票，包括增值税专用发票。尔后企业将手提电脑赠送他人，虽然属于交际应酬费用，但请注意，电脑并没有被消费掉，而是被企业送给了下一环节的收礼者，由于未收取款项，因此有了上述"企业将购进的手提电脑无偿赠送其他单位或者个人视同销售货物征收增值税"的结论，正因为货物发生了又一次流转。《国家税务总局关于增值税若干征收问题的通知》（国税发〔1994〕122号）规定，一般纳税人将货物无偿赠送给他人，如果受赠者为一般纳税人，可以根据受赠者的要求开具专用发票。

　　此时的企业就比较悲催了，为什么？根据《增值税暂行条例》第二十一条：纳税人发生应税销售行为，应当向索取增值税专用发票的购买方开具增值税专用发票，并在增值税专用发票上分别注明销售额和销项税额。

　　属于下列情形之一的，不得开具增值税专用发票：

　　（一）应税销售行为的购买方为消费者个人的，

　　……

既然企业不属于消费者个人，在购买手提电脑时完全可以索取增值税专用发票，取得进项税额予以抵扣，但企业放弃索取增值税专用发票，就只能理解为放弃抵扣增值税进项税额，但在赠送他人作为业务招待费时是需要视同销售再交一道增值税的。

（3）那么，在什么情况下，就没有问题呢？比如不是送人的手提电脑，而是烟或者酒，由于烟和酒在用于招待他人时，要么谈吐间灰飞烟灭，要么豪气干云天，的的确确地"消费"了，烟和酒不会再形成任何流转，此时就适用购进的用于个人消费的烟酒的进项税额不允许抵扣，而企业取得的是增值税普通发票，实质上已经是没有抵扣了，则一点问题也没有。

咬文嚼字学税法，"交际应酬消费"里面的学问真不少。

▶▶ 增值税发票莫乱开，搞清楚实质方释怀

关键字：市场价格下降

案例

　　某品牌产品供应商与某商场签订返点销售模式，双方均系增值税一般纳税人。比如1月份品牌产品供应商发货至商场，暂不开具发票，商场对外销售不含税收入20万元，商场按每月保底利润6万元计算返点，因此商场收取的货款20万元中扣除返点6万元后只支付品牌供应商不含税价款14万元，由品牌供应商开具增值税专用发票不含税价格14万元给予商场入账并抵扣进项税额，这种方式即为返点销售。

　　但现问题出现了，2月份品牌供应商同样发送同样数量的货物到商场，但商场只卖了不含税收入5万元，品牌供应商不仅不赚钱，还得另外掏出不含税收入1万元给商场，以保证商场每月保底利润6万元。那么，品牌供应商支付给商场不含税1万元，双方如何处理并开具增值税发票？难道由商场向品牌供应商开具蓝字增值税专用发票收取吗？

先看法律条文的规定：

返点销售模式让我想起了国家税务总局的一份文件解读，《国家税务总局关于纳税人对外开具增值税专用发票有关问题的公告》指出：本公告是对纳税人的某一种行为不属于虚开增值税专用发票所做的明确，目的在于既保护好国家税款安全，又维护好纳税人的合法权益。换一个角度说，本公告仅仅界定了纳税人的某一行为不属于虚开增值税专用发票，并不意味着非此即彼，从本公告并不能反推出不符合三种情形的行为就是虚开。比如，某一正常经营的研发企业，与客户签订了研发合同，收取研发费用，开具专用发票，但研发服务还没有发生或者还没有完成。

这种情况下不能因为本公告列举了"向受票方纳税人销售了货物，或者提供了增值税应税劳务、应税服务"，就判定研发企业虚开增值税专用发票。先卖后买这种模式，并不属于虚开增值税专用发票行为，其实返点销售同样如此，品牌供应商发货到商场时，并未开具增值税发票，而是商场对外销售时开具发票在先，先确定销项税额，月末再按返点要求品牌供应商开具增值税专用发票。

本着这种逻辑，我们推理如下：

1 月份商场先行销售时。

借：银行存款 226 000

　贷：主营业务收入 200 000

　　　应交税费——应交增值税（销项税额） （税率 13%）26 000

月末，通知品牌供应商开具增值税专用发票。

借：主营业务成本 140 000

　　应交税费——应交增值税（进项税额） 18 200

　贷：银行存款 （税率 13%）158 200

那么在 2 月份，商场先行销售时。

借：银行存款 56 500

　贷：主营业务收入 50 000

　　　应交税费——应交增值税（销项税额） 6 500

毫无疑问，主营业务收入必须与主营业务成本相配比，否则违反会计基本规律。因此，第一步应当是品牌供应商向商场开具同批货物的增值税专用发票，也即商场欠品牌供应商货款，但事实是品牌供应商反而要付商场不含税 1 万元。

答案只能是商场欠品牌供应商，品牌供应商又欠商场，后者欠款金额更大，则出现了品牌供应商倒找 1 万元给商场。

我们找到《国家税务总局关于纳税人折扣折让行为开具红字增值税专用发票问题的通知》（国税函〔2006〕1279 号），原文如下：

> 近接部分地区询问，因市场价格下降等原因，纳税人发生的销售折扣或折让行为应如何开具红字增值税专用发票。经研究，明确如下：纳税人销售货物并向购买方开具增值税专用发票后，由于购货方在一定时期内累计购买货物达到一定数量，或者由于市场价格下降等原因，销货方给予购货方相应的价格优

> 惠或补偿等折扣、折让行为，销货方可按现行《增值税专用发票使用规定》的有关规定开具红字增值税专用发票。

假设品牌供应商仍按 1 月份价格开具增值税专用发票给商场，商场作会计分录。

借：主营业务成本	140 000
应交税费——应交增值税（进项税额）	18 200
贷：应付账款	158 200

然后品牌供应商再按不含税 15 万元开具红字增值税专用发票给予商场，商场作会计分录如下。

借：应收账款	169 500
贷：主营业务成本	150 000
应交税费——应交增值税（进项税额转出）	19 500
借：应付账款	158 200
银行存款	11 300
贷：应收账款	169 500

结平双方往来款，则对于商场而言。

2 月份营业利润 = 1 + 5 = 6（万元）

这里提醒我们，关于开具红字增值税专用发票的最早的文件是《增值税专用发票使用规定》（国税发〔1993〕150 号）第十二条：销售货物并向购买方开具专用发票后，如发生退货或销售折让，符合条件可以开具红字增值税专用发票。但计划没有变化快，到了 2006 年时出现了因市场价格下降同样也可以开具红字增值税专用发票的情形，甚至 2006 年还修订了国税发〔1993〕150 号文件，又增加了开票有误情形。因此，建议纳税人要温故而知新，不断学习最新政策，以应对企业实际中出现的各种情况。

修缮、修理看似雌雄，税目、税率迥然不同

关键字：修缮 + 修理

案例

　　某公司系一般纳税人，主营业务为电力工程建设和电力设施检修，对于电力运营单位申请对电力铁塔维修的需求，某公司财务部门对于电力铁塔维修的适用增值税税目产生了争论，是建筑业的修缮税目9%，还是修理修配税目的13%呢？

　　先看法律法规条文：

　　《财政部 国家税务总局关于全面推开营业税改征增值税试点的通知》（财税〔2016〕36号）规定，修缮服务，是指对建筑物、构筑物进行修补、加固、养护、改善，使之恢复原来的使用价值或者延长其使用期限的工程作业。《增值税暂行条例实施细则》规定，修理修配，是指受托对损伤和丧失功能的货物进行修复，使其恢复原状和功能的业务。

　　判断焦点集中在电力铁塔是建筑物、构筑物（不动产）还是货物！而不动产和货物的区别，我们再来看《增值税暂行条例实施细则》，不动产是指不能移动或者移动后会引起性质、形状改变的财产，包括建筑物、构筑物和其他土地附着物。

　　那么电力铁塔看起来立在地上，难道就是不动产？从而适用修缮服务的9%税率吗？

　　《国家税务总局关于营业税改征增值税试点期间有关增值税问题的公告》（国家税务总局公告2015年第90号）规定，蜂窝数字移动通信用塔（杆），属于《固定资产分类与代码》（GB/T 14885—1994）中的"其他通信设备"（代码699），其增值税进项税额可以按照现行规定从销项税额中抵扣。

　　我们同样从《固定资产分类与代码》（GB/T14885—1994）中看到电力设施

也并不在构筑物列举范围内，正因为此，《河北省国家税务局关于增值税若干问题的公告》（河北省国家税务局公告 2011 年第 7 号）规定：电力企业的机组、启闭机、电力铁塔、变电设施和配电设施，其进项税额可以抵扣。但变电房、配电房，其进项税额不得抵扣。

可见判断是否为建筑物、构筑物的主要判断标准是不动产的定义：电力铁塔、通信用塔作为设备搭建在土地上，但是是可以移动的，且移动后性质、形状并不会改变。因此这类铁塔的修理本质上是货物的修理，税率应当是 13%。

★后续关注：维护电梯的税目为多少

"营改增"后对于上述问题，不少地方的国家税务机关本着"营改增"政策平移的思维，依据《国家税务总局关于电梯保养、维修收入征税问题的批复》（国税函〔1998〕390 号），电梯属于增值税应税货物的范围，但安装运行之后，则与建筑物一道形成不动产。因此，对企业销售电梯（自产或购进的）并负责安装及保养、维修取得的收入，一并征收增值税；对不从事电梯生产、销售，只从事电梯保养和维修的专业公司对安装运行后的电梯进行的保养、维修取得的收入，征收营业税。深圳市粤日电梯工程有限公司系专门从事电梯保养、维修的专业公司。因此，对其所取得的电梯保养、维修收入应当征收营业税，不征收增值税。

也就是对电梯保养、维修收入按营业税建筑业税目征税，"营改增"后政策平移，自然应当按修缮服务，即是指对建筑物、构筑物进行修补、加固、养护、改善，使之恢复原来的使用价值，或者延长其使用期限的工程作业。另外，《财政部 国家税务总局关于全面推开营业税改征增值税试点的通知》（财税〔2016〕36 号）还明确指出：非正常损失的不动产，以及该不动产所耗用的购进货物、设计服务和建筑服务，其中的货物，是指构成不动产实体的材料和设备，包括建筑装饰材料和给排水、采暖、卫生、通风、照明、通信、煤气、消防、中央空调、电梯、电气、智能化楼宇设备及配套设施。

既然"营改增"相应政策都将电梯作为不动产实体部分了，那么对电梯的维修、加固、养护、改善自然应当按修缮税目征税了。

但是这样理解就与"营改增"政策税负平移不一致了，此前电梯维护保养营业税税率为 3%。"营改增"后，如果按修缮税目的 9% 税率征税，则由于维护保养基本系人工，很少耗用货物等从而取得增值税进项税额抵扣，税负会大幅度递增，因此，《国家税务总局关于进一步明确营改增有关征管问题的公告》（国家税务总局公告 2017 年第 11 号）明确：纳税人对安装运行后的电梯提供的维护保养服务，按照"其他现代服务"缴纳增值税。同时在公告的解读中指出：对电梯进行日常清洁、润滑等保养服务，应按现代服务适用 6% 的税率计税。如此则解决了税负平移的问题，但对于电梯的维修，我们认为维护保养，一般是定期性的，是为了防止维修的出现。维修则是在设备出现故障时针对故障部位进行的更换或修复。显然维修是可以获得相应的增值税进项税额抵扣的，对于电梯维修应适用建筑业修缮税目处理。

与电梯维护保养服务异曲同工的植物养护服务，即上述植物载植于土地上，但对植物的养护并不属于建筑业的其他工程作业，国家税务总局公告 2017 年第 11 号明确按照"其他生活服务"缴纳增值税。

看来增值税的用字遣词真得用心细究了，维修、维护、修缮的内涵真的不同。

▶▶ 发票不牢，地动山摇

关键字：发票

发票属于企业财务会计核算的重要原始凭证，发票处理不慎，根据《中华人民共和国发票管理办法》第二十一条，不符合规定的发票，不得作为财务报销凭证，任何单位和个人有权拒收。

《增值税暂行条例》第九条规定，纳税人购进货物、劳务、服务、无形资产、不动产，取得的增值税扣税凭证不符合法律、行政法规或者国务院税务主管部门有关规定的，其进项税额不得从销项税额中抵扣。《企业所得税税前扣除凭证管理办法》（国家税务总局公告2018年第28号）第十二条规定，企业取得私自印制、伪造、变造、作废、开票方非法取得、虚开、填写不规范等不符合规定的发票（以下简称"不合规发票"），以及取得不符合国家法律、法规等相关规定的其他外部凭证（以下简称"不合规其他外部凭证"），不得作为税前扣除凭证。

不仅如此，土地增值税、契税、房产税等税种均对凭证提出了很高的要求，因此什么样的发票是合规合法的，需要纳税人审慎核实，一着不慎，谬以千里，不仅丢了面子（财务会计的面子），而且失了里子（纳税人的银子）。下面我们挑选一些发票进行实操讲解。

案例一

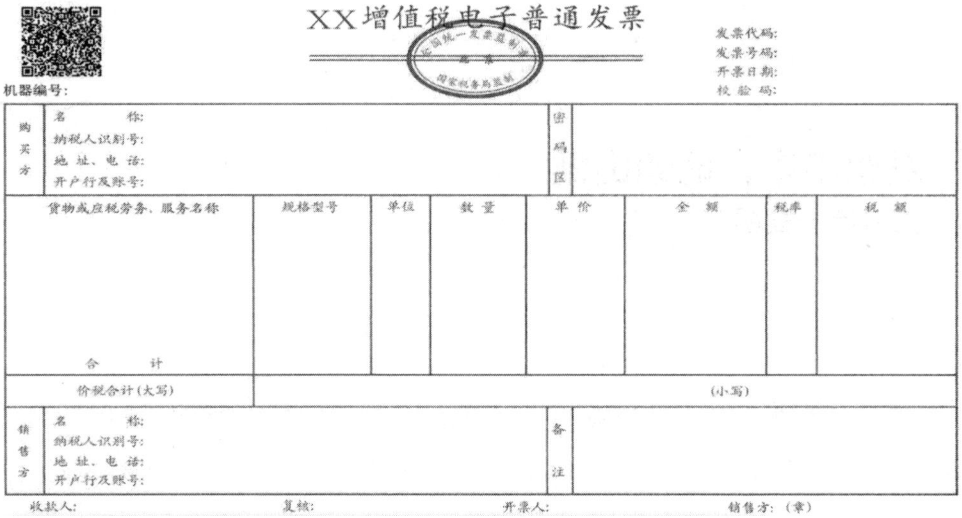
XX增值税电子普通发票

机器编号：

发票代码：
发票号码：
开票日期：
校验码：

购买方	名称： 纳税人识别号： 地址、电话： 开户行及账号：				密码区			
货物或应税劳务、服务名称	规格型号	单位	数量	单价	金额		税率	税额
合计								
价税合计（大写）					（小写）			
销售方	名称： 纳税人识别号： 地址、电话： 开户行及账号：				备注			

收款人：　复核：　开票人：　销售方：（章）

图 1

解析：目前增值税电子普通发票有两种版式，一种是根据《国家税务总局关于推行通过增值税电子发票系统开具的增值税电子普通发票有关问题的公告》（国家税务总局公告 2015 年第 84 号）推行通过增值税电子发票系统开具的增值税电子普通发票，对降低纳税人经营成本，节约社会资源，方便消费者保存使用发票，营造健康公平的税收环境有着重要作用。增值税电子普通发票的发票代码为 12 位，编码规则：第 1 位为 0，第 2 — 5 位代表省、自治区、直辖市和计划单列市，第 6 — 7 位代表年度，第 8 — 10 位代表批次，第 11 — 12 位代表票种（11 代表增值税电子普通发票）。发票号码为 8 位，按年度、分批次编制，如图 1 所示。

上述增值税电子普通发票版式文件格式是 PDF 文件，另一种是根据《国家税务总局关于增值税发票综合服务平台等事项的公告》（国家税务总局公告 2020 年第 1 号）纳税人通过增值税电子发票公共服务平台开具的增值税电子普通发票（票样见附件），属于税务机关监制的发票，采用电子签名代替发票专用章，其法律效力、基本用途、基本使用规定等与增值税普通发票相同。

图 2 增值税电子普通发票版式文件格式为 .ofd 格式。

两种增值税电子普通发票均可以使用，两者在格式上主要区别：① PDF 格式显示的是“货物或应税劳务、服务名称”，ofd 格式显示的是“项目名称”；② PDF 格式有销售方（章），需要加盖电子发票专用章，而 ofd 格式没有这一栏，也不加盖电子发票专用章。

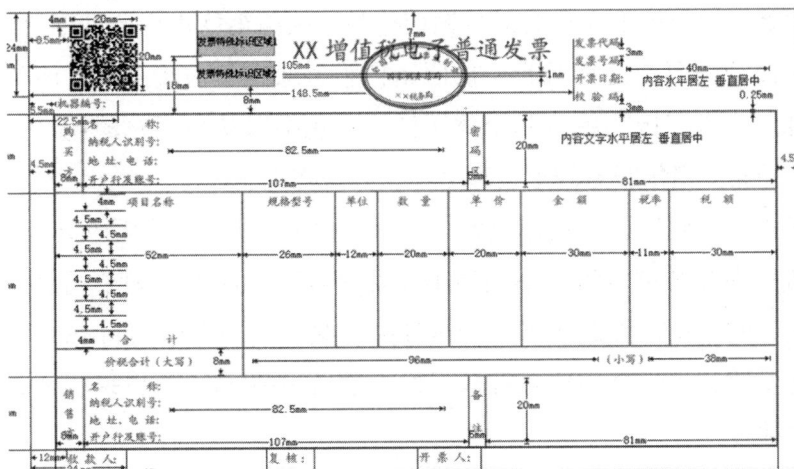

图2

我们再来看图3票面填写内容，会发现文具和物流辅助服务的税率居然都是13%，因为我们知道物流辅助服务的税率是6%啊，怎么变成13%了呢，那么这种发票违规吗？

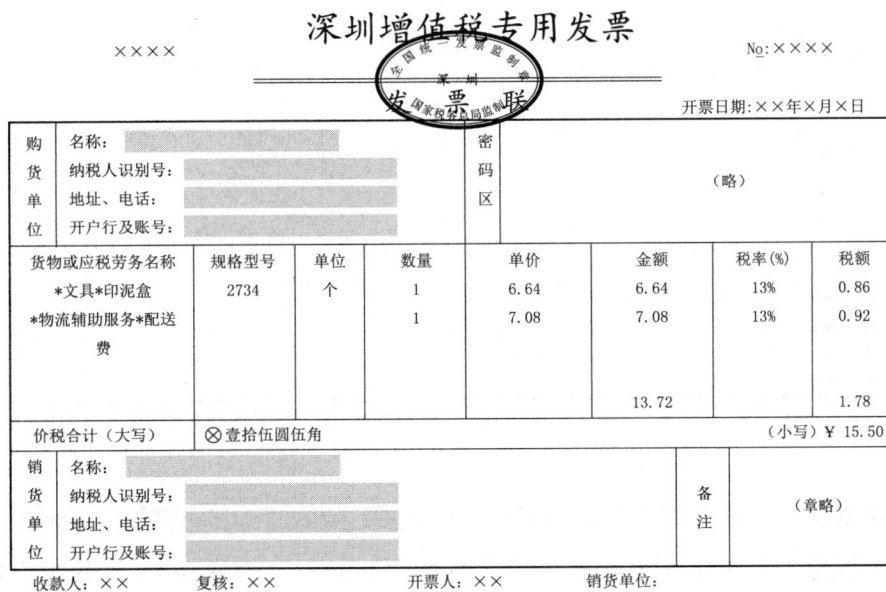

图3

其实这是项销售印泥等文具同时配送上门的业务，《财政部 国家税务总局关于全面推开营业税改征增值税试点的通知》（财税〔2016〕36号）第四十条规定，一项销售行为如果既涉及服务又涉及货物，为混合销售。从事货物的生产、批发或者零售的单位和个体工商户的混合销售行为，按照销售货物缴纳增值税；其他单位和个体工商户的混合销售行为，按照销售服务缴纳增值税。本条所称从事货物的生产、批发或者零售的单位和个体工商户，包括以从事货物的生产、批发或者零售为主，并兼营销售服务的单位和个体工商户在内。

由上述规定，显见混合销售业务只有一个税率，要么按货物税率缴纳增值税，要么按服务税率缴纳增值税，不应当出现两种税率，这家贸易公司属于以批发或者零售为主体的单位，因此应当只开具商品与服务编码为货物的 13% 税率的增值税电子普通发票，将混合销售强行拆开按货物与服务同时按 13% 税率开具显然是画蛇添足之举。

案例二

深圳增值税专用发票

×××× 　　　　　　　　　　　　　　　　No：××××

开票日期：××年×月×日

购货单位	名称：				密码区	（略）		
	纳税人识别号：							
	地址、电话：							
	开户行及账号：							
货物或应税劳务服务名称	规格型号	单位	数量	单价	金额	税率(%)	税额	
		张	30	14.95	448.67	13%	58.33	
*纸制品*手工折纸					-44.25	13%	-5.75	
*纸制品*手工折纸								
					404.42		52.58	
价税合计（大写）	⊗肆佰伍拾柒圆整				（小写）￥457.00			
销货单位	名称：				备注	（章略）		
	纳税人识别号：							
	地址、电话：							
	开户行及账号：							

收款人：×× 　　复核：×× 　　开票人：×× 　　销货方：（章）

图 4

图 4 发票属于典型的销售折扣发票，这里要注意两个文件的禁止性要求，一个是《国家税务总局关于印发增值税若干具体问题的规定的通知》（国税发〔1993〕154 号），纳税人采取折扣方式销售货物，如果销售额和折扣额在同一张发票上分别注明的，可按折扣后的销售额征收增值税；如果将折扣额另开发票，不论其在财务上如何处理，均不得从销售额中减除折扣额。另一个是《国家税务总局关于折

扣额抵减增值税应税销售额问题通知》（国税函〔2010〕56号），纳税人采取折扣方式销售货物，销售额和折扣额在同一张发票上分别注明是指销售额和折扣额在同一张发票上的"金额"栏分别注明的，可按折扣后的销售额征收增值税；未在同一张发票"金额"栏注明折扣额，而仅在发票的"备注"栏注明折扣额的，折扣额不得从销售额中减除。

在开具销售折扣的增值税发票时，下列两点的开具要求需要了解：

（1）当发票不带销货清单时，在增值税发票中添加销售折扣的流程是：将鼠标光标移动到某一个商品所在行，单击折扣按钮，在弹出框中输入折扣的行数和比率，系统会自动计算销售折扣的金额。添加销售折扣后，如果要进行修改，则需要删除折扣行后才能操作，商品行和折扣行中间不能插入其他行。

（2）当发票带销货清单时，在增值税发票中添加销售折扣的流程大致和上述一致，需要注意的是销售折扣只能添加到销货清单上，系统会自动反映增值税发票上。

我们再来谈谈票面填写的注意点，《中华人民共和国发票管理办法细则》第四条规定，发票的基本内容包括：发票的名称、发票代码和号码、联次及用途、客户名称、开户银行及账号、商品名称或经营项目、计量单位、数量、单价、大小写金额、开票人、开票日期、开票单位（个人）名称（章）等。

这里提醒纳税人注意，不属于上述基本内容的，比如规格型号、收款人、复核是可以不填写的。另外，即使属于上述基本内容的，如果实际业务中无法填写也不需要填写的，"甘肃省国家税务局关于发票开具使用涉及相关政策及问题"回复中即指出："规格型号""单位""数量""单价"栏可按实际业务填写，无此项目可不填。"收款人""复核"栏可按实际需要填写，"开票人"栏为必填项。

这里需要注意，发票中只有数量没有单位，是个小瑕疵，但是目前有些开票系统强行要求在数量里面输入，否则无法开具发票，导致一些本没有数量的，比如，咨询服务之类的只好在数量栏输入1，当然这是系统的原因，无关紧要。

另外，单位使用英文行不行，比如kg（千克）（图5），这里一定要注意各省税务机关的要求，根据《发票管理办法实施细则》第二十九条，开具发票应当使用中文。民族自治地方可以同时使用当地通用的一种民族文字。

深圳增值税普通发票

××××   No:××××

开票日期：××年×月×日

货物或应税劳务服务名称	规格型号	单位	数量	单价	金额	税率(%)	税额
*肉及肉制品*排骨		kg	30	50.00	150.00	免税	***
					1500.00		***

购货单位
名称：
纳税人识别号：
地址、电话：
开户行及账号：

密码区 （略）

价税合计（大写） ⊗壹仟伍佰圆整   （小写）￥1500.00

销货单位
名称：
纳税人识别号：
地址、电话：
开户行及账号：

备注 （章略）

收款人：××   复核：××   开票人：××   销货方：（章）

图5

对于这一点，规定上是表示需要填写中文，不过在具体执行中，地方上存在差异，并不完全千篇一律。

比如，广东省国税局货劳处、征管处针对发票"计量单位"填开有关规定的解释表示：税务机关不应因为增值税专用发票上"单位"栏填写了国际标准计量单位的英文缩写而不给予认证抵扣。佛山市税务局的答复也是同意可以认证抵扣的。

近接部分地区反映，纳税人在开具发票时，习惯性地在"单位"栏填写了计量单位的英文缩写，如"KG"（千克）、"M"（米）等，而《中华人民共和国发票管理办法实施细则》（国家税务总局令第25号）第二十九条规定："开具发票应当使用中文。民族自治地方可以同时使用当地通用的一种民族文字。"

目前，部分地区对该类情况是否属于不按规定开具发票、若为增值税专用发票是否准予认证抵扣的问题存在争议。经分析，"KG"（千克）、"M"（米）等属于国际标准计量单位，发票的"单位"栏填写这类英文缩写符合国际标准，并且符合大众的理解习惯，不影响发票的正常使用，不应归属于不按规定开具发票的情形，税务机关也不应因为增值税专用发票上"单位"栏填写了国际标准计量单位的英文缩写而不给予认证抵扣。

来源：广东省国税局 货劳处、征管处

佛山市国家税务局
FOSHAN MUNICIPAL OFFICE, SAT

税收宣传　全局概况　信息公开　纳税服务　税收政策

当前位置：首页 >> 信息公开 >> 通知公告 >> 国税通告

关于增值税专用发票计量单位相关说明的通告

日期：2014-09-12　来源：　作者：刘鋆

从2014年9月10日，佛山市国税局12366热线收到较多纳税人来电反映，纳税人按到其供货方通知、或收到会计QQ群、微信群发布的关于增值税专用发票计量单位的传言，传言内容如下：从2014年9月1日起，开出的或取得的增值税专用发票上"计量单位"为英文字母的，如"KG、T"等，均不能作为有效凭证或认证抵扣凭证处理。

对此类传言，佛山市国税局正式声明如下：关于从2014年9月1日起，凡开出的或取得的增值税专用发票上"计量单位"为英文字母的（如"KG、T"等），均不能作为有效凭证或认证抵扣凭证处理的规定，我局未收到上级税务机关的通知。经研究并向上级税务机关请示，"计量单位"为英文字母的增值税专用发票仍是有效凭证并能通过认证抵扣税款。

不过，也有不同的规定。河北12366咨询获得的回答是只能填写中文，不能填写英文字母。另外一篇来源于深圳市地方税务局的文章同样提及：部分省市的国税局（如厦门国税局）要求必须使用中文"公斤""米"等，否则不予抵扣。

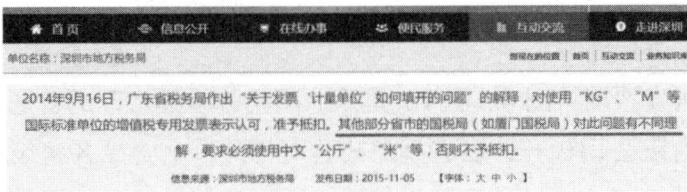

首页　信息公开　在线办事　便民服务　互动交流　走进深圳

单位名称：深圳市地方税务局

2014年9月16日，广东省税务局作出"关于发票'计量单位'如何填开的问题"的解释，对使用"KG"、"M"等国际标准单位的增值税专用发票表示认可，准予抵扣。其他部分省市的国税局（如厦门国税局）对此问题有不同理解，要求必须使用中文"公斤"、"米"等，否则不予抵扣。

信息来源：深圳市地方税务局　发布日期：2015-11-05　【字体：大 中 小】

案例三

深圳增值税普通发票

××××　　　　　　　　　　　　　　　　　　　No:××××
代开　　　　　　　发票联　　　　　　　开票日期：××年×月×日

购货单位	名称： 纳税人识别号： 地址、电话： 开户行及账号：			密码区	（略）	
货物或应税劳务服务名称	规格型号	单位	数量	单价	金额	税率(%)	税额
转换器		只	250	18.00	4368.93	3%	131.07
合计					4368.93		131.07
价税合计（大写）	⊗肆仟伍佰元整				（小写）¥ 4500.00		
销货单位	名称：某省市场经营管理有限公司 纳税人识别号：××××××××××× 地址、电话：省市县街道 开户行及账号：完税凭证 ×××××××				备注	代开企业税号 XXX 代开企业名称 XXX	

收款人：××　　复核：××　　　开票人：××　　销货方：（章）

图6

图 7

上述这两张发票同（图 6、图 7）是系非由税务机关代开的普通发票，前者是市场经营管理有限公司代开，后者是邮政公司代开，主要是各省级税务机关为了方便纳税人代开发票而委托相关单位代开的，比如《宁夏回族自治区税务局关于委托邮政部门代开增值税普通发票代征税款和邮寄发票有关事项的公告》（宁夏回族自治区税务局 2020 年第 2 号）规定：

二、代开和邮寄发票种类

（一）代开发票种类：增值税普通发票（纸质）和增值税电子发票。

三、申请代开发票的情形

（一）依法不需要办理税务登记的单位和个人，临时取得应税收入需要代开发票的；

（二）已办理税务登记的企事业单位（不含个体工商户）法定代表人，临时取得个人劳务服务收入和财产租赁收入需要代开发票的。

五、不得代开发票的业务范围

（一）非税务部门管理的其他收入；

（二）已办理税务登记（含加载统一社会信用代码的营业执照）的纳税人取得的经营收入；

（三）取得烟、盐、烟花爆竹等属于国家实行专营货物的收入；

> （四）属于免税项目的收入（不含按次不达起征点的免税业务）；
>
> （五）餐饮类、娱乐类、建筑服务类（不含建筑劳务）、销售不动产等不适用"委托邮政双代"的经营收入；
>
> （六）其他不适用"委托邮政双代"的经营收入。

可见，上述受托代征单位只能代开普通发票，而且代开对象都有限制。

需要注意的是，目前仅有网络平台、道路货物运输企业可以受税务机关委托代开增值税专用发票。具体见文件《国家税务总局关于开展网络平台道路货物运输企业代开增值税专用发票试点工作的通知》（税总函〔2019〕405 号）。至于到税务机关代开，则为符合条件的纳税人可以开具增值税专用发票和增值税普通发票。

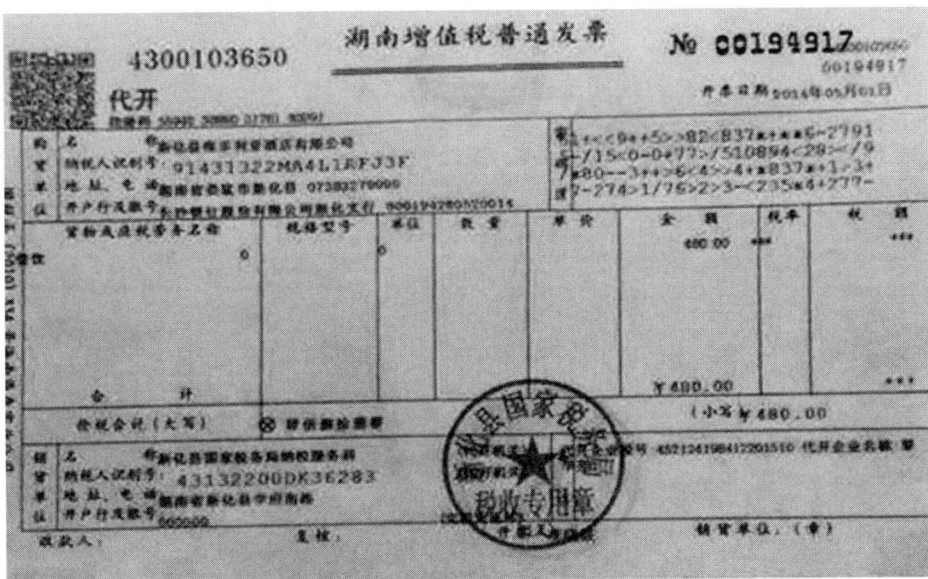

图8

对于增值税小规模纳税人向税务机关申请代开的增值税普通发票，月代开发票金额合计未超过起征点 10 万元的，可以享受小微企业免征增值税优惠。因此，税率栏次和税额栏次显示"***"的情况。自 2021 年 4 月 1 日至 2022 年 12 月 31 日，对月销售额 15 万元以下（含本数）的增值税小规模纳税人，免征增值税。当然，目前也有地方是显示了税率栏和税额栏的，但仍然是给予免征增值税的优惠情形的。比如下面这张发票：

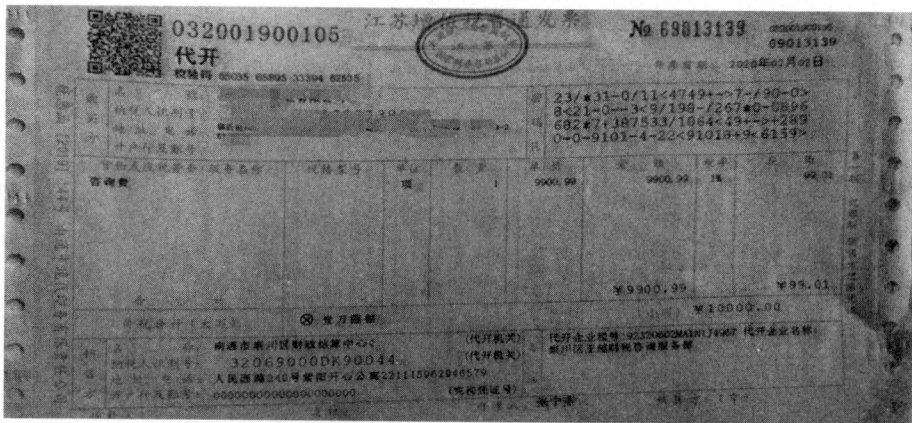

图9

请注意，完税凭证号为 0 号，说明没有征收税款，享受小微企业免征增值税的优惠。

图9这张是税务机关代开的增值税专用发票式样。

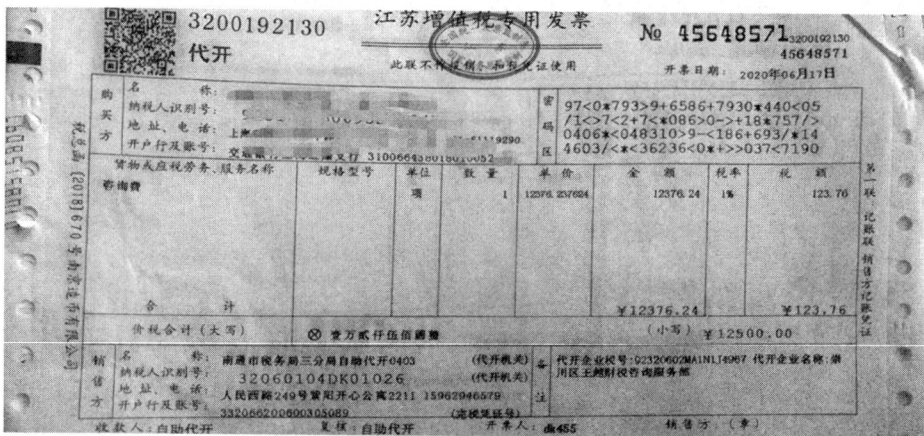

图10

从上面的几张票样（图8至图10）可以发现，代开的发票项目名称是没有商品与服务编码的，另外，根据《增值税发票开具指南》（税总货便函〔2017〕127号）第四条，增值税纳税人应在代开增值税专用发票的备注栏上，加盖本单位的发票专用章（为其他个人代开的特殊情况除外）。税务机关在代开增值税普通发票以及为其他个人代开增值税专用发票的备注栏上，加盖税务机关代开发票专用章。

上述括号中的"为其他个人代开的特殊情况主要是其他个人"销售取得的不动产和其他个人出租不动产业务，由于其他个人没有发票专用章，因此无论是代开专票还是代开普票，均由税务机关加盖代开发票专用章，比如图11这张代开发票。

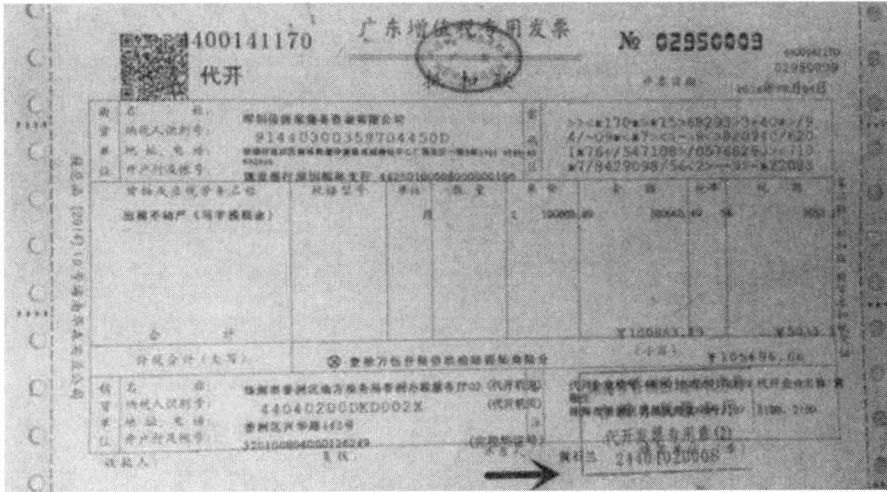

图 11

案例四

图 12

解析：这张发票（图12）是开给个人的，由于个人未透露姓名，回复了"个人不要打我的名字，就发票上写个人"，结果被复制粘贴过来，

这里要注意两点：①不是发生增值税应税行为就一定要开具发票，《中华人民共和国发票管理办法实施细则》第二十五条，向消费者个人零售小额商品或者提

供零星服务的，是否可免予逐笔开具发票，由省税务机关确定。比如，《四川省税务局关于明确普通发票管理有关事宜的公告》（四川省税务局公告 2018 年第 13 号）我省税务机关管辖纳税人向消费者个人零售小额商品或者提供零星服务的小额或零星标准为：对同一付款人单次收款金额低于或等于 50 元。向消费者个人零售小额商品或者提供零星服务，可免予逐笔开具发票，但消费者索要发票的，纳税人应按规定开具。

②根据《国家税务总局关于增值税发票开具有关问题的公告》（国家税务总局公告 2017 年第 16 号）规定，自 2017 年 7 月 1 日起，购买方为企业的，索取增值税普通发票时，应向销售方提供纳税人识别号或统一社会信用代码；销售方为其开具增值税普通发票时，应在"购买方纳税人识别号"栏填写购买方的纳税人识别号或统一社会信用代码。不符合规定的发票，不得作为税收凭证。本公告所称企业，包括公司、非公司制企业法人、企业分支机构、个人独资企业、合伙企业和其他企业。

因此，开具给自然人个人的不需要填开纳税人识别号或统一社会信用代码，但这里要注意国家税务总局货物和劳务税司有关负责人就增值税发票开具有关问题答："16 号公告"仅适用于通过增值税税控开票系统开具的增值税普通发票，对于使用印有企业名称发票的行业，如电商、成品油经销等，可暂不填写购买方纳税人识别号，仍按照企业现有方式开具发票。比如像图 13 这张发票的情形。

图 13

因为不属于增值税税控系统开具的，而是广东省税务局的通用机打发票，票面上根本就没有纳税人识别号或社会信用统一代码栏，当然就不需要填了。

案例五

图 14

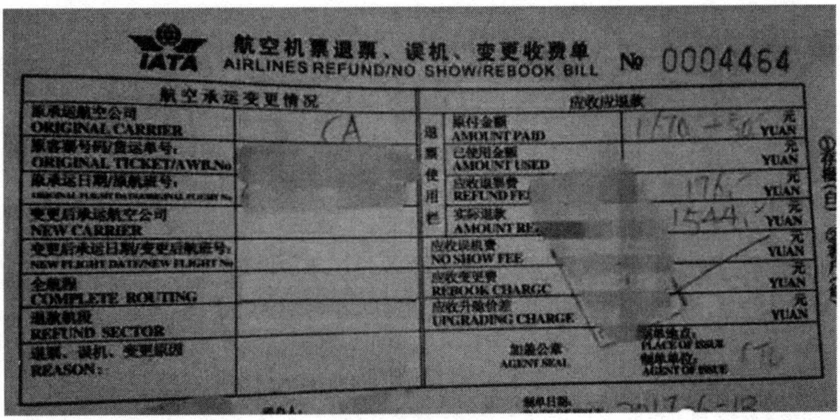

图 15

解析：《财政部 税务总局关于租入固定资产进项税额抵扣等增值税政策的通知》（财税〔2017〕90号）规定，自2018年1月1日起，纳税人已售票但客户逾期未消费取得的运输逾期票证收入，按照"交通运输服务"缴纳增值税。纳税人为客户办理退票而向客户收取的退票费、手续费等收入，按照"其他现代服务"缴纳增值税。也就是说，退票费、手续费属于增值税的应税范畴，应当开具发票，而不能以所谓的航空机票、误机、变更收费单来代替，不仅航空公司如此，只要是办理任何行业的退票收取的退票费、手续费均应开具发票（图14、图15）。

案例六

深圳增值税普通发票

××××

代开

发票联

No:××××

开票日期:××年×月×日

购货单位	名称：						密码区		(略)	
	纳税人识别号：									
	地址、电话：									
	开户行及账号：									

货物或应税劳务服务名称	规格型号	单位	数量	单价	金额	税率(%)	税额
树木		10	立方米	100.00	1000.00	***	***
					1000.00		***

价税合计（大写）	⊗壹仟圆整	（小写）¥ 1000.00

销货单位	名称：某税务局办税服务厅	备注	（章略）
	纳税人识别号：XXXXXXXXXXXX（代开机关）		
	地址、电话：某镇某街道		
	开户行及账号：000000（完税凭证号）		

收款人：××　　　复核：××　　　开票人：××　　　销货方：（章）

图16

深圳增值税普通发票

××××

发票联

No:××××

开票日期:××年×月×日

购货单位	名称：						密码区		(略)	
	纳税人识别号：									
	地址、电话：									
	开户行及账号：									

货物或应税劳务服务名称	规格型号	单位	数量	单价	金额	税率(%)	税额
*农产品*木耳		10	公斤	10.00	100.00	免税	***
					100.00		***

价税合计（大写）	⊗壹佰圆整	（小写）¥ 100.00

销货单位	名称：某农业发展有限公司	备注	（章略）
	纳税人识别号：XXXXXXXXXXXX		
	地址、电话：某镇某街道		
	开户行及账号：XXXXXX		

收款人：××　　　复核：××　　　开票人：××　　　销货方：（章）

图17

深圳增值税普通发票

××××

收购

No:××××

发票联

开票日期:××年×月×日

购货单位	名称：			密码区		(略)		
	纳税人识别号：							
	地址、电话：							
	开户行及账号：							

货物或应税劳务服务名称	规格型号	单位	数量	单价	金额	税率(%)	税额
*农产品*茶树菇		10	公斤	10.00	100.00	免税	***
					100.00		***

价税合计（大写）	⊗ 壹佰圆整	（小写）￥ 100.00

销货单位	名称：某农业发展有限公司	备注	（章略）
	纳税人识别号：XXXXXXXXXXXX		
	地址、电话：某镇某街道		
	开户行及账号：XXXXXX		

收款人：×× 复核：×× 开票人：×× 销货方：（章）

图 18

深圳增值税普通发票

××××

No:××××

发票联

开票日期:××年×月×日

购货单位	名称：			密码区		(略)		
	纳税人识别号：							
	地址、电话：							
	开户行及账号：							

货物或应税劳务服务名称	规格型号	单位	数量	单价	金额	税率(%)	税额
*肉及肉制品*排骨		公斤	100	10.00	1000.00	免税	***
					1000.00		***

价税合计（大写）	⊗ 壹仟圆整	（小写）￥ 1000.00

销货单位	名称：某农副产品发展有限公司	备注	（章略）
	纳税人识别号：XXXXXXXXXXXX		
	地址、电话：某镇某街道		
	开户行及账号：XXXXXX		

收款人：×× 复核：×× 开票人：×× 销货方：（章）

图 19

图 20

解析：《增值税暂行条例》第十五条规定，下列项目免征增值税：（一）农业生产者销售的自产农产品。

因此，农业生产者（包括单位和个人）销售自产农产品享受免税，是无法开具增值税专用发票的，只能开具免税的增值税普通发票。

第八条规定，纳税人购进货物、劳务、服务、无形资产、不动产支付或者负担的增值税额，为进项税额。下列进项税额准予从销项税额中抵扣：购进农产品，除取得增值税专用发票或者海关进口增值税专用缴款书外，按照农产品收购发票或者销售发票上注明的农产品买价和 11%[①] 的扣除率计算的进项税额，国务院另有规定的除外。进项税额＝买价 × 扣除率

第一张发票（图 16）是农业生产者代开的增值税农产品销售发票，从最下栏的完税凭证号为 0 可以看出，税务机关给予了免征增值税，但是税率栏却是 ***，其实规范而言，既然是免税，税率栏应当填写免税二字，但不少税务机关代开时在税率栏注明 ***，既然是税务机关代开的，属于合规。

---

① 《财政部 税务总局 海关总署关于深化增值税改革有关政策的公告》（财政部、税务总局、海关总署公告 2019 年第 39 号）自 2019 年 4 月 1 日起，纳税人购进农产品，原适用 10% 扣除率的，扣除率调整为 9%。

第二张发票（图 17）是农业自产者自开的增值税农产品销售发票，在税率栏就使用了规范的"免税"二字。

第三张发票（图 18）则是收购单位自己给自己开具的农产品收购发票，《中华人民共和国发票管理办法》第十九条规定，销售商品、提供服务以及从事其他经营活动的单位和个人，对外发生经营业务收取款项，收款方应当向付款方开具发票；特殊情况下，由付款方向收款方开具发票。

农产品收购单位作为付款方向收款方开具收购发票即为特殊情况，《增值税发票开具指南》（税总货便函〔2017〕127 号）规定，纳税人通过新系统使用增值税普通发票开具收购发票，系统在发票左上角自动打印"收购"字样。由上我们可以清晰地看到发票左上角有收购两字。

上述发票由于均系增值税免税普通发票，因此不是凭发票注明的进项税额抵扣，而是计算抵扣，按发票注明的不含税金额即买价乘以扣除率 9% 来计算，其实，从扣除率的表述也可知，扣除率既非一般计税方法的税率，也非简易计税方法的征收率，显见是计算出来的进项税额。

第四张发票（图 19）项目栏中肉制品并不是商家自产的，而商家批发零售的，根据《财政部 国家税务总局关于免征部分鲜活肉蛋产品流通环节增值税政策的通知》（财税〔2012〕75 号），对从事农产品批发、零售的纳税人销售的部分鲜活肉蛋产品免征增值税。免征增值税的鲜活肉产品，是指猪、牛、羊、鸡、鸭、鹅及其整块或者分割的鲜肉、冷藏或者冷冻肉，内脏、头、尾、骨、蹄、翅、爪等组织。

上述农产品由于不是自产的，即使享受免征增值税，其所开具的增值税普通发票也是不能计算抵扣的。

最后一张发票（图 20），我们假设是小规模纳税人代开或自开的销售农产品增值税专用发票，既然是增值税专用发票，说明该农产品是应税的。这里一定要注意，根据《财政部 税务总局关于简并增值税税率有关政策的通知》（财税〔2017〕37 号），从按照简易计税方法依照 3% 征收率计算缴纳增值税的小规模纳税人取得增值税专用发票的，以增值税专用发票上注明的金额和 11% 的扣除率计算进项税额（财政部 税务总局 海关总署公告 2019 年第 39 号《财政部 税务总局 海关总署关于深化增值税改革有关政策的公告》自 2019 年 4 月 1 日起，纳税人购进农产品，原适用 10% 扣除率的，扣除率调整为 9%。）。

虽然是增值税专用发票，但不是凭票抵扣，而是计算抵扣，只有一般纳税人开具的增值税专用发票，才能凭票抵扣。比如，从小规模纳税人处取得自开或代开的增值税专用发票 10 300 元，则：

增值税进项税额 ＝ 10 000 × 9% ＝ 900（元）

而不是发票上注明的 300 元，倒算购进的农产品成本则为：10 300 － 900 ＝ 9 400（元）。

但是根据财税〔2017〕37 号规定，纳税人购进农产品既用于生产销售或委托受托加工 17% 税率货物又用于生产销售其他货物服务的，应当分别核算用于生产销售或委托受托加工 17% 税率货物和其他货物服务的农产品进项税额。未分别核算的，统一以增值税专用发票或海关进口增值税专用缴款书上注明的增值税额为进项税额。

如果上述从小规模纳税人处购进的农产品未准确核算的，则从计算抵扣又回归到凭票抵扣，即按增值税专用发票注明的 300 元作为进项税额。

案例七

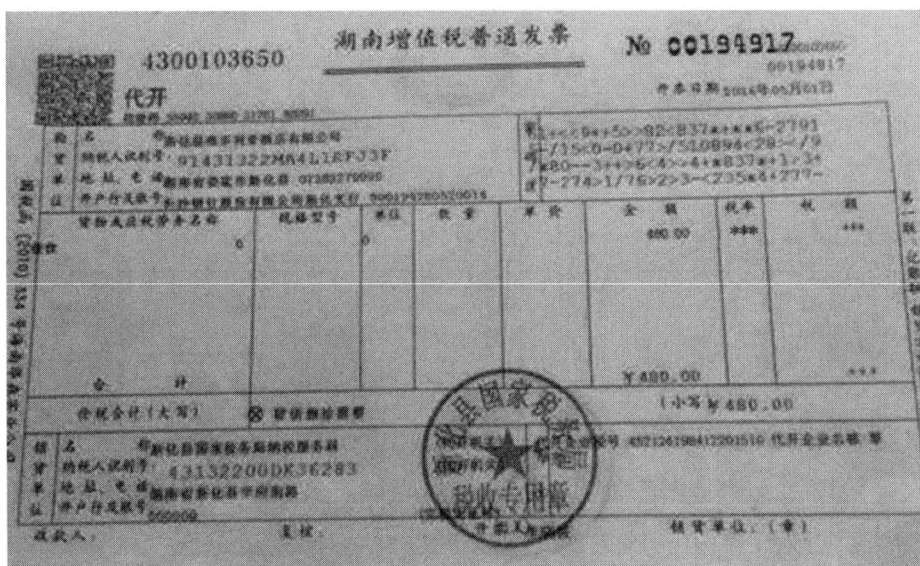

图 21

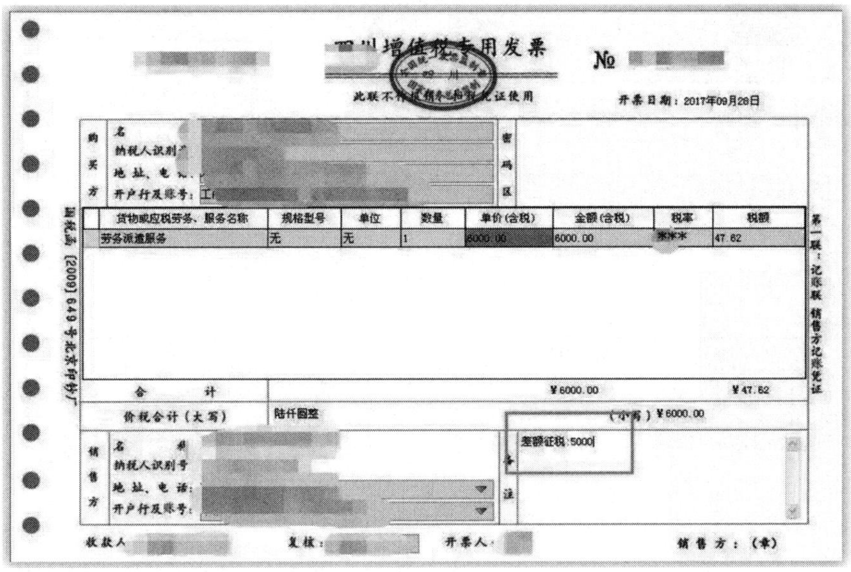

四川增值税专用发票　№

此联不作报销、扣税凭证使用　　开票日期：2017年09月28日

购买方	名称： 纳税人识别号： 地址、电话： 开户行及账号：工	密码区	

货物或应税劳务、服务名称	规格型号	单位	数量	单价(含税)	金额(含税)	税率	税额
劳务派遣服务	无	无	1	6000.00	6000.00	***	47.62
合计					¥6000.00		¥47.62
价税合计（大写）	陆仟圆整				（小写）¥6000.00		

销售方	名称： 纳税人识别号： 地址、电话： 开户行及账号：	备注	差额征税：5000

收款人：　　复核：　　开票人：　　销售方：（章）

国税函〔2009〕649号北京印钞厂

第一联：记账联　销售方记账凭证

图 22

深圳增值税专用发票

××××　　　　　　　　　　　　　　　　　　　　No：××××

代开

发票联　　　　　　　　　　　　　　　　　　　　开票日期：××年×月×日

购货单位	名称： 纳税人识别号： 地址、电话： 开户行及账号：	密码区	（略）

货物或应税劳务名称	规格型号	单位	数量	单价	金额	税率(%)	税额
房屋租赁					19714.29	***	285.71
合计					19714.29		285.71
价税合计（大写）	⊗ 贰万元整						（小写）¥ 20000.00

销货单位	名称：某税务局办税服务厅 纳税人识别号：XXXXXXXXXXXX（代开机关） 地址、电话：某镇某街道 开户行及账号：	备注	代开企业税号 *** 代开企业名称 ***

收款人：××　　复核：××　　开票人：××　　销货单位：

图 23

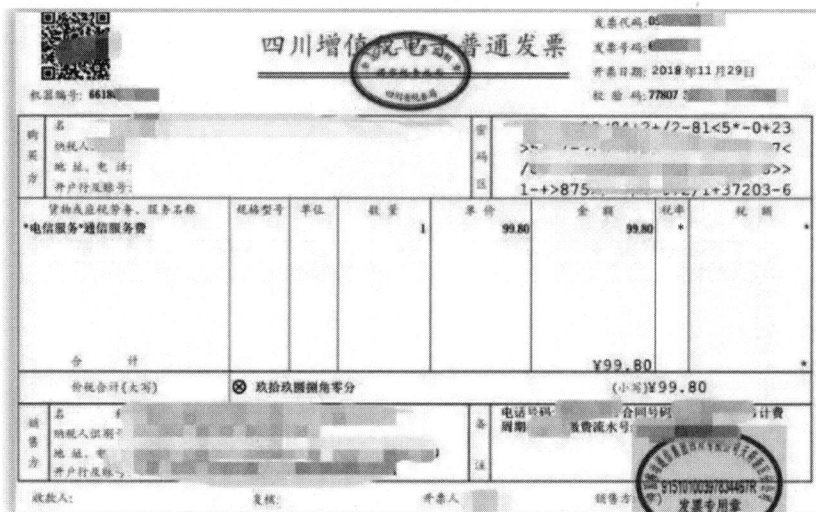

图 24

解析：上述四张发票（图 21、图 22、图 23、图 24）的共同点是税率栏为 * 号，但确又有不同，我们分别来解读。

第一张发票（图 21）是税务机关为未达到起征点的小规模纳税人代开的免税发票，根据《国家税务总局关于营业税改征增值税委托地税局代征税款和代开增值税发票的通知》（税总函〔2016〕145 号），"税率"栏填写增值税征收率。免税、其他个人出租其取得的不动产适用优惠政策减按 1.5% 征收；差额征税的，"税率"栏自动打印"***"。

由于小规模纳税人代开免税发票，因此不存在税款，税额栏也是 ***。但此前我们也提到，纳税人自己开具免税增值税发票时，规范的应当是在税率栏打印"免税"二字。

第二张发票（图 22）是差额征收的发票，根据《财政部 国家税务总局关于进一步明确全面推开营改增试点有关劳务派遣服务、收费公路通行费抵扣等政策的通知》（财税〔2016〕47 号），一般纳税人提供劳务派遣服务可以选择差额纳税，以取得的全部价款和价外费用，扣除代用工单位支付给劳务派遣员工的工资、福利和为其办理社会保险及住房公积金后的余额为销售额，按照简易计税方法依 5% 的征收率计算缴纳增值税。

我们假设支付给劳务派遣员工的工资、福利和为其办理社会保险及住房公积金额为 x。

计算应纳增值税额：

$$47.62 ＝（6\,000 － x）÷（1 ＋ 5\%）× 5\%$$

$$x ＝ 5\,000$$

而这也就是备注栏里差额征税 5 000 元的由来。

这样在打印出来的发票上，金额栏就是 6 000 ÷（1 ＋ 5%）＝ 5 714.29，因为金额栏直接乘以 5% 征收率不会得出税额 47.62 元，所以税额栏标注的是 ***。

第三张发票 (图 23) 道理是一样的，《财政部 国家税务总局关于全面推开营业税改征增值税试点的通知》（财税〔2016〕36 号）规定，个人出租住房，应按照 5% 的征收率减按 1.5% 计算应纳税额。

我们计算一下发票上的税额：

$$285.71 ＝ 20\,000 ÷（1 ＋ 5\%）× 1.5\%$$

不含税金额 ＝ 20 000 － 285.71 ＝ 19 714.29（元）

因为 1.5% 既非税率，也非征收率，因此只能在税率栏用 *** 来代替。

第四张发票（图 24）只有一个 * 号，这是全国独一无二的，仅适用于电信行业，电信服务，是指利用有线、无线的电磁系统或者光电系统等各种通信网络资源，提供语音通话服务，传送、发射、接收或者应用图像、短信等电子数据和信息的业务活动，包括基础电信服务和增值电信服务。其中基础电信服务税率为 9%，增值电信服务税率为 6%，但纳税人在充值时由于服务还未提供，因此电信套餐内的基础电信服务与增值电信服务具体数额还不清楚，因此只能开具这种税率栏与税额栏带 * 的增值税普通发票，如果纳税人在充值时不索取这种发票，待实际消费电信服务后，是可以索取增值税专用发票的，像图 25 这张增值税专用发票。

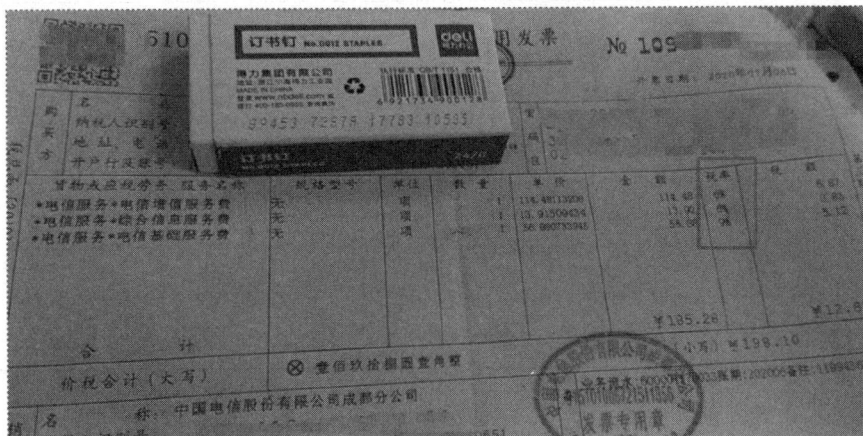

图 25

案例八

湖北增值税专用发票

××××

代开

发票联

No:××××

开票日期:××年×月×日

购货单位	名称:							
	纳税人识别号:					密码区		(略)
	地址、电话:							
	开户行及账号:							

货物或应税劳务名称	规格型号	单位	数量	单价	金额	税率(%)	税额
电热水壶		1	100	50	5000.00	1%	50
合计					5000.00		50

价税合计（大写）	⊗ 伍仟零伍拾圆整	（小写）￥ 5050.00

销货单位	名称：某县税务局办税大厅	备注	个人所得税需代扣
	纳税人识别号：XXXXXXXXXXXX（代开机关）		代缴或自行申报，
	地址、电话：某镇某街道		代开企业名称：某乡
	开户行及账号：XXXXXX（完税凭证号）		嘉谊水暖经营部

收款人：×× 复核：×× 开票人：×× 销货单位：

图26

深圳增值税普通发票

××××

代开

发票联

No:××××

开票日期:××年×月×日

购货单位	名称:							
	纳税人识别号:					密码区		(略)
	地址、电话:							
	开户行及账号:							

货物或应税劳务名称	规格型号	单位	数量	单价	金额	税率(%)	税额
石头					20000	3%	600
					20000		600

价税合计（大写）	⊗ 贰万零陆佰圆整	（小写）￥ 20600

销货单位	名称：	备注	个人所得税由扣缴
	纳税人识别号：		义务人（支付方）
	地址、电话：		依法预扣预缴或代
	开户行及账号：		扣代缴

收款人：×× 复核：×× 开票人：×× 销货单位：

图27

解析：先来看第一张发票（图26），由于一般纳税人可开增值税专用发票，因此这张发票系小规模纳税人在税务局代开的增值税专用发票。《国家税务总局关于印发税务机关代开增值税专用发票管理办法（试行）的通知》（国税发〔2004〕153号）第五条规定，本办法所称增值税纳税人是指已办理税务登记的小规模纳税人（包括个体经营者）以及国家税务总局确定的其他可予代开增值税专用发票的纳税人。

可见代开的这家五金水暖洁具门市部是办理了工商营业执照的，那么这张发票的备注栏"个人所得税须依法代扣代缴或自行申报"就有很大问题了，因为这样的表述给购买方一个很大的困惑，在向这家五金水暖洁具门市部支付款项时要代扣代缴吗。如果需要代扣代缴，但没有代扣代缴，则购买方依据《中华人民共和国税收征收管理法》（以下简称《税收征管法》）第六十九条是有法律责任的，即扣缴义务人应扣未扣、应收而不收税款的，由税务机关向纳税人追缴税款，对扣缴义务人处应扣未扣、应收未收税款百分之五十以上三倍以下的罚款。

我们来看看《中华人民共和国个人所得税法实施条例》经营所得，是指：

> 1. 个体工商户从事生产、经营活动取得的所得，个人独资企业投资人、合伙企业的个人合伙人来源于境内注册的个人独资企业、合伙企业生产、经营的所得；
> 2. 个人依法从事办学、医疗、咨询以及其他有偿服务活动取得的所得；
> 3. 个人对企业、事业单位承包经营、承租经营以及转包、转租取得的所得；
> 4. 个人从事其他生产、经营活动取得的所得。

显然，门市部销售五金水暖属于个体工商户从事生产、经营活动，根据《国家税务总局关于发布个人所得税扣缴申报管理办法（试行）的公告》（国家税务总局公告2018年第61号）第四条规定，实行个人所得税全员全额扣缴申报的应税所得包括：

> （一）工资、薪金所得；
> （二）劳务报酬所得；
> （三）稿酬所得；
> （四）特许权使用费所得；

> （五）利息、股息、红利所得；
>
> （六）财产租赁所得；
>
> （七）财产转让所得；
>
> （八）偶然所得。

个人所得税税目总计 9 个，上述需要扣缴申报的唯独缺少经营所得，也即说明经营所得只有自行申报，不存在扣缴申报。既然不存在扣缴申报，为什么还要在"备注栏"画蛇添足写上"个人所得税须依法代扣代缴或自行申报"字样，这时就需要我们一定要查看当地的税收规范性文件。这张发票是湖北省税务局代开的，我们来看《湖北省税务局关于代开发票环节个人所得税有关问题的公告》（湖北省税务局公告 2019 年第 13 号）：

> 一、个人所得税纳税人（包括个体工商户业主、个人独资企业投资者、合伙企业个人合伙人以及其他自然人等）取得应税所得申请代开发票时，税务机关和委托代征单位在代开发票环节不征收个人所得税。
>
> 二、申请代开发票纳税人取得综合所得、分类所得应缴的个人所得税，由扣缴义务人按照《国家税务总局关于发布〈个人所得税扣缴申报管理办法（试行）〉的公告》（国家税务总局公告 2018 年第 61 号）的规定预扣预缴、代扣代缴申报缴纳；取得经营所得的个人所得税，由纳税人按照《国家税务总局关于个人所得税自行纳税申报有关问题的公告》（国家税务总局公告 2018 年第 62 号）的规定自行申报缴纳。
>
> 三、税务机关和委托代征单位在代开发票时，应在发票备注栏内统一注明"个人所得税须依法代扣代缴或自行申报。"

原来湖北省不管是经营所得、综合所得还是分类所得，在代开发票环节均不征收个人所得税，个人所得税怎么征收，纳税人和扣缴义务人自行去判别。这就很需要我们纳税人对个人所得税知识的了解程度，扣，还是不扣？该扣的不扣，有法律责任风险；不该扣的扣了，损害了收款人的权益，考验个税业务水平的时候来了。

我们再来看第二张发票（图 27），发票内容是自然人个人卖石头给购买方，发票"备注栏"要求"个人所得税由扣缴义务人（支付方）依法预扣预缴或代扣代缴"，这种备注其实是错误的，个人卖石头属于《中华人民共和国个人所得税法实施条例》第六条第五款经营所得……4.个人从事其他生产、经营活动取得的所得。因为第1张发票（图26）是个体工商户从事生产、经营活动取得的所得，个人独资企业投资人、合伙企业的个人合伙人来源于境内注册的个人独资企业、合伙企业生产、经营的所得；而第1张发票和第4张发票（图29）是并列关系，第1张发票中的个体工商户、个人独资企业、合伙企业是办理了工商注册的，反向推理第4张发票中的个人就是没有办理税务登记的自然人个人。自然人个人销售货物仍然属于经营所得，那么自然人个人有哪些销售行为界定为经营所得而不是劳务报酬呢，我们找几个地方税收规范性文件看看：

《宁夏回族自治区税务局关于自然人申请代开发票征收个人所得税有关问题的公告》（宁夏回族自治区税务局公告2019年第3号）规定如下。

个人所得项目	代开发票时征收个人所得税的项目	征收率	税率
	自然人代开发票征收个人所得税事项列表		
经营所得	销售产品及货物	1%	二
	工业性加工及修理修配	1%	二
	建筑服务	1%	二
	运输服务	1%	二

《江西省税务局关于经营所得核定征收个人所得税等有关问题的公告》（江西省税务局公告2019年第4号）规定如下。

序号	月核定经营额或所得额（不含增值税）	个人所得税附征率（%）
1	3万元（含）以下	0
2	3万元以上10万元（含）以下	0.25
3	10万元以上	工业、交通运输业、商业、修理修配业，0.3 建筑安装业，0.5 娱乐业，1.7 住宿、饮食等居民服务业，0.4 其他行业，0.8

其实从上述列表就可以看出，这些自然人其实属于无证（营业执照）经营户，其从事的产业与有证经营户是一样的，《国家税务总局关于税收征管若干事项的公告》（国家税务总局公告2019年第48号）规定，从事生产、经营的个人应办而未办营业执照，但发生纳税义务的，可以按规定申请办理临时税务登记，也很好地证明了无证个体户的个人所得税是按经营所得税目来处理的。

因此这张发票要求购买方（支付方）代扣代缴或预扣预缴个人所得税就是个无厘头的说法了，即使拿到这种发票也不需要预扣预缴或代扣代缴。

那么，拿到什么样的发票需要预扣预缴或代扣代缴？不妨来看几个地方税收规范性文件，《四川省税务局关于经营所得核定征收等个人所得税有关问题的公告》（四川省税务局公告 2019 年第 8 号）规定自然人纳税人取得劳务报酬、稿酬和特许权使用费所得需要代开发票的，开具发票时税务机关不预征个人所得税。其个人所得税由扣缴义务人依照《个人所得税扣缴申报管理办法（试行）》（国家税务总局公告 2018 年第 61 号发布）的规定预扣预缴（或代扣代缴），并办理全员全额扣缴申报。税务机关应当在发票备注栏内注明："个人所得税由支付单位或个人依法扣缴"。

《深圳市税务局关于个人所得税征收管理有关问题的公告》（深圳市税务局公告 2019 年第 4 号）对在本市范围内未办理税务登记证、临时从事生产、经营的零散税收纳税人在代开增值税发票时，按纳税人开票金额（不含增值税）的 0.8% 核定征收个人所得税税款。

对纳税人取得劳务报酬所得、稿酬所得和特许权使用费所得等综合所得需要代开发票的，在代开发票环节不再征收个人所得税。其个人所得税由扣缴义务人依照《个人所得税扣缴申报管理办法（试行）》（国家税务总局公告 2018 年第 61 号）规定预扣预缴（或代扣代缴）并办理全员全额扣缴申报。代开发票单位在开具发票时，应在发票备注栏内统一注明"个人所得税由支付方依法预扣预缴（或代扣代缴）"。

其实，深圳的做法是相当为纳税人考虑的，即经营所得在代开发票时直接核定征收了，备注栏不填写让购买方代扣代缴，一清二楚，明明白白，比如和深圳类似的山东的一张代开增值税普通发票（图 28）。

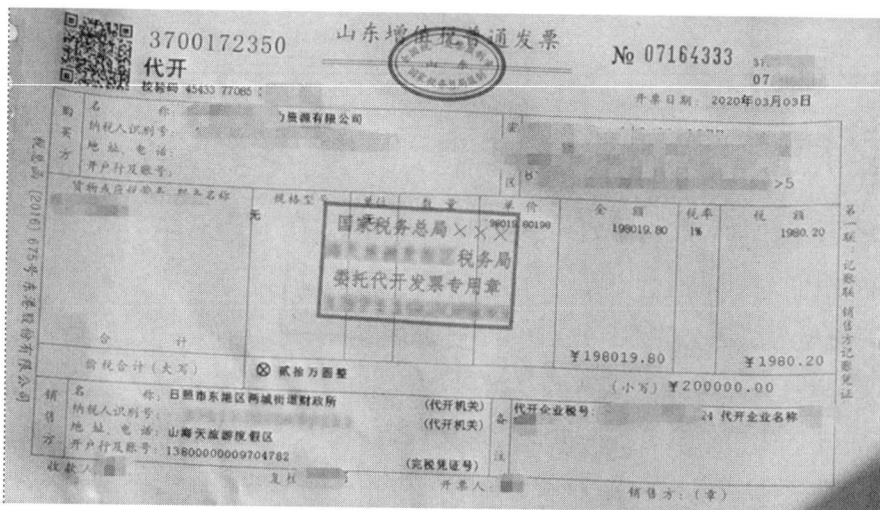

图 28

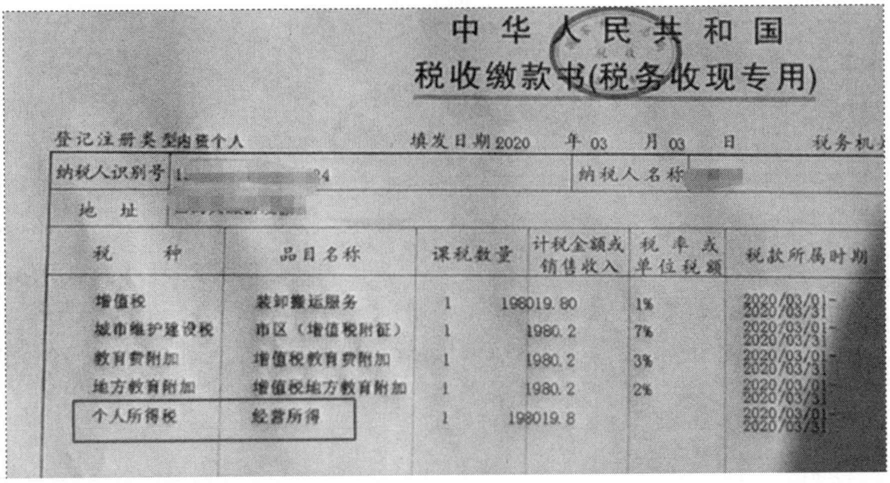

中华人民共和国
税收缴款书(税务收现专用)

登记注册类型 内资个人 填发日期 2020 年 03 月 03 日 税务机关

纳税人识别号	1……24	纳税人名称			
地 址					
税 种	品目名称	课税数量	计税金额或销售收入	税率或单位税额	税款所属时期
增值税	装卸搬运服务	1	198019.80	1%	2020/03/01-2020/03/31
城市维护建设税	市区（增值税附征）	1	1980.2	7%	2020/03/01-2020/03/31
教育费附加	增值税教育费附加	1	1980.2	3%	2020/03/01-2020/03/31
地方教育附加	增值税地方教育附加	1	1980.2	2%	2020/03/01-2020/03/31
个人所得税	经营所得	1	198019.8		2020/03/01-2020/03/31

图 29

而对于个人代开劳务报酬增值税普通发票需要预扣预缴个人所得税的正确处理方式应当是图 30 这张发票，即自然人提供的劳务费由购买方支付时预扣预缴。

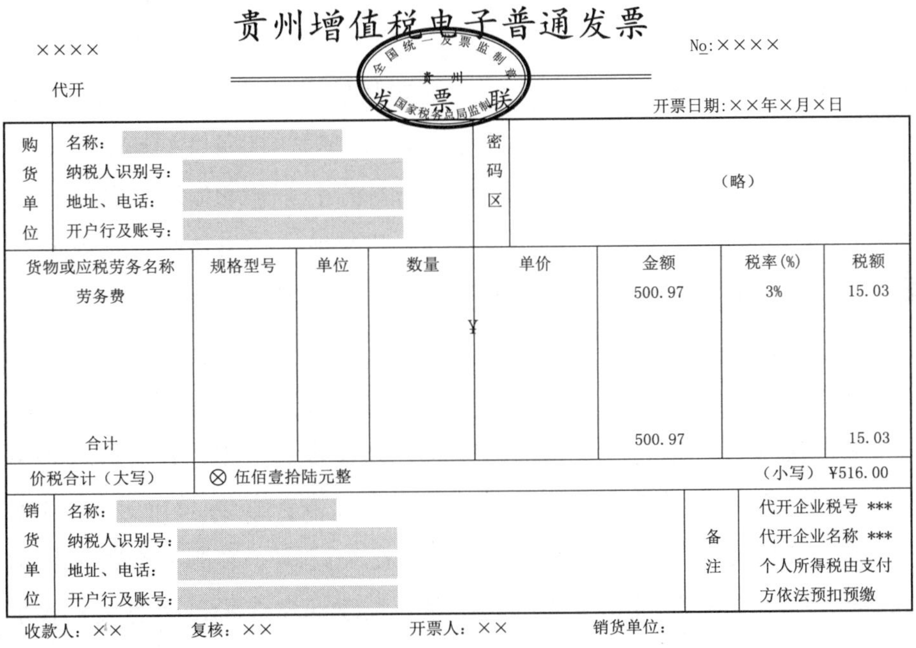

贵州增值税电子普通发票

××××　　No:××××

代开　　发票联　　开票日期:××年×月×日

购货单位	名称： 纳税人识别号： 地址、电话： 开户行及账号：			密码区	（略）		
货物或应税劳务名称	规格型号	单位	数量	单价	金额	税率(%)	税额
劳务费				¥	500.97	3%	15.03
合计					500.97		15.03
价税合计（大写）	⊗ 伍佰壹拾陆元整					（小写）	¥516.00
销货单位	名称： 纳税人识别号： 地址、电话： 开户行及账号：				备注	代开企业税号 *** 代开企业名称 *** 个人所得税由支付方依法预扣预缴	

收款人：××　复核：××　开票人：××　销货单位：

图 30

案例九

湖北增值税专用发票

××××　　No:××××

发票联

开票日期:××年×月×日

购货单位	名称：		密码区	（略）			
	纳税人识别号：						
	地址、电话：						
	开户行及账号：						

货物或应税劳务服务名称	规格型号	单位	数量	单价	金额	税率(%)	税额
*建筑服务*工程款			1	50000.00	50000.00	9%	4500.00
					50000.00		4500.00

价税合计（大写）	⊗ 伍万肆仟伍佰圆整	（小写）￥ 54500.00

销货单位	名称：某某建筑工程有限公司	备注	工程名称：花苑小区，
	纳税人识别号：XXXXXXXXXXXXX		工程地点：某县某路
	地址、电话：某镇某街道，XXXXXXXX		2号
	开户行及账号：农业银行某分行，账号XXXXXX		

收款人：××　　　复核：××　　　开票人：××　　　销货方：（章）

图31

解析：这张发票图31就比较完全了，这里我们讲讲备注栏的问题。如果税收法律、法规、规章、规范性文件规定备注栏必须填写，则备注栏未填写显然属于不合规发票，即开票有误发票。《国家税务总局关于红字增值税发票开具有关问题的公告》（国家税务总局公告2016年第47号）规定，增值税一般纳税人开具增值税专用发票（以下简称"专用发票"）后，发生销货退回、开票有误、应税服务中止等情形但不符合发票作废条件，或者因销货部分退回及发生销售折让，需要开具红字专用发票。可见这种有误发票的增值税进项税额既不能抵扣，也不属于企业所得税合法有效凭证。如果是房地产开发企业，则依据《国家税务总局关于营改增后土地增值税若干征管规定的公告》（国家税务总局公告2016年第70号）规定，"营改增"后土地增值税纳税人接受建筑安装服务取得的增值税发票，应按照《国家税务总局关于全面推开营业税改征增值税试点有关税收征收管理事项的公告》（国家税务总局公告2016年第23号）规定，在发票的备注栏注明建筑服务发生地县（市、区）名称及项目名称，否则不得计入土地增值税扣除项目金额。

如果备注栏没有规定强制填报项目，那么纳税人是可以随意备注的，哪怕错误输入"我爱你"也没有关系。

那么哪些项目的增值税发票需要在备注栏填报相应项目呢？我们列举如下：

1. 差额开票功能开具的发票的备注

（1）政策规定。

《国家税务总局关于全面推开营业税改征增值税试点有关税收征收管理事项的公告》（国家税务总局公告 2016 年第 23 号）规定，按照现行政策规定适用差额征税办法缴纳增值税，且不得全额开具增值税发票的（财政部、税务总局另有规定的除外），纳税人自行开具或者税务机关代开增值税发票时，通过新系统中差额征税开票功能，录入含税销售额（或含税评估额）和扣除额，系统自动计算税额和不含税金额，备注栏自动打印"差额征税"字样，发票开具不应与其他应税行为混开。

（2）"国家税务总局公告 2016 年第 23 号"文件明确差额开具票的业务，扣除额不可以开具增值税专用发票的，在按差额开票功能差额开具增值税专用发票时，要在备注栏打印"差额征税"。比如劳务派遣公司（安保服务同）、经纪代理服务（人力资源外包服务同）选择差额计税，通过差额开票系统开具的增值税专用发票备注栏要有"差额征税"的字样才是合规的发票（图 32）。

图 32

2．提供建筑劳务开具发票的备注

（1）政策规定。

《国家税务总局关于全面推开营业税改征增值税试点有关税收征收管理事项的公告》（国家税务总局公告 2016 年第 23 号）规定，提供建筑服务，纳税人自行开具或者税务机关代开增值税发票时，应在发票的备注栏注明建筑服务发生地县（市、区）名称及项目名称。

国税机关为跨县（市、区）提供不动产经营租赁服务、建筑服务的小规模纳税人（不包括其他个人），代开增值税发票时，在发票备注栏中自动打印"YD"字样。

（2）解读：提供建筑服务的纳税人开具发票时，要在备注栏备注服务发生地县（市、区）和项目名称。其中，异地提供建筑服务的小规模纳税人，由税务局代开增值税专用发票的，备注栏中的内容除了服务发生地县（市、区）和项目名称，还要打印"YD"字样。

需要注意的是，有的纳税人开票时把项目名称填写成施工合同的名称，这是不符合文件的规定的。

3．销售或出租不动产发票的备注

（1）政策规定。

根据"国家税务总局公告 2016 年 23 号"，销售不动产，纳税人自行开具或者税务机关代开增值税发票时，应在发票"货物或应税劳务、服务"名称栏填写不动产名称及房屋产权证书号码（无房屋产权证书的可不填写），"单位"栏填写面积单位，备注栏注明不动产的详细地址。

出租不动产，纳税人自行开具或者税务机关代开增值税发票时，应在备注栏注明不动产的详细地址。

（2）解读：纳税人销售或出租不动产，开具发票时，要备注不动产的详细地址。其中，由税务局代开增值税专用发票的，备注栏中的内容除了不动产的详细地址，还要打印"YD"字样。

4．运输服务开具发票的备注

（1）政策规定。

《国家税务总局关于停止使用货物运输业增值税专用发票有关问题的公告》（国家税务总局公告 2015 年第 99 号）规定：增值税一般纳税人提供货物运输

服务，使用增值税专用发票和增值税普通发票，开具发票时应将起运地、到达地、车种车号以及运输货物信息等内容填写在发票备注栏中，如内容较多可另附清单。

《国家税务总局关于停止使用货物运输业增值税专用发票有关问题的公告》（国家税务总局公告 2015 年第 99 号）规定，铁路运输企业受托代征的印花税款信息，可填写在发票备注栏中。

（2）解读：从 2016 年 7 月 1 日起，货物运输业增值税发票退出了历史的舞台，货物运输业的纳税人发生货物运输，开具增值税专用发票或增值税普通发票。开具发票时，将起运地、到达地、车种车号、货物信息填写在备注栏，内容较多可以另附清单。其中，铁路运输企业受托代征的印花税税款，也要备注在发票的备注栏中。

5. 预付卡业务开票的备注

（1）政策规定。

《国家税务总局关于营改增试点若干征管问题的公告》（国家税务总局公告 2016 年第 53 号）规定，单用途卡销售方与售卡方不是同一个纳税人的，销售方在收到售卡方结算的销售款时，应向售卡方开具增值税普通发票，并在备注栏注明"收到预付卡结算款"，不得开具增值税专用发票。

多用途卡特约商户收到支付机构结算的销售款时，应向支付机构开具增值税普通发票，并在备注栏注明"收到预付卡结算款"，不得开具增值税专用发票。

（2）解读：预付卡业务中，最终销售方收到销售款开具发票时，要在发票备注栏备注"收到预付卡结算款"，且只能开增值税普通发票。

6. 保险公司代收车船税开具发票的备注

（1）政策规定。

《国家税务总局关于保险机构代收车船税开具增值税发票问题的公告》（国家税务总局公告 2016 年第 51 号）规定，保险机构作为车船税扣缴义务人，在代收车船税并开具增值税发票时，应在增值税发票备注栏中注明代收车船税税款信息，具体包括：保险单号、税款所属期（详细至月）、代收车船税金额、滞纳金金额、金额合计等。该增值税发票可作为纳税人缴纳车船税及滞纳金的会计核算原始凭证。

（2）解读：《中华人民共和国车船税法》规定，从事机动车第三者责任强制保险业务的保险机构为机动车车船税的扣缴义务人，应当在收取保险费时依法代收车船税，并出具代收税款凭证。"营改增"前，保险机构在代收代缴机动车车船税时，应向投保人开具注明已收税款信息的交强险保险单和保费发票，作为代收税款凭证。纳税人需要另外开具完税凭证的，保险机构应告知纳税人凭交强险保单到保险机构所在地的税务机关开具。"营改增"后，保险公司向投保人开具保险费的发票时，在备注栏中备注保险单号、税款所属期（详细至月）、代收车船税金额、滞纳金金额、金额合计等。该发票可以作为会计核算车船税的原始凭证。有需要的纳税人可以到税务局开具完税凭证。

7．保险公司代保险代理人汇总开代理费发票的备注

（1）政策规定。

《国家税务总局关于个人保险代理人税收征管有关问题的公告》（国家税务总局公告 2016 年第 45 号）规定，主管国税机关为个人保险代理人汇总代开增值税发票时，应在备注栏内注明"个人保险代理人汇总代开"字样。

（2）解读：个人保险代理人为保险公司提供保险代理服务，接受税务机关委托代征税款的保险企业，向个人保险代理人支付佣金费用后，可代个人保险代理人统一向主管国税机关申请汇总代开增值税普通发票或增值税专用发票。代开发票的国税机关在发票备注栏备注"个人保险代理人汇总代开"字样。

8．网络平台道路货运企业代开增值税专用发票的备注

（1）政策规定。

《国家税务总局关于开展网络平台道路货物运输企业代开增值税专用发票试点工作的通知》（税总函（2019）405 号）使用自有增值税发票税控开票软件，按照3% 的征收率代开增值税专用发票，并在发票备注栏注明会员的纳税人名称、纳税人识别号、起运地、到达地、车种车号以及运输货物信息，如内容较多可另附清单。

（2）解读：主要是为流动性较大的在网络平台上注册的道路货物运输企业小规模纳税人代开增值税专用发票，解决这类人到机构所在地代开增值税专用发票的麻烦。

9．外贸综合服务企业（以下简称"外综服企业"）取得的代办退税专用的增值税专用发票

（1）政策规定。

《国家税务总局关于调整完善外贸综合服务企业办理出口货物退（免）税有关

事项的公告》（国家税务总局公告 2017 年第 35 号）规定：生产企业代办退税的出口货物，应先按出口货物离岸价和增值税适用税率计算销项税额并按规定申报缴纳增值税，同时向外综服企业开具备注栏内注明"代办退税专用"的增值税专用发票（以下称代办退税专用发票），作为外综服企业代办退税的凭证。出口货物离岸价以人民币以外的货币结算的，其人民币折合率可以选择销售额发生的当天或者当月 1 日的人民币汇率中间价。代办退税专用发票上的"金额"栏次须按照换算成人民币金额的出口货物离岸价填写。

（2）解读：外综服企业向其主管税务机关申报代办退税，应退税额按代办退税专用发票上注明的"金额"和出口货物适用的出口退税率计算。

应退税额＝代办退税专用发票上注明的"金额"×出口货物适用的出口退税率

代办退税专用发票不得作为外综服企业的增值税扣税凭证，见下表。

税收强制规定发票备注栏填写信息一览表

业务类型	备注栏信息	文件依据
货物运输服务	填写起运地、到达地、车种车号以及运输货物信息	总局公告 2015 年第 99 号
铁路运输企业提供货物运输服务	注明受托代征的印花税款信息	总局公告 2015 年第 99 号
建筑服务	注明建筑服务发生地县（市、区）名称及项目名称	总局公告 2016 年第 23 号
销售、出租不动产	注明不动产的详细地址	总局公告 2016 年第 23 号
差额征税开票	自动打印"差额征税"字样	总局公告 2016 年第 23 号
销售预付卡	收到预付卡结算款	总局公告 2016 年第 53 号
保险代收车船税发票	保险单号、税款所属期（详细至月）、代收车船税金额、滞纳金金额、金额合计等	总局公告 2016 年第 51 号
互联网物流平台企业代开货物运输发票	注明会员的纳税人名称和统一社会信用代码（税务登记证号码或组织机构代码）	税总函〔2019〕405 号
生产企业委托综服企业代办出口退税	代办退税专用	总局公告 2017 年第 35 号

案例十

湖北增值税普通发票

××××   No：××××

（发票联）

开票日期：××年×月×日

购货单位	名称：					密码区	（略）		
	纳税人识别号：								
	地址、电话：								
	开户行及账号：								

货物或应税劳务服务名称	规格型号	单位	数量	单价	金额	税率(%)	税额
*餐饮服务*餐费			1	1000.00	1000.00	0%	***
					1000.00		***

价税合计（大写）	⊗ 壹仟圆整	（小写）¥ 1000.00

销货单位	名称：某某餐饮服务有限公司	备注	（章略）
	纳税人识别号：XXXXXXXXXXXXX		
	地址、电话：某镇某街道，XXXXXXXX		
	开户行及账号：农业银行某分行，账号XXXXXX		

收款人：××   复核：××   开票人：××   销货方：（章）

图 33

湖北增值税普通发票

××××   No：××××

（发票联）

开票日期：××年×月×日

购货单位	名称：					密码区	（略）		
	纳税人识别号：								
	地址、电话：								
	开户行及账号：								

货物或应税劳务服务名称	规格型号	单位	数量	单价	金额	税率(%)	税额
*餐饮服务*餐费			1	1000.00	1000.00	免税	***
					1000.00		***

价税合计（大写）	⊗ 壹仟圆整	（小写）¥ 1000.00

销货单位	名称：某某餐饮服务有限公司	备注	（章略）
	纳税人识别号：XXXXXXXXXXXXX		
	地址、电话：某镇某街道，XXXXXXXX		
	开户行及账号：农业银行某分行，账号XXXXXX		

收款人：××   复核：××   开票人：××   销货方：（章）

图 34

解析：同是餐饮服务，图 33 税率栏是 0%，图 34 税率栏是免税，哪个正确呢？

《财政部 税务总局关于支持新型冠状病毒感染的肺炎疫情防控有关税收政策的

公告》（财政部 国家税务总局公告 2020 年第 8 号）对纳税人提供公共交通运输服务、生活服务，以及为居民提供必需生活物资快递收派服务取得的收入，免征增值税。

　　餐饮服务属于生活服务，因此提供的餐饮服务在 2020 年疫情期间享受的是免征增值税，税率栏应当填写"免税"二字；而零税率，则是增值税的一个法定税率。纳税人销售零税率货物或者服务和无形资产，税法规定具有纳税的义务，但由于规定税率为零，纳税人无税可纳。纳税人销售零税率货物或者服务、无形资产既然有纳税义务，同样具有抵扣税额的权利，从形式上表现为取得增值税专用发票认证抵扣后，再退给纳税人在各个流转环节已缴纳的税款，主要是指对规定的出口货物和应税服务除了在出口环节不征税外，还要对该产品和应税服务在出口前已缴纳的增值税进行退税，使该出口货物及应税服务在出口时完全不含增值税，从而以无税产品进入国际市场。

　　比如图 35 这张 0 税率的增值税普通发票。

湖北增值税普通发票

××××　　　　No:××××

开票日期：××年×月×日

货物或应税劳务服务名称	规格型号	单位	数量	单价	金额	税率(%)	税额
*经纪代理服务*货运代理			1	1000.00	1000.00	0%	***
					1000.00		***

价税合计（大写）　⊗ 壹仟圆整　　　　　　　　（小写）¥ 1000.00

销货单位：
名称：某某远洋运输代理有限公司
纳税人识别号：XXXXXXXXXXXXX
地址、电话：某镇某街道，XXXXXXXX
开户行及账号：农业银行某分行，账号XXXXXX

备注：船号：XXXX，订单号：XXXX（章略）

收款人：××　　复核：××　　开票人：××　　销货方：（章）

图 35

　　由于出口增值税普通发票各地规定多有不一，请各位读者及时关注各地主管税务机关的征管规定。

山东省主管税务机关规定：

纳入升级版的纳税人销售免税货物（或劳务）时，应使用增值税普通发票开具，开具时应选择"免税开票"选项，"金额"栏填列实际销售金额；纳税人出口退税率为零的货物，适用征税政策，应在开具增值税普通发票时选择适用税率开具，填写申报表时填写在相应的税率栏内。纳税人发生出口货物劳务及服务，使用增值税普通发票开具出口业务时，合同号、提运单号、装船口岸、目的地、外币金额、汇率等在备注中填写。如果票面开具的是 CIF 或 C&F 价，则在备注栏注明 FOB 价。在备注栏注明"出口"字样、"合同号×××"、"提运单号×××"、"装船口岸×××"、"目的地×××"、"出口美元金额×××"和"汇率×××"等。

江苏省南通市主管税务机关规定：

通过升级版开具的增值税普通发票，需以本位币（人民币）开具，其中，在填开时税率为零，购方企业可以外文填写，纳税人识别号、地址、电话、银行账号等可不填写，但可在地址、电话处填写外商所在国家或地区；如果是出口销售到国内特殊监管区域，购方企业纳税人识别号、地址、电话、银行账号需填写。合同号、贸易方式、结算方式、外币金额、汇率，关单号等在备注中填写。发票打印时，税率栏为"*"，税额栏为空。零退税率的出口货物申报视同内销征税的，发票可以按照适用税率开具。

江苏省张家港市主管税务机关规定：

（1）开票系统升级后如何开具出口货物的增值税普通发票？

①生产企业：一律使用升级后的增值税系统开具普通发票代替原来的出口发票（普通发票二联、五联均可），今后其他类型出口发票一律不再使用，如有未缴销的尽快缴销。

②外贸企业：可以选择"使用升级后的增值税系统开具普通发票"或者"开具企业自制凭证"两种方式。

③运费、保险费、佣金冲减可不开具出口发票，申报时录入取得的原始发票号码。

（2）需以本位币（人民币）开具。

（3）其中在填开时税率为 0（选择免税）。

（4）购方企业可以外文填写，纳税人识别号、地址、电话、银行账号等可不填写，但可在地址、电话处填写外商所在国家或地区；如果是出口销售到国内特殊监管区域，购方企业纳税人识别号、地址、电话、银行账号需填写。

（5）合同号、贸易方式、结算方式、外币金额、汇率等在备注中填写，如果票面开具的是 CIF 价，则在备注栏注明 FOB 价。

四川省主管税务机关规定：

出口货物及劳务服务适用退（免）税或免税政策的，开具时选择"免税开票"选项。出口货物及劳务服务适用增值税征税政策的，开具时应选择适用税率开具发票。

"金额"栏目：出口发票"金额"栏以人民币开具。外币换算成人民币时使用的汇率应按照《增值税暂行条例实施细则》第十五条的规定执行。一般情况下，出口企业应在"金额"栏填写 FOB 出口金额（人民币）。出口企业 [含实行出口退（免）税无纸化管理的试点企业] 确需填写 CIF 等其他作价方式出口金额（人民币）的，应填写《出口金额差异对照表》，在增值税纳税申报时应到办税服务厅进行现场申报，向税务人员提供《出口金额差异对照表》及其相对应的出口发票。税务人员经核对无误后，予以"一窗式"比对通过。

"备注"栏目：若出口企业在出口发票"金额"栏填写的是 FOB 出口金额（人民币），应在"备注栏"填写如下出口相关信息："合同号 ×××××"；如果"金额"栏填写的是非 FOB 出口金额，应在"备注栏"填写如下出口相关信息："合同号 ×××××；FOB 出口金额（人民币）×××××"。除填写上述内容外，出口企业可根据自身需要，按上述格式自行在"备注栏"添加其他项目。

浙江省（不含宁波市）主管税务机关规定：

对于适用增值税退（免）税政策、增值税零税率政策和免税政策的出口货物劳务或服务，出口企业开具增值税普通发票时应选择"免税开票"选项；对于适用增值税征税政策的出口货物劳务或服务，出口企业应按规定缴纳增值税，在开具增值税普通发票时，不得选择"免税开票"选项，应选择"适用税率"选项。

出口货物劳务或服务开具增值税普通发票，相关项目的填写要求如下：

> （一）购买方各栏次的填写。对于销售到境外的货物劳务或服务，购买方各栏次可用中文或外文填写，其中名称应填写，纳税人识别号、地址、电话、开户行及账号可根据实际情况填写。对于销售到国内特殊监管区域的货物劳务或服务，购货单位各项目应完整填写。
>
> （二）单价栏、金额栏应以换算成人民币后的金额填写。
>
> （三）备注栏应顶格填写"出口业务"四个汉字，并注明出口销售总额（外币）及币种。

宁波市主管税务机关规定：

实行增值税退（免）税政策、增值税零税率政策和免税政策的出口货物劳务及服务，出口企业开具增值税电子普通发票时"税率"栏应该填写"免税"；实行增值税征税政策的出口货物劳务及服务，出口企业开具增值税电子普通发票时"税率"栏应该填写适用征税税率，并按规定缴纳增值税。

出口货物劳务及服务开具增值税电子普通发票，相关项目的填写要求如下：

（一）购买方各栏次的填写。对于销售到境外的货物劳务及服务，购买方各栏次可用中文或外文填写，其中名称必须填写，纳税人识别号、地址、电话、开户行及账号可根据实际情况填写。对于销售到国内特殊监管区域的货物劳务及服务，购货单位各项目应完整填写。

（二）单价栏、金额栏应以换算成人民币后的金额填写。

（三）备注栏应顶格填写"出口发票"四个汉字，并必须注明出口销售总额（原币）及原币币种。

青岛市主管税务机关电子发票开具规定：

（一）税率的填写

（1）适用增值税退（免）税政策和增值税零税率应税服务政策的出口货物劳务及服务，出口企业开具增值税电子普通发票时，"税率"栏应该选择"0%"；

（2）适用增值税免税政策的出口货物劳务及服务，出口企业开具增值税电子普通发票时，"税率"栏应该选择"免税"；

（3）适用增值税征税政策的出口货物劳务及服务，出口企业开具增值税电子普通发票时，"税率"栏应该选择适用征税税率，并按规定申报、缴纳增值税。

（二）购买方各栏次的填写

对于销售到境外的货物劳务及服务，购买方各栏次可用中文或外文填写，其中名称必须填写，纳税人识别号、地址、电话、开户行及账号可根据实际情况填写。对于销售到国内特殊监管区域的货物劳务及服务，购货单位各项目应完整填写。

（三）其他栏次的填写

单价栏、金额栏应以换算成人民币后的金额填列。如果出口企业以非 FOB 价格成交的，应将其换算成 FOB 价格后填列。备注栏应顶格填写"出口发票"四个汉字，并须注明出口业务的合同号、贸易方式、成交方式、原币金额、原币币种及适用汇率。

厦门市主管税务机关规定：

（1）发票需以本位币（人民币）开具。（外币换算成人民币时选择何种汇率，参照《增值税暂行条例实施细则》第十五条规定："纳税人按人民币以外的货币结算销售额的，其销售额的人民币折合率可以选择销售额发生的当天或者当月 1 日的人民币汇率中间价。纳税人应在事先确定采用何种折合率，确定后 1 年内不得变更。"）

（2）填开时税率为 0（选择免税）。

（3）购方企业可以使用外文填写，纳税人识别号、地址、电话、银行账号等可不填写，在地址、电话处可填写外商所在国家或地区；出口销售到国内特殊监管区域，如有购方企业纳税人识别号、地址、电话、银行账号则需填写。

（4）合同号、贸易方式、结算方式、外币金额、汇率等可在备注中填写，如果票面开具的是 CIF 价则在备注栏注明 FOB 价。

案例十一

图36

解析：上面这张发票（图36）的商品与服务品名编号是黑色金属冶炼压延品，但商品名称却是延期付款利息，是不是很奇怪，这张发票合不合规呢？

《增值税暂行条例》第六条规定，销售额为纳税人发生应税销售行为收取的全部价款和价外费用，但是不包括收取的销项税额。《增值税暂行条例实施细则》第十二条 条例第六条第一款所称价外费用，包括价外向购买方收取的手续费、补贴、基金、集资费、返还利润、奖励费、违约金、滞纳金、延期付款利息、赔偿金、代收款项、代垫款项、包装费、包装物租金、储备费、优质费、运输装卸费以及其他各种性质的价外收费。

因此，销售方此前已经开过一张商品与服务品名编号是黑色金属冶炼压延品的蓝字增值税专用发票，但由于购买方迟迟不付款，违反了合同约定后向销售方支付的延期付款利息属于销售方发生应税销售行为而收取的价外费用，由于价款和价外费用均是纳税人发生销售行为收取的款项，自然按照所销售行为的商品与服务品名编号，具体品名就写作了延期付款利息，但税率是按照货物的税率13%开具的，这个是没有问题的。

案例十二

销售货物或者提供应税劳务清单

购买方名称：

销售方名称

所属增值税普通发票代码： 号码：1 共 1 页 第 1 页

序号	货物（劳务）名称	规格型号	单位	数量	单价	金额	税率	税额
1	*食用菌*光明街蒸粮金针菇150g		份	1	1.29	1.29	免税	＊＊＊
2	*畜禽产品*天珍牧场谷粮蛋10枚 450g		份	1	14.9	14.90	免税	＊＊＊
3	*水果*戈壁硒砂瓜1个 约5kg		份	1	20.09	20.09	9%	1.81
4	*水果*戈壁硒砂瓜1个 约5kg					-16.97	9%	-1.53
5	*蔬菜*三红胡萝卜 约500g		份	1	2.9	2.90	免税	＊＊＊
6	*蔬菜*三红胡萝卜 约500g					-2.90	免税	＊＊＊
7	*水果*新疆吐鲁番无核白葡萄 500g		份	1	11.83	11.83	9%	1.07

图 37

解析：图 37 是张汇总开具的发票，货物或应税劳务、服务名称不需要填写商品与服务分类编码，但清单上必须填写，另外，税率栏是空置的，因为清算上的商品或应税服务、劳务的税率可能不一致。

这里需要注意，汇总开具增值税专用发票清单与汇总开具增值税普通发票清单是有区别的：

《增值税专用发票使用规定》（国税发〔2006〕156 号）第十二条规定，一般纳税人销售货物或者提供应税劳务可汇总开具专用发票。汇总开具专用发票的，同时使用防伪税控系统开具"销售货物或者提供应税劳务清单"，并加盖发票专用章。具体操作：在发票管理新系统中将受票方信息填好之后，单击填开界面上的"清单"按钮，按照提示操作即可。汇总开具的发票上"货物或应税劳务、服务名称"显示为"详见销货清单"，附带的清单显示购销双方名称，发票号码，发票代码，具体商品或服务名称、金额、税额等信息。

而汇总开具增值税普通发票，我们可以参考 2017 年 7 月 6 日国家税务总局货物和劳务税司有关负责人就增值税发票开具有关问题。

问：如果购买的商品种类较多，能否汇总开具增值税普通发票？

答：如果购买的商品种类较多，销售方可以汇总开具增值税普通发票。购买方可凭汇总开具的增值税普通发票以及购物清单或小票作为税收凭证。

案例十三

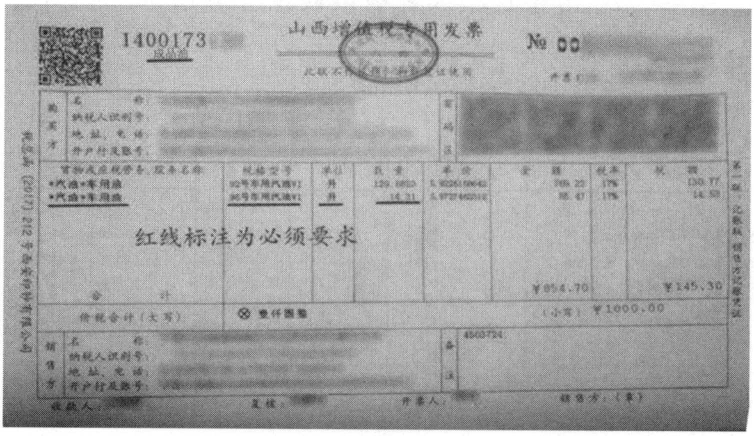

1400173
成品油
山西增值税专用发票
№ 00
红线标注为必须要求
¥854.70
¥145.30
（小写）¥1000.00

图 38

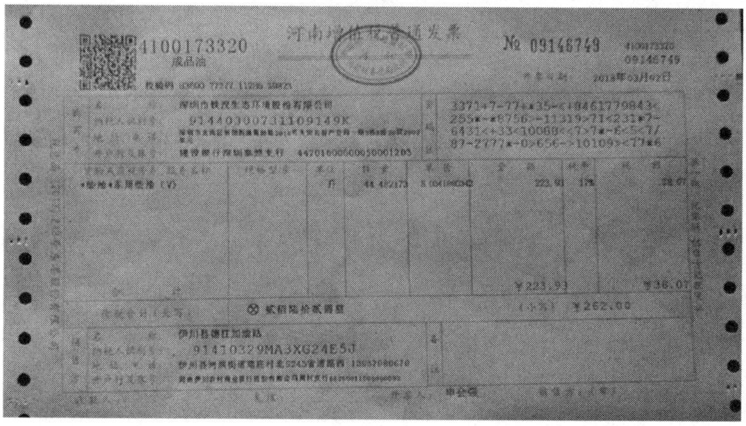

4100173320
成品油
河南增值税普通发票
№ 09146749
¥223.93
¥38.07
（小写）¥262.00

图 39

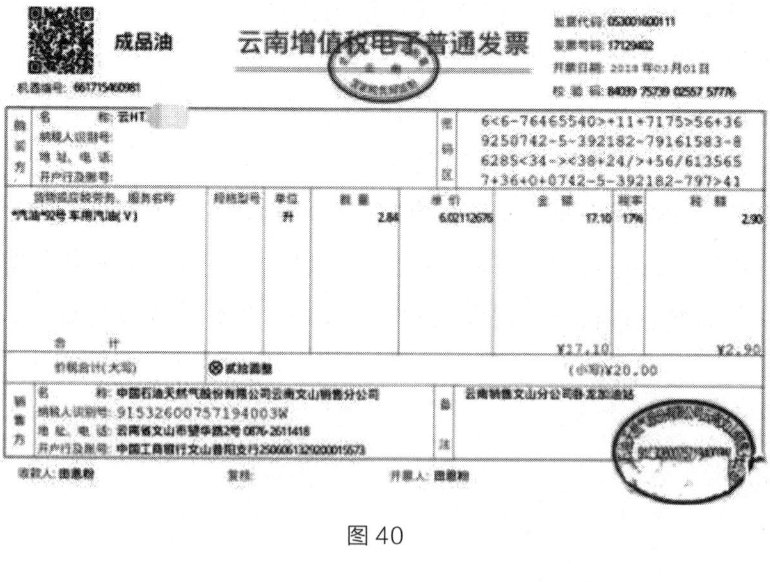

成品油
云南增值税电子普通发票
机器编号：661715460981
发票代码：053001600111
发票号码：17129402
开票日期：2018年03月01日
校验码：84039 75739 02557 57776
名称：云HT
6<6-76465540>+11+7175>56+36
9250742-5-392182-79161583-8
6285<34-><38+24/>+56/613565
7+36+0+0742-5-392182-797>41

货物或应税劳务、服务名称	规格型号	单位	数量	单价	金额	税率	税额
*汽油*92号车用汽油(Ⅴ)		升	2.84	6.02112676	17.10	17%	2.90
合计					¥17.10		¥2.90

价税合计（大写）：⊗贰拾圆整　（小写）¥20.00

名称：中国石油天然气股份有限公司云南文山销售分公司
纳税人识别号：91532600757194003W
地址、电话：云南省文山市磐华路2号 0876-2611418
开户行及账号：中国工商银行文山普阳支行2506061329200015573
备注：云南销售文山分公司卧龙加油站
收款人：田惠粉　复核：　开票人：田惠粉

图 40

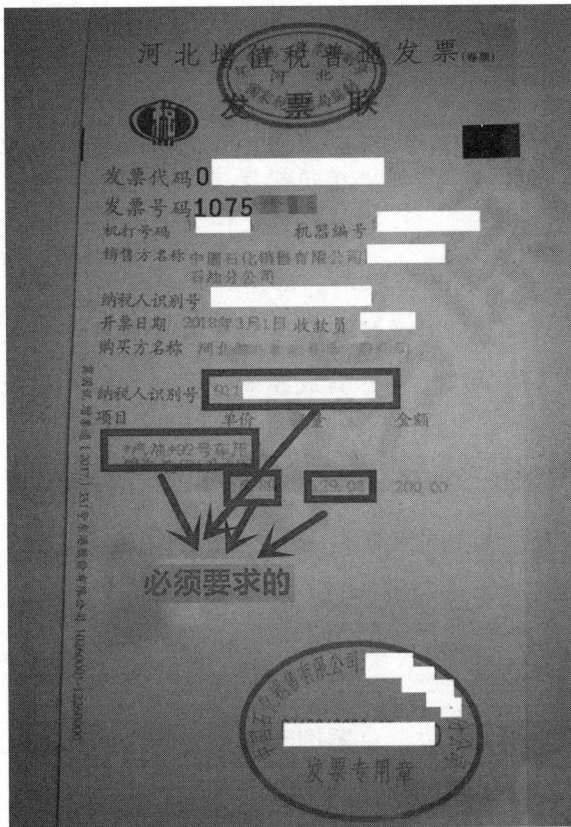

图 41

解析：上面是四张成品油的增值税发票，其中增值税专用发票、增值税普通发票（折叠式）和增值税电子普通发票的左上方均标明了"成品油"三个字，唯独增值税普通发票（卷式）是没有注明的，这是允许的。见下列税务局答复：

没有成品油三个字，理论上是不合规的。但是并非所有的成品油发票左上角都有"成品油"三个字增值税普通发票卷式没有要求，不会带这三个字。

北京国税 12366 也是如此回答的。

下面普及成品油发票的基本知识。《国家税务总局关于成品油消费税征收管理有关问题的公告》（国家税务总局公告2018年第1号）规定：

一、所有成品油发票均须通过增值税发票管理新系统中成品油发票开具模块开具。

（一）成品油发票是指销售汽油、柴油、航空煤油、石脑油、溶剂油、润滑油、燃料油等成品油所开具的增值税专用发票（以下称"成品油专用发票"）和增值税普通发票。纳税人需要开具成品油发票的，由主管税务机关开通成品油发票开具模块。

（三）开具成品油发票时，应遵守以下规则：

1. 正确选择商品和服务税收分类编码；

2. 发票"单位"栏应选择"吨"或"升"，蓝字发票的"数量"栏为必填项且不为"0"。

案例十四

河北增值税电子普通发票

××××　　　　　　　　　　　　　　　　　　　No:××××

发票联　　　　　　　　　　　　　　　开票日期:××年×月×日

购货单位	名称： 纳税人识别号： 地址、电话： 开户行及账号：				密码区		（略）	

货物或应税劳务服务名称	规格型号	单位	数量	单价	金额	税率(%)	税额
*预付卡销售*ETC卡充值				2000.00	2000.00	不征税	***
合计					2000.00		***

价税合计（大写）	⊗ 贰仟圆整	（小写）￥ 2000.00

销货单位	名称：某某高速公路服务中心 纳税人识别号：XXXXXXXXXXXXX 地址、电话：某镇某街道，XXXXXXXX 开户行及账号：农业银行某分行，账号XXXXXX	备注	（章略）

收款人：××　　　复核：××　　　开票人：××　　　销货方：（章）

图42

湖南增值税电子普通发票

××××

通行费

发票联

No:××××

开票日期:××年×月×日

购货单位	名称：			密码区	（略）		
	纳税人识别号：						
	地址、电话：						
	开户行及账号：						

货物或应税劳务名称	车牌号	类型	通行日期起	通行日期止	金额	税率(%)	税额
*经营租赁*通行费		客车			6.1	3%	0.18
合计					6.1		0.18

价税合计（大写）	⊗ 陆元贰角玖分	（小写）￥6.29

销货单位	名称：		备注	（章略）
	纳税人识别号：			
	地址、电话：			
	开户行及账号：			

收款人：×× 复核：×× 开票人：×× 销货单位：

图 43

收费公路通行费财政票据（电子）

项目编码	项目名称	单位	数量	标准	金额（元）	备注

金额合计（大写）		（小写）

票据代码：
交款人统一社会信用代码：
交款人：

票据号码：
校验码：
开票日期：

二维码

其他信息

收款单位（章）： 复核人： 收款人：

图 44

收费公路通行费电子票据汇总单

（按行程索引）

汇总单号：1120200500000001　　　　　　　　　　　　　开票申请日期：2020 年 5 月 1 日

车牌号码	京 A12345	交 易 金 额	¥395.50	购买方名称	××公司					
行程数量	3	票据数量	7	纳税人识别号	91110000123456789X					
行程信息					票据信息					
行程序号	通行日期起止	出入口信息	交易金额	拆分金额	票据序号	票据代码	票据号码	金额（含税）	税率	税额
1	20200501 20200501	京·北京杜家坎 至 冀·河北保定	80.00	38.00	1	011001900112	00771011	76.00	3%	2.22
				42.00	2	13021020	0000212341	42.00	-	-
2	20200504 20200505	赣·昌金路精湘界金鱼石站 至 赣·瑞寻路筠门岭站	235.50	168.50	3	037001900112	00765342	168.50	不征税	***
				16.00	4	036001900112	03653743	16.00	3%	0.47
				16.00	5	036001900112	01842935	16.00	3%	0.47
				35.00	6	036001700112	08258548	35.00	5%	1.67
3	20200509 20200509	京·北京杜家坎 至 冀·河北保定	80.00	38.00	同 1 号票据	011001900112	00771011	-	-	-
				42.00	7	13021020	0000212347	42.00	-	-
共 3 段行程			¥395.50		共 7 张票据			¥395.50		¥4.83
金额合计（大写）◎叁佰玖拾伍元伍角							（小写）¥395.50			
备注：										

图 45

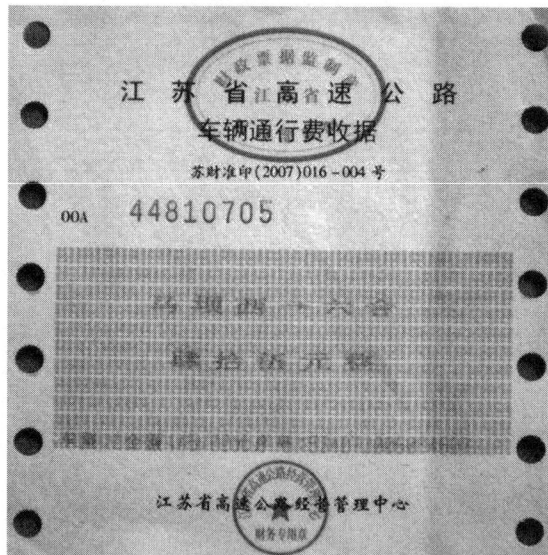

图 46

图 47

解析：第一至第三张发票是办理了 ETC 客户所会遇到的发票。我们来看第一张发票（图 42），《交通运输部　财政部　国家税务总局　国家档案局关于收费公路通行费电子票据开具汇总等有关事项的公告》（交通运输部　财政部　国家税务总局　国家档案局公告 2020 年第 24 号）规定，客户在充值后索取不征税发票的，在服务平台取得由 ETC 客户服务机构全额开具的不征税发票；实际发生通行交易后，ETC 客户服务机构和收费公路经营管理者均不再向其开具通行费电子票据。

由于发票上税率栏是不征税，因此是不能够抵扣增值税进项税额的，同时充值交易无电子汇总单，因此这张发票只能是纳税人获得的唯一一张发票，但是由于是不征税发票，《增值税暂行条例》第一条规定，在中华人民共和国境内销售货物或者加工、修理修配劳务（以下简称"劳务"），销售服务、无形资产、不动产以及进口货物的单位和个人，为增值税的纳税人，应当依照本条例缴纳增值税。那么充值时，必然没有发生销售货物等应税行为，充值方付的款项只是预付款而已，会计处理上作预付账款处理，后面所附的不征税电子普通发票怎么能够扣除呢？无论从会计角度还是税法角度都难以解释，应当是在通行费发生后，根据通行记录分期计入成本费用，由于税法规定不能再索取发票，那么这个通行记录就是佐证业务实际发生的凭证。

第二张（图 43）和第三张发票（图 44），根据 24 号公告规定，ETC 预付费客户待实际发生通行交易后和 ETC 后付费客户索取通行费电子票据的，通过经营性公路的部分，在服务平台取得由经营管理者开具的征税发票；通过政府还贷公路的部分，在服务平台取得由经营管理者开具的通行费财政电子票据。其中，客户通行经营性收费公路，由经营管理者开具征税发票，可按规定用于增值税进项抵扣；纳税人取得通行费电子发票后，应当登录增值税发票综合服务平台确认发票用途。税务总局通过增值税发票综合服务平台为纳税人提供通行费电子发票批量选择确认服务。增值税一般纳税人申报抵扣的通行费电子发票进项税额，在纳税申报时应当填写在《增值税纳税申报表附列资料（二）》（本期进项税额明细）中"认证相符的增值税专用发票"相关栏次中。而第四张电子汇总单（图 45）则是为了便利纳税人报销而编制的一种票据，电子汇总单可按用户需求汇总多笔通行交易信息，包括对应的行程信息、通行费电子发票和通行费财政电子票据信息、交易金额合计等。电子汇总单与其汇总的通行费电子发票、通行费财政电子票据通过编码相互进行绑定，可通过服务平台查询关联性。

例如，一位货车 ETC 客户，一个月通行 20 次高速公路，平均每次长途通行涉及 8 家不同收费公路经营管理单位。根据相关财税电子票据开具规定，最多会开具 160 张电子票据。按照传统财务报销方式，需要将 160 张发票逐张打印后入账报销。但按照第 24 号公告规定，为便捷财务处理，ETC 客户在登录电子票据服务平台时，可获得一张电子票据汇总单和一个含有 160 张电子票据的压缩包。其中，电子票据汇总单上详细列明了 20 次通行记录，包括通行时间、出入口信息、通行费金额，以及行程对应的 160 张电子票据编码、详细金额和税额明细。在符合《财政部 国家档案局关于规范电子会计凭证报销入账归档的通知》（财会〔2020〕6 号）文件要求的情况下，ETC 客户可将电子票据汇总和含有 160 张电子票据的压缩包直接提供给单位财务人员，进行入账报销处理，无须再打印纸质件，实现了"多次通行，一次汇总，电子票据打包下载，无纸化报销归档"。

第五张（图 46）和第六张（图 47）则是在收费站现场交纳车辆通行费和获取票据。《财政部 税务总局关于租入固定资产进项税额抵扣等增值税政策的通知》（财税〔2017〕90 号）规定，纳税人支付的桥、闸通行费，暂凭取得的通行费发票上注明的收费金额按照下列公式计算可抵扣的进项税额：

桥、闸通行费可抵扣进项税额 ＝ 桥、闸通行费发票上注明的金额 ÷（1 ＋ 5%）×5%

第五张是过路费，是不能抵扣的，而第六张是南京长江第二大桥的过桥费，是可以计算抵扣的，可抵扣进项税额 ＝ 20 ÷（1 ＋ 5%）×5% ＝ 0.95（元），在纳税申报时应当填写在《增值税纳税申报表附列资料（二）》（本期进项税额明细）中"8B 其他栏"。

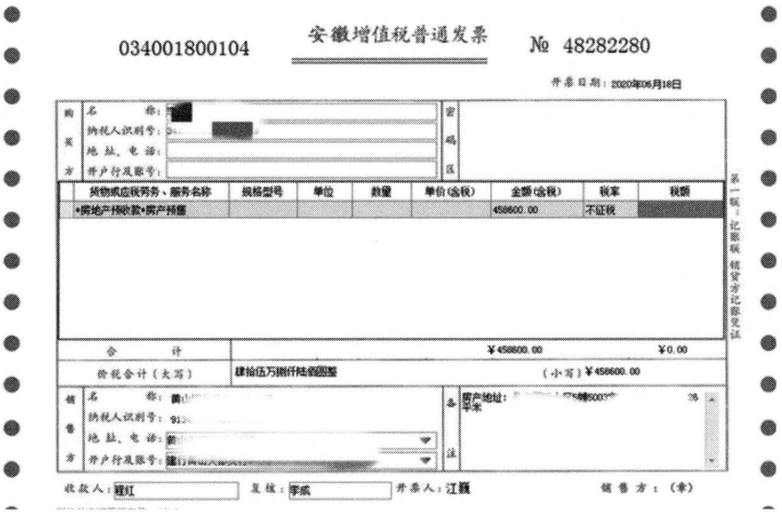

案例十五

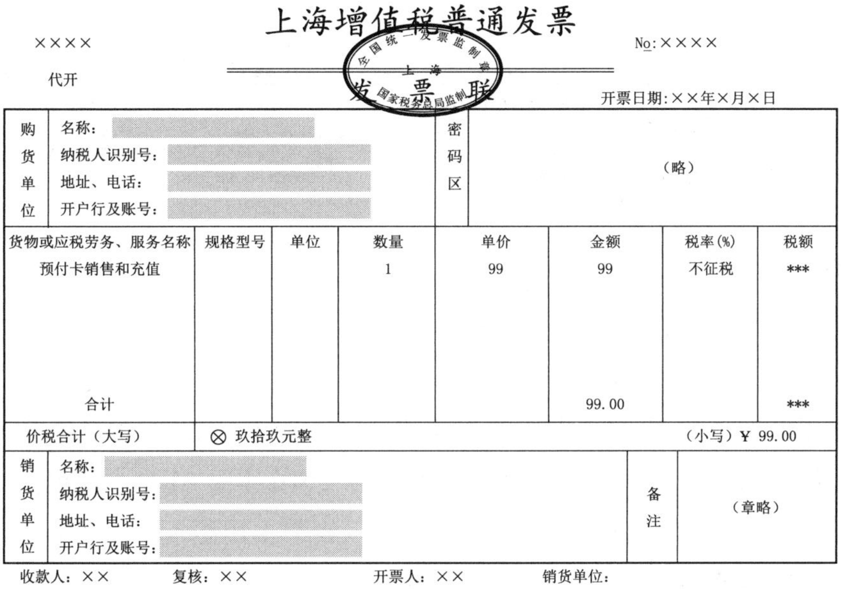

图 48

图 49

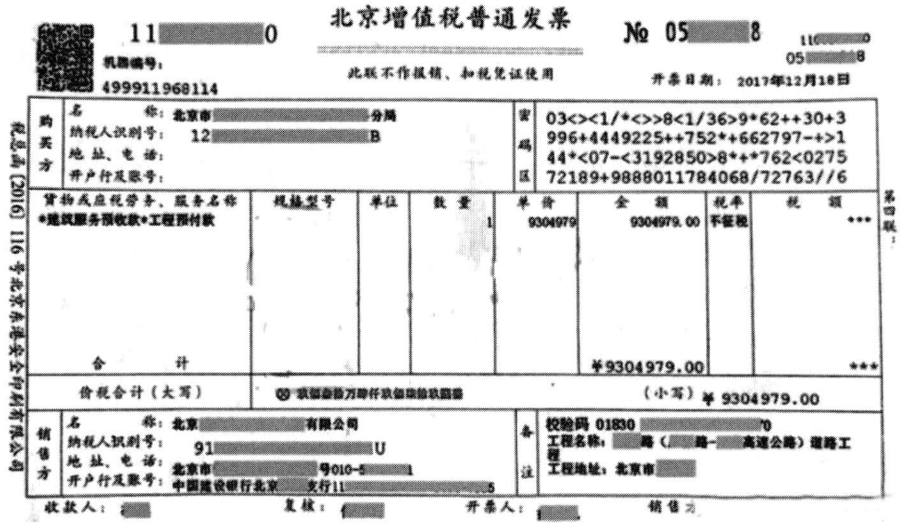
11[redacted]0　北京增值税普通发票　№ 05[redacted]8

11[redacted]0
05[redacted]8

机器编号：499911968114

此联不作报销、扣税凭证使用　开票日期：2017年12月18日

购买方　名称：北京市[redacted]分局
纳税人识别号：12[redacted]B
地址、电话：
开户行及账号：

密码区　03<><1/*<>>8<1/36>9*62++30+3
996+4449225++752*+662797-+>1
44*<07-<3192850>8*+*762<0275
72189+9888011784068/72763//6

货物或应税劳务、服务名称	规格型号	单位	数量	单价	金额	税率	税额
*建筑服务预收款*工程预付款			1	9304979	9304979.00	不征税	***
合计					¥9304979.00		***
价税合计（大写）	⊗玖佰叁拾万肆仟玖佰柒拾玖圆整			（小写）¥9304979.00			

销售方　名称：北京[redacted]有限公司
纳税人识别号：91[redacted]U
地址、电话：北京市[redacted]号010-5[redacted]1
开户行及账号：中国建设银行北京[redacted]支行11[redacted]5

备注　校验码 01830[redacted]0
工程名称：[redacted]路（[redacted]路—[redacted]高速公路）道路工程
工程地址：北京市[redacted]

收款人：[redacted]　复核：[redacted]　开票人：[redacted]　销售方：

税总函[2016]116号北京东港安全印刷有限公司

第四联：

图 50

解析：上面三张发票（图 48、图 49、图 50）的共同点是税率栏均是“不征税”三个字，但区别在哪呢？我们来分别看一看。

第一张发票（图 48）是预付卡销售和充值。根据《国家税务总局关于营改增试点若干征管问题的公告》（国家税务总局公告 2016 年第 53 号）规定，单用途卡发卡企业或者售卡企业（以下统称“售卡方”）销售单用途卡，或者接受单用途卡持卡人充值取得的预收资金，不缴纳增值税。售卡方可按照本公告第九条的规定，向购卡人、充值人开具增值税普通发票，不得开具增值税专用发票。持卡人使用单用途卡购买货物或服务时，货物或者服务的销售方应按照现行规定缴纳增值税，且不得向持卡人开具增值税发票。

由于预付资金充值购买单用途卡，取得的是不征税的普通发票，在会计处理上是作为预付账款来处理的，当然不能够作为税前扣除的凭证，但将来持卡消费时却又得不到任何发票，怎么办？

我们来看两个地方税务机关的答疑：

一个是国家税务总局厦门税务局 12366 纳税服务中心答疑。

问：企业购买购物卡，取得预付卡充值的不征税发票，可以在企业所得税前扣除吗？

　　答：根据《中华人民共和国企业所得税法》第八条，企业实际发生的与取得收入有关的、合理的支出，包括成本、费用、税金、损失和其他支出，准予在计算应纳税所得额时扣除。《中华人民共和国企业所得税法实施条例》第四十条，企业发生的职工福利费支出，不超过工资、薪金总额 14% 的部分，准予扣除。第四十三条企业发生的与生产经营活动有关的业务招待费支出，按照发生额的 60% 扣除，但最高不得超过当年销售（营业）收入的 5‰。

　　根据《企业所得税税前扣除凭证管理办法》（国家税务总局 2018 年第 28 号公告）第十条规定，企业在境内发生的支出项目虽不属于应税项目，但按税务总局规定可以开具发票的，可以发票作为税前扣除凭证。

　　因此，不征税的增值税普通发票可以作为企业所得税税前扣除凭证。

　　另一个是天津税务局的官方答疑。

　　答：对于企业购买、充值预付卡，应在业务实际发生时税前扣除。按照购买或充值、发放和使用等不同情形进行以下税务处理：

　　一是在购买或充值环节，预付卡应作为企业的资产进行管理，购买或充值时发生的相关支出不得税前扣除；

　　二是在发放环节，凭相关内外部凭证，证明预付卡所有权已发生转移的，根据使用用途进行归类，按照税法规定进行税前扣除（如：发放给职工的可作为工资、福利费，用于交际应酬的作为业务招待费进行税前扣除）；

　　三是本企业内部使用的预付卡，在相关支出实际发生时，凭相关凭证在税前扣除。

　　我们觉得两者的回答殊途同归，厦门税务局的回答说明预付卡可能作为职工福利费，也可能作为业务招待费，当然更可能是自己购物，而天津的回答则指明预付卡的发放给职工作为工资福利，送给他人作为交际应酬，内部使用。

　　综合来看，仅取得购买或充值时的不征税发票是不能作为税前扣除凭证的，因为一方面在购买时会计处理是作的预付账款，属于一项资产，而不是一项支出；另一方面购买时并没有发生相应的支出，只在发生相应的支出时再凭借支出的相应内外部凭证，比如发放给职工的签收单据、送给外人作为交际应酬的内部凭证以及持卡购买货物的销售清单、小票等，反过来设想，仅有不征税的充值发票，你又如何作会计分录呢？因为到底是发给职工、送给他人、持卡消费根本没有原始凭证的支撑。

第二张（图49）和第三张发票（图50），和第一张发票有个不同点，就是在达到建筑业和销售不动产的纳税义务发生时间时是可以开具增值税发票的，即购买方支付一笔款项，取得两张发票，可想而知，第一张不征税发票同样是不能作为税前扣除凭证的。

北京税务局的相关答复：

> 根据《国家税务总局关于红字增值税发票开具有关问题的公告》（国家税务总局公告2016年第47号）的相关规定，增值税一般纳税人开具红字专用发票的范围为：开具增值税专用发票后，发生销货退回、开票有误、应税服务中止等情形但不符合发票作废条件，或者因销货部分退回及发生销售折让时。房地产企业预收款开具不征税发票并不属于以上情形规定的范围，且在开具不征税发票时，并未产生增值税纳税义务，其实质为收款凭据，是否开具不征税的红字发票本身并不影响应税销售额。综上所述，我们认为房地产企业开具不征税发票，只是为了提供收款凭据或者方便购房者办理各种手续，因此不必冲销原已开具的不征税发票，可直接开具正式全额发票。

湖北省税务局规定：

> 预收款在发票备注栏上列明合同约定面积、价格、房屋全价，同时注明"预收款，不作为产权交易凭据"。在开具发票次月申报期内，通过《增值税预缴税款表》进行申报，按照规定预缴增值税。预收款所开发票金额不在申报表附表（一）中反映。在交房时，按所售不动产全款开具增值税发票。购房者需要增值税专用发票的，可按规定开具全额的增值税专用发票。

综上，对于上述三种发票，不征税项目的发票均不宜作为税前扣除凭证，事后实际消费时取得的发票或其他佐证资料才是企业所得税税前扣除的凭证。

下面列举的是不征税发票的各项内容。

6000000000000000000	未发生销售行为的不征税项目	不征税项目
6010000000000000000	预付卡销售和充值	预付卡销售
6020000000000000000	销售自行开发的房地产项目预收款	房地产预收款
6040000000000000000	代收印花税	代收印花税
6050000000000000000	代收车船使用税	代收车船使用税
6060000000000000000	融资性售后回租承租方出售资产	融资性售后回租承租方出售资产
6070000000000000000	资产重组涉及的不动产	资产重组涉及的不动产
6080000000000000000	资产重组涉及的土地使用权	资产重组涉及的土地使用权
6090000000000000000	代理进口免税货物货款	代理进口免税货物货款
6100000000000000000	有奖发票奖金支付	有奖发票奖金
6110000000000000000	不征税自来水	不征税自来水
6120000000000000000	建筑服务预收款	建筑服务预收款

（1）代收印花税和代收车船税，即非税务机关等其他单位为税务机关代收的印花税和车船税，计入"税金及附加"/"应交税费——应交印花税、车船税"科目，可按规定税前扣除。

（2）融资性售后回租业务属于贷款服务，出租方收到的融资性售后回租承租方出售资产发票后支付的款项实质上是本金，因此出租方收到发票也不以在税前扣除。

（3）资产重组涉及的不动产和土地使用权是在资产重组中转移到新设企业中去的，以此发票作为原值的合法凭证，在后续期限内摊销与折旧。

（4）代理进口免税货物货款是根据《国家税务总局关于在境外提供建筑服务等有关问题的公告》（国家税务总局公告 2016 年第 69 号）第八条规定，纳税人代理进口按规定免征进口增值税的货物，其销售额不包括向委托方收取并代为支付的货款，由购买方按照购买货物支付货款账务处理。

（5）有奖发票奖金支付，取得该发票作为营业外收入处理。

（6）不征税自来水，按照企业用自来水的原则处理。比如：直接计入管理费用、生产成本等资产原值、成本费用，能按规定税前扣除。

因此不征税发票还是要按照税法的具体规定来判断其实质，分别作出相应的会计处理。

案例十六

上海增值税普通发票

×××× No:××××

代开

发票联

开票日期:××年×月×日

购货单位	名称：				密码区				（略）		
	纳税人识别号：										
	地址、电话：										
	开户行及账号：										
货物或应税劳务、服务名称		规格型号	单位	数量	单价		金额		税率(%)		税额
工业车辆*叉车				1	1941.75		1941.75		3%		58.25
合计							1941.75				58.25
价税合计（大写）		⊗ 贰仟元整							（小写）￥2000.00		
销货单位	名称：					备注			（章略）		
	纳税人识别号：										
	地址、电话：										
	开户行及账号：										

收款人：×× 复核：×× 开票人：×× 销货单位：

图51

解析：《财政部 国家税务总局关于部分货物适用增值税低税率和简易办法征收增值税政策的通知》（财税〔2009〕9号）规定，一般纳税人销售自己使用过的属于条例第十条规定不得抵扣且未抵扣进项税额的固定资产，按照简易办法依照4%征收率减按2%征收增值税。《财政部 国家税务总局关于简并增值税征收率政策的通知》（财税〔2014〕57号），"按照简易办法依照4%征收率减半征收增值税"自2014年7月1日起调整为"按照简易办法依照3%征收率减按2%征收增值税"。

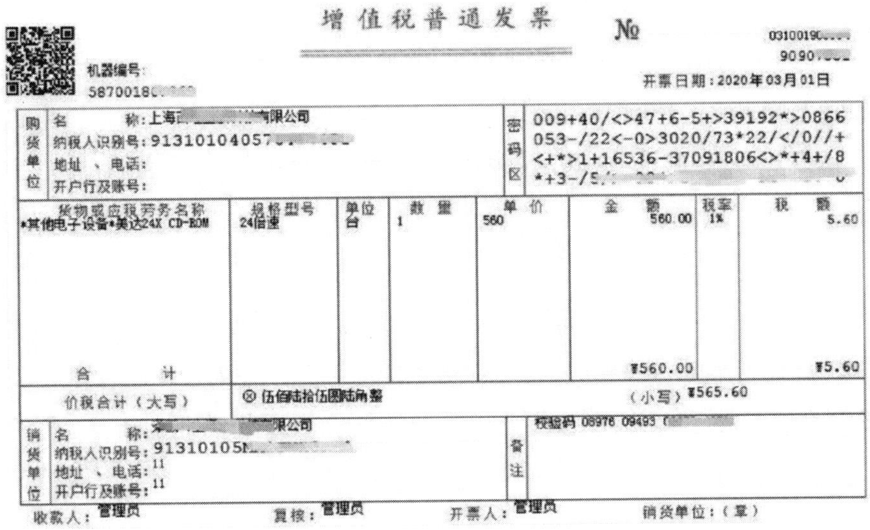
增值税普通发票 №

机器编号：

开票日期：2020年03月01日

购货单位	名称：上海[illegible]有限公司 纳税人识别号：91310104057[illegible] 地址、电话： 开户行及账号：	密码区	009+40/<>47+6-5+>39192*>0866 053-/22<-0>3020/73*22/</0//+ <+*>1+16536-37091806<>*+4+/8 *+3-/5.[illegible]

货物或应税劳务名称	规格型号	单位	数量	单价	金额	税率	税额
*其他电子设备*美达24X CD-ROM	24倍速	台	1	560	560.00	1%	5.60
合计					¥560.00		¥5.60
价税合计（大写）	⊗伍佰陆拾伍圆陆角整				（小写）¥565.60		

销货单位	名称：[illegible]限公司 纳税人识别号：91310105[illegible] 地址、电话：11 开户行及账号：11	备注	校验码 08976 09493 [illegible]

收款人：管理员 复核：管理员 开票人：管理员 销货单位：（章）

图 52

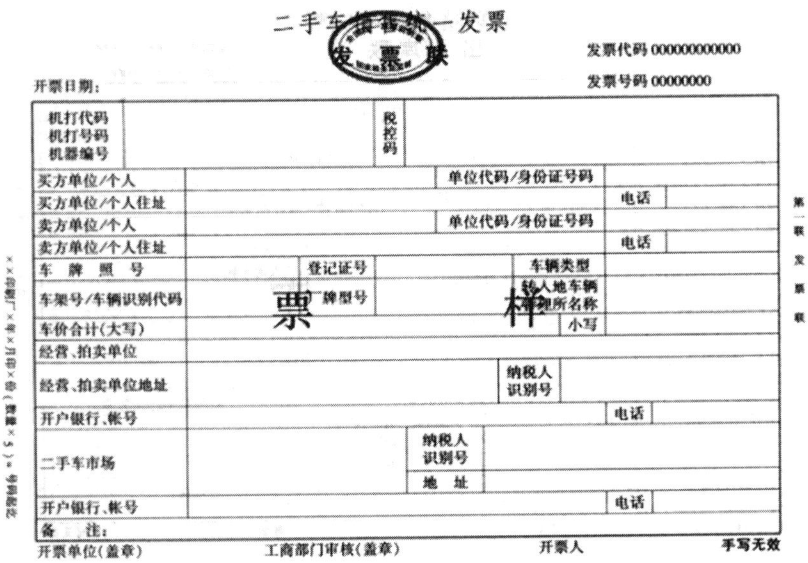
二手车销售统一发票

发票联

发票代码 000000000000

发票号码 00000000

开票日期：

机打代码 机打号码 机器编号		税控码			
买方单位/个人		单位代码/身份证号码			
买方单位/个人住址				电话	
卖方单位/个人		单位代码/身份证号码			
卖方单位/个人住址				电话	
车牌照号		登记证号		车辆类型	
车架号/车辆识别代码		厂牌型号		转入地车辆管理所名称	
车价合计(大写)				小写	
经营、拍卖单位					
经营、拍卖单位地址				纳税人识别号	
开户银行、帐号				电话	
二手车市场		纳税人识别号			
		地址			
开户银行、帐号				电话	
备注：					

开票单位(盖章) 工商部门审核(盖章) 开票人 手写无效

第一联 发票联

票样

图 53

因此第一张发票（图 51）是一般纳税人销售的不得抵扣且未抵扣进项税额的固定资产，按 3% 税率减按 2% 征收增值税。这里需要注意：一是享受减按 2% 缴纳增值税，只能开需普通发票，不能开具增值税专用发票；二是发票税率栏注明的是征收率 3%，但实际缴纳时是按 2% 缴纳增值税。

第二张发票（图 52）同样是销售不得抵扣且未抵扣进项税额的固定资产，只不过纳税人是小规模纳税人，小规模纳税人（除其他个人外，下同）销售自己使用过的固定资产，减按 2% 征收率征收增值税。但是 2020 年小规模纳税人有减按 1% 征收增值税的优惠政策，因此是可以选择的，见国家税务总局官网答复：

问：我公司是江苏省摩托车配件生产企业，属于按月申报的增值税小规模纳税人，月销售额通常在 20 万元左右，可以享受这次支持复工复业政策中减征增值税优惠政策。但由于我企业与客户签订的是长期合同，合同中约定提供 3% 专用发票供购方抵扣税款。我们可不可以放弃减税，仍按 3% 征收率开具专用发票？

答：《财政部 税务总局关于支持个体工商户复工复业增值税政策的公告》（2020 年第 13 号）规定，自 2020 年 3 月 1 日至 5 月 31 日，除湖北省外，其他省、自治区、直辖市的增值税小规模纳税人，适用 3% 征收率的应税销售收入，减按 1% 征收率征收增值税。《增值税暂行条例实施细则》《营业税改征增值税试点实施办法》规定，纳税人发生应税行为适用免税、减税规定的，可以按照规定放弃免税、减税，缴纳增值税。放弃免税、减税后，可以按适用税率或者征收率开具专用发票。

因此，你公司取得适用 3% 征收率的应税销售收入，可以按照支持复工复业政策，享受减按 1% 征收率征收增值税优惠，并按 1% 征收率开具专用发票；也可以放弃减税，按照 3% 征收率申报纳税并开具 3% 征收率的专用发票。

第三张发票（图 53）是二手车销售一般要开具两张发票，一张是增值税发票，一张是二手车销售统一发票，但只缴纳一道增值税。

具体可参看如下《广东省二手车交易增值税征收管理办法》（广东省国家税务局公告 2015 年第 3 号）操作办法：

单位和个体工商户（以下简称"单位车主"）销售二手车根据本办法第五条规定应由二手车交易市场开具"二手车销售统一发票"的，按照以下办法处理：

（一）已在国税部门办理税务登记的单位车主销售二手车应自行开具或向主管税务机关申请代开增值税专用发票或普通发票，凭增值税专用发票或普通发票的发票联到二手车交易市场开具"二手车销售统一发票"。

（二）未在国税部门办理税务登记的单位车主销售二手车应到国税部门代开普通发票，凭普通发票的发票联到二手车交易市场开具"二手车销售统一发票"。

主管税务机关可委托二手车交易市场代征未在国税部门办理税务登记的单位车主的增值税税款，车主凭委托代征的税收缴款凭证在二手车交易市场开具"二手车销售统一发票"。

另外，我们提醒大家注意的是第二张发票，收款人、复核、开票人均注明：管理员，这种发票属于合规发票，但我们认为是有很大风险的，这里参考一下福建省税务机关的答复：

福建省税务局 12366 答复口径：

问：发票上"开票人"一栏是否可以直接填写"管理员"？

答：根据《中华人民共和国发票管理办法实施细则》（国家税务总局令第 25 号）第四条规定："发票的基本内容包括：发票的名称、发票代码和号码、联次及用途、客户名称、开户银行及账号、商品名称或经营项目、计量单位、数量、单价、大小写金额、开票人、开票日期、开票单位（个人）名称（章）等。"

另根据《中华人民共和国发票管理办法》（中华人民共和国国务院令第 587 号）第二十二条规定："开具发票应当按照规定的时限、顺序、栏目，全部联次一次性如实开具，并加盖发票专用章。"

因此，发票上"开票人"一栏应如实填写，不可以填写为"管理员"。

案例十七

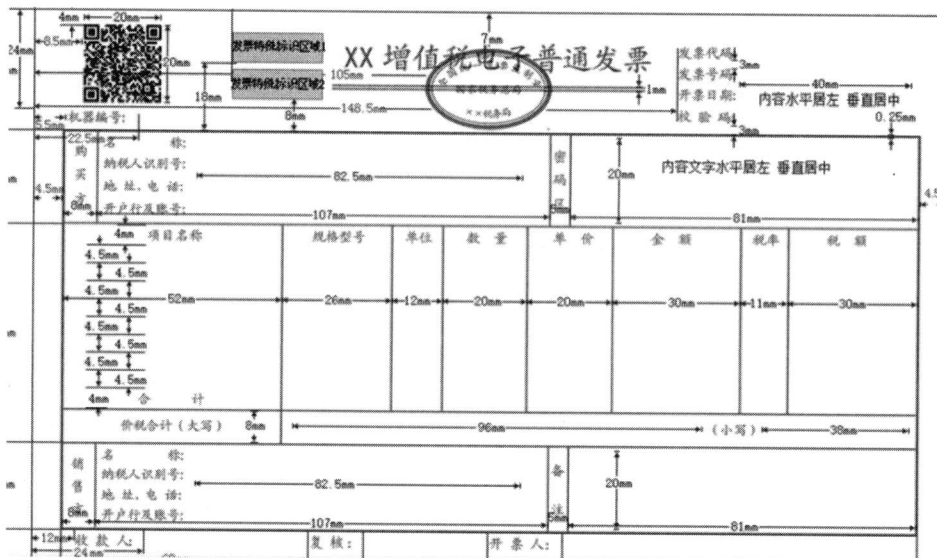

图 54

解析：增值税电子专用发票和税务 UKey 开出的增值税电子普通发票其实就是双胞胎，除了抬头一个标明专用发票，一个标明普通发票外，均采用电子签证而不加盖发票专用章。这里我们摘引宁波市税务局的公告供大家了解。

国家税务总局宁波市税务局关于扩大增值税电子专用发票试点范围的公告

（国家税务总局宁波市税务局公告 2020 年第 5 号）

为贯彻落实党中央、国务院决策部署，进一步优化营商环境，继续加大电子发票推广使用力度，经国家税务总局同意，现决定扩大增值税电子专用发票（以下简称"电子专票"）试点范围。有关事项公告如下：

一、自 2020 年 9 月 16 日起，将电子专票试点范围扩大至宁波全市。试点纳税人由国家税务总局宁波市税务局（以下简称"宁波市税务局"）在纳税人自愿参与试点的基础上选择确定，具体名单在宁波市税务局官方网站（http://ningbo.chinatax.gov.cn）上另行公布。

二、电子专票试点的其他事项仍按照《国家税务总局宁波市税务局关于开展增值税电子专用发票试点工作的公告》（国家税务总局宁波市税务局公告 2020 年第 4 号）的规定执行。

三、本公告自 2020 年 9 月 16 日起施行。

国家税务总局宁波市税务局

2020 年 9 月 14 日

国家税务总局宁波市税务局政策解读：

关于《国家税务总局宁波市税务局关于扩大增值税电子专用发票试点范围的公告》的政策解读

为贯彻落实党中央、国务院决策部署，进一步优化营商环境，继续加大电子发票推广使用力度，经国家税务总局同意，国家税务总局宁波市税务局（以下简称"宁波市税务局"）制发了《关于扩大增值税电子专用发票试点范围的公告》（以下简称《公告》）。现解读如下：

一、为何将试点范围扩大至宁波全市？

基于宁波市海曙区、慈溪市试点情况，从有利于扩大试点样本量的角度出发，国家税务总局决定将增值税电子专用发票（以下简称"电子专票"）试点纳税人选取范围扩大至宁波全市。稳妥有序推广电子专票，有利于继续稳步推进整体试点工作，有利于落细落实各项服务保障措施，有利于纳税人逐步适应业务流程变化，有利于防控整体推行风险。宁波市税务局将结合实际情况，遵循风险可控、纳税人自愿的原则，切实做好电子专票试点扩围工作。

二、试点纳税人的范围为哪些？

试点扩围期间，主管税务机关将在纳税人自愿参与的基础上，从 2020 年 9 月 1 日后新设立的纳税人中，选取部分纳税人参加电子专票试点工作并予以公布。

三、试点期间电子专票的受票方有何限制？

试点扩围期间，试点纳税人开具电子专票的受票方范围仍然按照《国家税务总局宁波市税务局关于开展增值税电子专用发票试点工作的公告》（国家税务总局宁波市税务局公告 2020 年第 4 号）第五条第二款的规定，仅限于宁波市税务局管辖范围内的纳税人。这主要是考虑到电子专票试点工作在全国范围内尚未推开，非宁波市税务局管辖范围内的纳税人可能对电子专票试点工作情况了解不足。而对宁波市税务局管辖范围内的纳税人，可以通过建立试点期间

"网格化"管理工作体系、向受票方提供面对面的辅导和答疑等方式，加强对受票方的辅导服务，第一时间消除受票方使用电子专票的疑惑，从而避免出现试点纳税人开具的电子专票被受票方拒收或退回等情况，以有效保障试点工作顺利推进。在试点工作积累一定工作经验后，根据国家税务总局试点工作总体安排，宁波市税务局将按照风险可控、分批分次、服务保障、平稳有序的原则，将受票方扩大到全国其他省市。

注意：无论是增值税专用发票还是增值税电子专用发票，在查验真伪之余，一定要注意查看新的供应商的资质。《国家税务总局关于异常增值税扣税凭证管理等有关事项的公告》（国家税务总局公告 2019 年第 38 号）规定，增值税一般纳税人取得的增值税专用发票列入异常凭证范围的，应按照以下规定处理：

（一）尚未申报抵扣增值税进项税额的，暂不允许抵扣。已经申报抵扣增值税进项税额的，除另有规定外，一律作进项税额转出处理。

（二）尚未申报出口退税或者已申报但尚未办理出口退税的，除另有规定外，暂不允许办理出口退税。

比如，某企业收到一家新合作的供应商开具的发票，发票都是真实可靠的。在国家税务总局全国增值税发票查验平台上查到发票是真的，但企业仍不放心，在全国企业信用信息系统里查到企业已经注销，马上将发票退回去了。如果这张发票抵做了抵扣，将来在税务局可能会有偷税、漏税嫌疑；若钱打给供应商，而供应商跑路，这家企业不仅损失资金，还面临补缴税款甚至是缴纳罚款的风险。所以在收到陌生供应商发票时，我们要查查供应商的现状。

案例十八

图55

图56

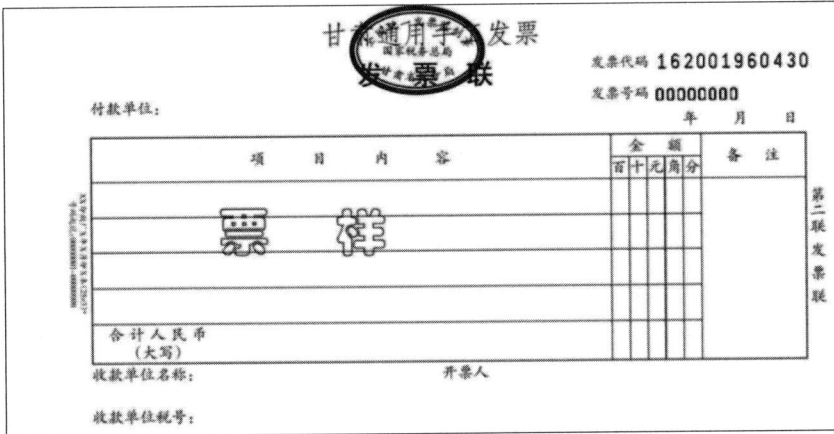

图 57

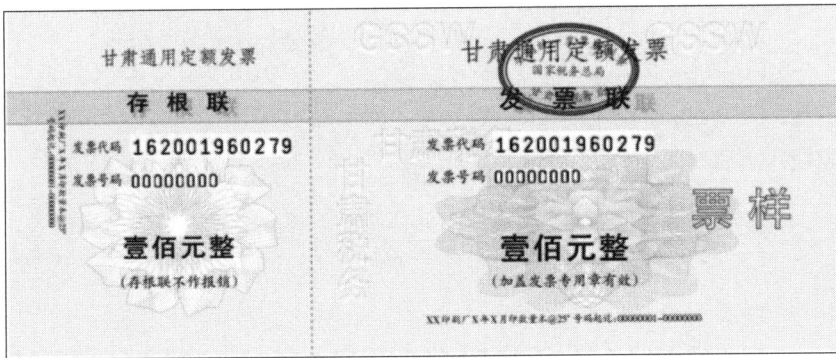

图 58

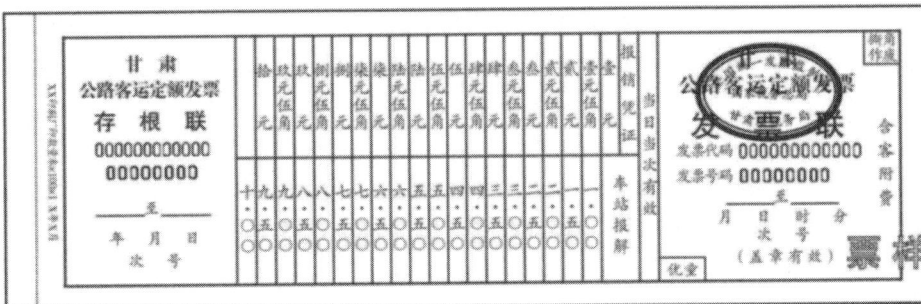

图 59

图 60

图 61

解析：上述这些发票（图 55 至图 61）均属于各省、直辖市、自治区、计划单列市（深圳、厦门、大连、宁波、青岛）印制、领购、管理的通用类发票，分为三种：通用机打发票、通用手工发票、通用定额发票。因此，纳税人取得这些地方性的发票，需要关注这些发票所在省、直辖市、自治区税务局关于通用类发票的管理规定。上面我们举的是甘肃省的各类发票，下面是厦门市税务局发布通用类发票换版的通知。

厦门市税务局关于普通发票换版的通知，新版发票包括：

（一）通用机打发票

1.《厦门通用机打发票》（千元版，最高开票限额一万元），规格为 210 mm ×139.7 mm，平推式，三联次。

> 2.《厦门通用机打发票》（万元版），规格为 210 mm×139.7 mm，平推式，三联次。
>
> 3.《厦门通用机打发票》（一联无金额限制版，卷式，出租汽车专用）。
>
> （二）通用手工发票
>
> 《厦门通用手工发票》（百元版），规格为 190 mm×105 mm，三联次。
>
> （三）通用定额发票
>
> 《厦门通用定额发票》，共分为壹元、贰元、伍元、壹拾元、贰拾元、伍拾元、壹佰元等七种面额。规格为 175 mm×77 mm，并列二联次。

另外，注意以下几点：

一是这些发票一般是哪些纳税人领购？

《安徽省税务局关于发票管理有关事项的公告》（安徽省税务局公告 2018 年第 15 号）规定，增值税小规模纳税人销售货物、提供加工修理修配劳务月销售额不超过 10 万元（按季销售额不超过 30 万元），或者销售服务、无形资产月销售额不超过 10 万元（按季销售额不超过 30 万元），使用国家税务总局安徽省税务局监制的普通发票或"增值税普通发票"。国家税务总局安徽省税务局监制普通发票包括"安徽通用手工发票""安徽通用机打发票""安徽通用定额发票"。其中"安徽通用定额发票"面额设壹元、贰元、伍元、拾元、贰拾元、伍拾元、壹佰元七种。

之所以如此规定，是因为这些增值税小规模纳税人属于小微企业免征增值税范畴，让这些纳税人购买税控专用设备并配置税控通用设备，并且每年向服务商缴纳维护费，却又因为本身免税而无法抵免上述购置与维护费用，增加了这些小规模纳税人的负担，因此他们可以领购通用类发票，而无须花费支出。

当然有些一般纳税人由于行业性质特殊，也是可以使用通用类发票的。比如，从事公路客运、公交客运、城市客运的纳税人使用客运发票。有些纳税人可根据需要领用通用定额发票，比如停车场收费单位。

二是由于通用手工发票难以避免阴阳票等行为，许多地方都已明令取消通用手工发票，见下表。

行政划分	名称	手工发票
直辖市	北京市	取消
	天津市	取消
	上海市	取消
	重庆市	取消
省	辽宁省	取消
	吉林省	取消
	黑龙江省	取消
	河南省	取消
	湖北省	取消
	广东省	取消
	海南省	取消
	四川省	取消
自治区	西藏自治区	取消
计划单列市	深圳	取消
	青岛	取消
	宁波	取消
	大连	取消

案例十九

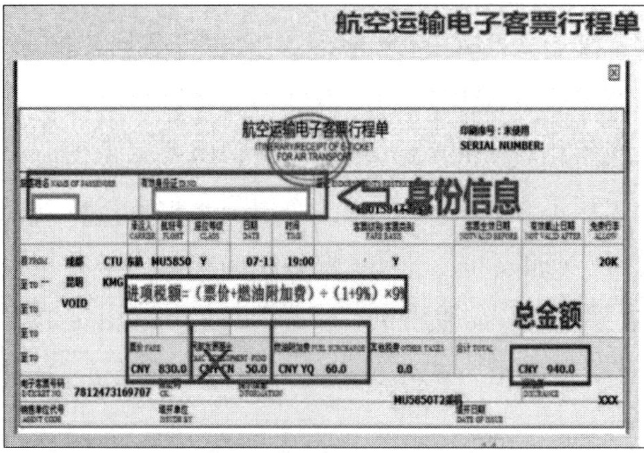

可抵扣进项税额计算
航空旅客运输进项税额
＝（票价＋燃油附加费）÷
（1＋9%）×9%
＝（830＋60）÷
（1＋9%）×9%
＝73.43（元）

图62

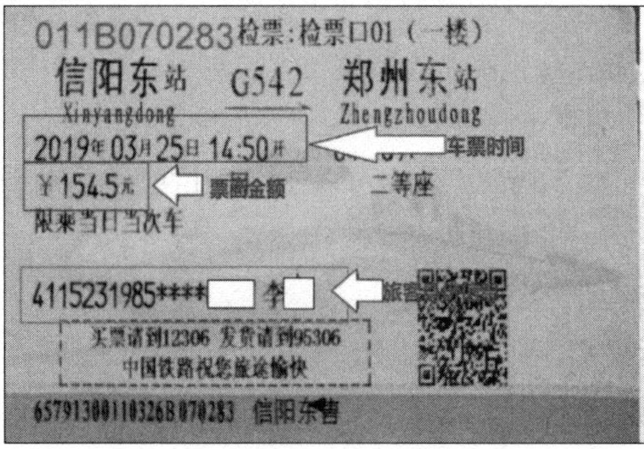

可抵扣进项税额计算
铁路旅客运输进项税额
＝票面金额÷（1＋9%）×9%
＝154.50÷（1＋9%）×9%
＝12.76（元）

图63

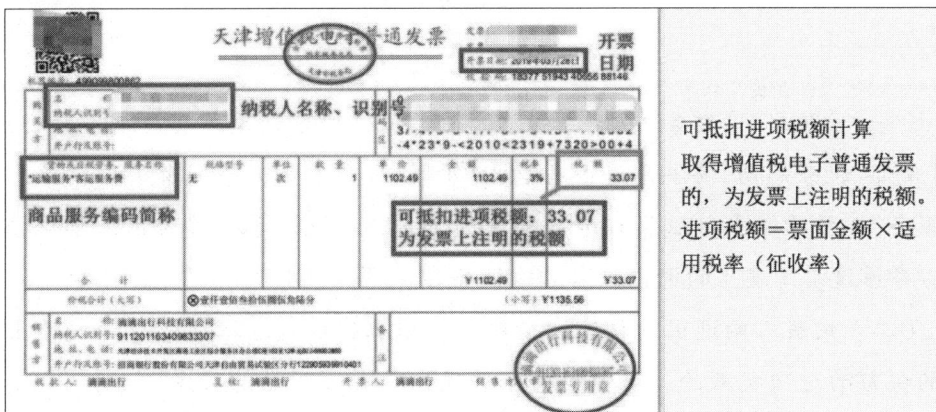

图 64

图 65

解析：上述几张发票的票样（图63至图65）与计算抵扣进项税额都已经很好地说明问题了，下面列举两个税收规范性文件，作为依据。

《财政部 税务总局 海关总署关于深化增值税改革有关政策的公告》（财政部 税务总局 海关总署公告2019年第39号）规定：

> 纳税人购进国内旅客运输服务，其进项税额允许从销项税额中抵扣。
>
> （一）纳税人未取得增值税专用发票的，暂按照以下规定确定进项税额：
>
> 1. 取得增值税电子普通发票的，为发票上注明的税额；
>
> 2. 取得注明旅客身份信息的航空运输电子客票行程单的，为按照下列公式计算进项税额：

航空旅客运输进项税额＝（票价＋燃油附加费）÷（1＋9%）×9%

3. 取得注明旅客身份信息的铁路车票的，为按照下列公式计算的进项税额：

铁路旅客运输进项税额＝票面金额÷（1＋9%）×9%

4. 取得注明旅客身份信息的公路、水路等其他客票的，按照下列公式计算进项税额：

公路、水路等其他旅客运输进项税额＝票面金额÷（1＋3%）×3%

《国家税务总局关于国内旅客运输服务进项税抵扣等增值税征管问题的公告》（国家税务总局公告 2019 年第 31 号），关于国内旅客运输服务进项税抵扣的规定如下。

（一）《财政部 税务总局 海关总署关于深化增值税改革有关政策的公告》（财政部 税务总局 海关总署公告 2019 年第 39 号）第六条所称"国内旅客运输服务"，限于与本单位签订劳动合同的员工，以及本单位作为用工单位接受的劳务派遣员工发生的国内旅客运输服务。

（二）纳税人购进国内旅客运输服务，以取得的增值税电子普通发票上注明的税额为进项税额的，增值税电子普通发票上注明的购买方"名称""纳税人识别号"等信息，应当与实际抵扣税款的纳税人一致，否则不予抵扣。

（三）纳税人允许抵扣的国内旅客运输服务进项税额，是指纳税人 2019 年 4 月 1 日及以后实际发生，并取得合法有效增值税扣税凭证注明的或依据其计算的增值税税额。以增值税专用发票或增值税电子普通发票为增值税扣税凭证的，为 2019 年 4 月 1 日及以后开具的增值税专用发票或增值税电子普通发票。

案例二十

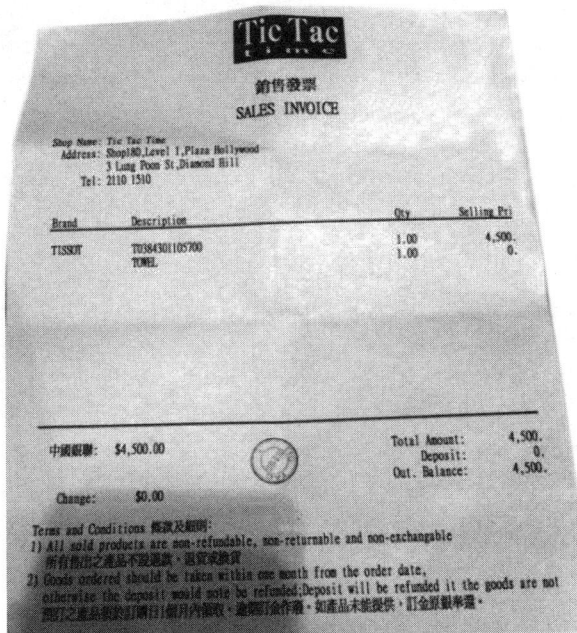

图 66

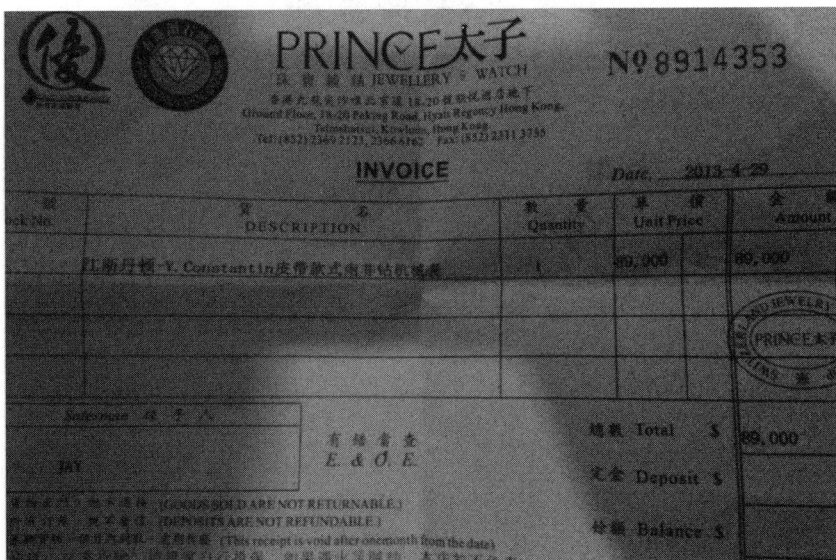

图 67

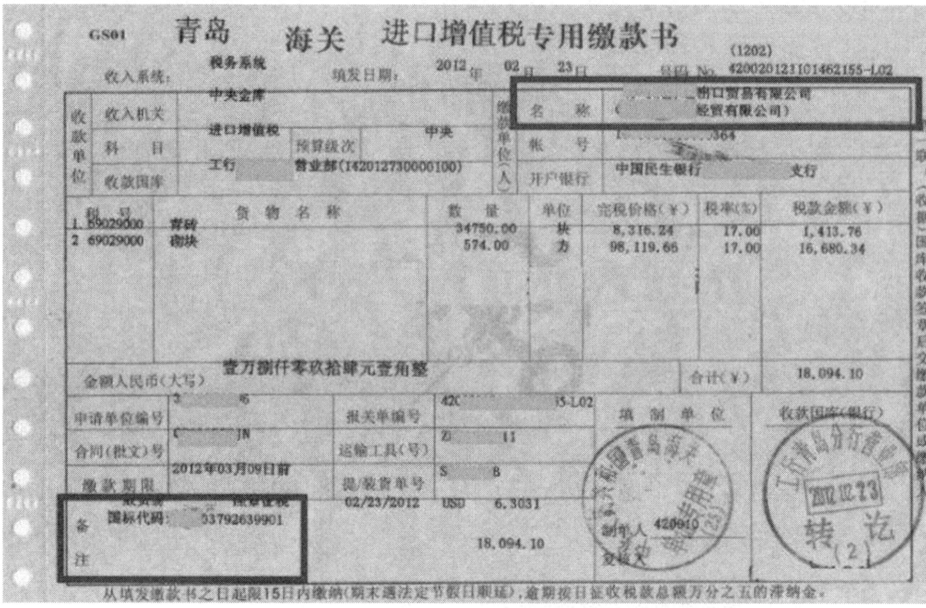

GS01　青岛　海关　进口增值税专用缴款书

(1202)

收入系统：税务系统　填发日期：2012 年 02 月 23 日　号码 No. 42002012I101462155-L02

收款单位			缴款单位（人）	
收入机关	中央金库		名称	…出口贸易有限公司（……经贸有限公司）
科目	进口增值税	预算级次　中央	帐号	1……364
收款国库	工行……营业部(14201273000010O)		开户银行	中国民生银行……支行

税号	货物名称	数量	单位	完税价格(¥)	税率(%)	税款金额(¥)
1. 69029000	青砖	34750.00	块	8,316.24	17.00	1,413.76
2 69029000	砌块	574.00	方	98,119.66	17.00	16,680.34
金额人民币(大写)	壹万捌仟零玖拾肆元壹角整				合计(¥)	18,094.10

				填制单位	收款国库(银行)
申请单位编号	3……6	报关单编号	42C……5-L02		
合同(批文)号	C……JN	运输工具(号)	Z……11		
缴款期限	2012年03月09日前	提/装货单号	S……B		
备注	国标代码：……3379263990l		02/23/2012　USD　6.3031 18,094.10	制单人 复核人	2012.02.23 转讫 (2)

从填发缴款书之日起限15日内缴纳(期末遇法定节假日顺延)，逾期按日征收税款总额万分之五的滞纳金。

第一联：（收据）国库收款签章后交缴款单位或缴纳人

图 68

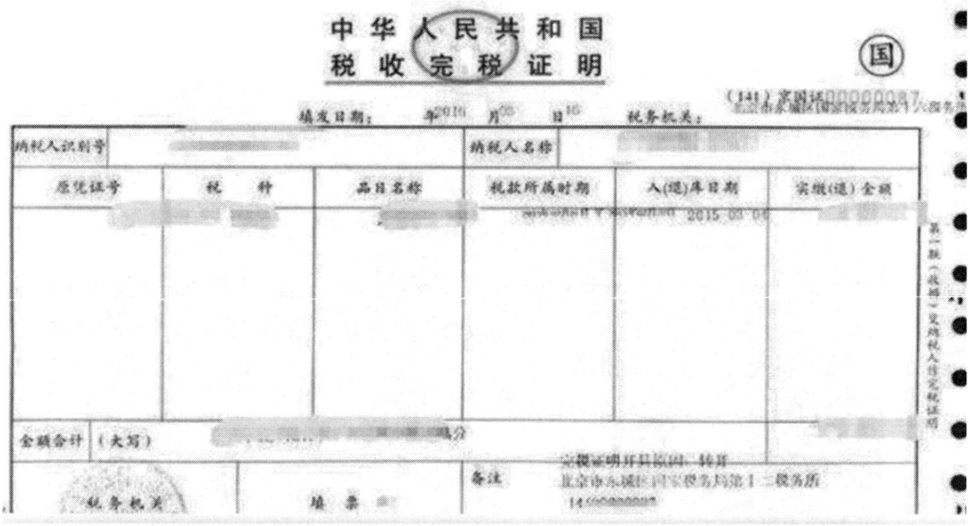

中华人民共和国
税收完税证明

(141) 京国证 00000087

填发日期：　年 2016 月 03 日 16　税务机关：北京市东城区国家税务局第十八税务所

纳税人识别号		纳税人名称	
原凭证号	税种	品目名称	税款所属时期	入(退)库日期	实缴(退)金额
				2015 03 06	

金额合计（大写）……角分

税务机关　　填票人

备注：完税证明开具原因：转开　北京市东城区国家税务局第十二税务所　14000000087

第二联（收据）交纳税人作完税证明

图 69

解析：《增值税暂行条例》第八条规定，纳税人购进货物、劳务、服务、无形资产、不动产支付或者负担的增值税额，为进项税额。

下列进项税额准予从销项税额中抵扣：

……

（二）从海关取得的海关进口增值税专用缴款书上注明的增值税额。

……

（四）自境外单位或者个人购进劳务、服务、无形资产或者境内的不动产，从税务机关或者扣缴义务人取得的代扣代缴税款的完税凭证上注明的增值税额。

《企业所得税税前扣除凭证管理办法》（2018 年 28 号公告）第十一条规定，企业从境外购进货物或者劳务发生的支出，以对方开具的发票或者具有发票性质的收款凭证、相关税费缴纳凭证作为税前扣除凭证。

因此，企业从境外购进货物或者劳务发生支出，就以我们展示的境外单位或个人开具的发票（国外发票）或者具有发票性质的收款凭证以及相关税费缴纳凭证作为税前扣除凭证，其中，税款缴纳凭证包括海关进口增值税专用缴款书和完税凭证，其中符合条件的还可以抵扣增值税进项税额，但是需要注意的是，境外开具的发票或者具有发票性质的收款凭证，如果税务机关怀疑其真实性怎么办？参照《财政部国家税务总局关于全面推开营业税改征增值税试点的通知》（财税〔2016〕36 号）的规定来处理，即支付给境外单位或者个人的款项，以该单位或者个人的签收单据为合法有效凭证，税务机关对签收单据有疑义的，可以要求其提供境外公证机构的确认证明。

案例二十一

原始票据	开票单位			XXXX		
	接收单位			XXXX		
	发票名称			云南省地方税务局通用定额发票		
	开票日期	2013年8月27日		票据号码		
	票据内容					
	票据总金额	人民币大写 伍仟元整			人民币小写	¥5,000.00
分割情况	填制单位					
	承担金额	人民币大写 叁仟捌佰元整			人民币小写	¥3,800.00
	接收单位					
	承担金额	人民币大写 壹仟贰佰元整			人民币小写	¥1,200.00
	分割原因			资金来源不同，确保各块资金是客额列支		
	备注			原件是填制单位作账，复印件在接收单位作账		

图70

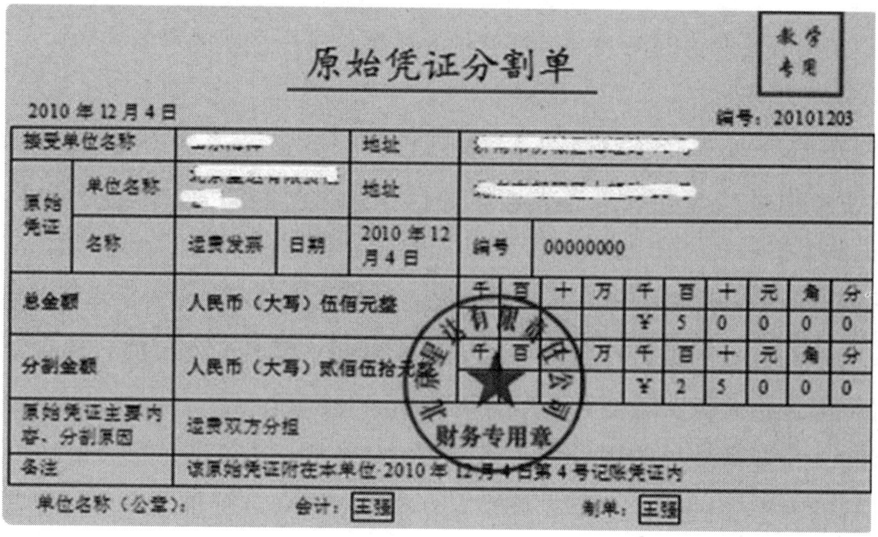

图 71

解析:《企业所得税税前扣除凭证管理办法》（2018 年 28 号公告）第八条规定，税前扣除凭证按照来源分为内部凭证和外部凭证。外部凭证是指企业发生经营活动和其他事项时，从其他单位、个人取得的用于证明其支出发生的凭证，包括但不限于发票（包括纸质发票和电子发票）、财政票据、完税凭证、收款凭证、分割单等。可见分割单属于外部凭证，使用分割单作为税前扣除凭证的主要有下列两条：

第十八条 企业与其他企业（包括关联企业）、个人在境内共同接受应纳增值税劳务（以下简称"应税劳务"）发生的支出，采取分摊方式的，应当按照独立交易原则进行分摊，企业以发票和分割单作为税前扣除凭证，共同接受应税劳务的其他企业以企业开具的分割单作为税前扣除凭证。

企业与其他企业、个人在境内共同接受非应税劳务发生的支出，采取分摊方式的，企业以发票外的其他外部凭证和分割单作为税前扣除凭证，共同接受非应税劳务的其他企业以企业开具的分割单作为税前扣除凭证。

第十九条 企业租用（包括企业作为单一承租方租用）办公、生产用房等资产发生的水、电、燃气、冷气、暖气、通信线路、有线电视、网络等费用，出租方作为应税项目开具发票的，企业以发票作为税前扣除凭证；出租方采取分摊方式的，企业以出租方开具的其他外部凭证作为税前扣除凭证。

　　分割单属于自制的凭证，并无一定格式，只要能说明问题即可，这里讲一个需要大家关注的点，比如出租方和承租方对电费采取分摊方式，各分摊一半，出租方（一般纳税人）取得供电公司开具的增值税专用发票 11 300 元，其中进项税额 1 300 元，则出租方开具 5 000 元的分割单给予承租方，承租方将分割单作为税前扣除凭证，由于承租方取得的分割单不属于增值税进项税额抵扣的法定凭证，而且分割单也是国家税务总局明确规定的税前扣除凭证样式之一，那么出租方可以全部抵扣进项税额 1 300 元，如果按 50% 转出将会出现悖论，即有另外 50% 的进项税额出租方与承租方均不能抵扣，这在立法上是不可行的。

▶▶ 井水不犯河水 申报两列相对
关键字：即征即退

案例

某一般纳税人企业污水处理厂面临纳税评估，评估疑点指出：《财政部 国家税务总局关于印发资源综合利用产品和劳务增值税优惠目录的通知》（财税〔2015〕78号）污水处理劳务即征即退70%，该公司在2018年修理房屋发生的增值税进项税额与污水处理无关，不能抵扣，因此修理房屋取得的增值税进项税额需要转出交税。那么对于污水处理厂而言，如何撰写陈述申辩进行说明呢？

解析：《财政部 国家税务总局关于印发资源综合利用产品和劳务增值税优惠目录的通知》（财税〔2015〕78号）：纳税人应当单独核算适用增值税即征即退政策的综合利用产品和劳务的销售额和应纳税额。

可见有即征即退项目的纳税人，需要将即征即退项目与一般计税项目分开核算，其实增值税纳税申报表也是这样设计的，一般而言，即征即退项目与一般项目的应税收入最好分开核算，但是混用的进项就比较难分开。《国家税务总局关于纳税人既享受增值税即征即退、先征后退政策又享受免抵退税政策有关问题的公告》（国家税务总局公告2011年第69号）规定：用于增值税即征即退或者先征后退项目的进项税额无法划分的，按照下列公式计算：

无法划分进项税额中用于增值税即征即退或者先征后退项目的部分＝当月无法划分的全部进项税额 × 当月增值税即征即退或者先征后退项目销售额 ÷ 当月全部销售额、营业额合计

增值税纳税申报表

（一般纳税人适用）

根据国家税收法律法规及增值税相关规定制定本表。纳税人不论有无销售额，均应按税务机关核定的纳税期限填写本表，并向当地税务机关申报。

税款所属时间：自　年　月　日至　年　月　日　　　填表日期：　年　月　日　　　　　　　　　　　金额单位：元至角分

纳税人识别号														所属行业		
纳税人名称		（公章）	法定代表人姓名		注册地址		生产经营地址	
开户银行及账号			登记注册类型				电话号码	

项　目	栏次	一般项目		即征即退项目	
		本月数	本年累计	本月数	本年累计
（一）按适用税率计税销售额	1				
其中：应税货物销售额	2				
应税劳务销售额	3				
纳税检查调整的销售额	4				

但是这家污水处理厂只有即征即退的污水处理收入，而没有其他一般项目的收入，那么厂房的修理就是用于即征即退项目，是不需要转出的。

我们再来看另一个文件，细究其所以然。《财政部 税务总局 海关总署关于深化增值税改革有关政策的公告》（财政部、税务总局、海关总署公告2019年第39号）第八条规定：

八、自2019年4月1日起，试行增值税期末留抵税额退税制度。

（一）同时符合以下条件的纳税人，可以向主管税务机关申请退还增量留抵税额：

1. 自2019年4月税款所属期起，连续六个月（按季纳税的，连续两个季度）增量留抵税额均大于零，且第六个月增量留抵税额不低于50万元；

2. 纳税信用等级为A级或者B级；

3. 申请退税前36个月未发生骗取留抵退税、出口退税或虚开增值税专用发票情形的；

4. 申请退税前36个月未因偷税被税务机关处罚两次及以上的；

5. 自2019年4月1日起未享受即征即退、先征后返（退）政策的。

《财政部 税务总局关于明确国有农用地出租等增值税政策的公告》（财政部 国家税务总局公告2020年第2号）……六、纳税人按照《财政部 税务总局 海关总署关于深化增值税改革有关政策的公告》（财政部 税务总局 海关总署公告2019年第39号）、《财政部 税务总局关于明确部分先进制造业增值税期末留抵退税政策的公告》（财政部、税务总局公告2019年第84号）规定取得增值税留抵退税款的，不得再申请享受增值税即征即退、先征后返（退）政策。

> 本公告发布之日前，纳税人已按照上述规定取得增值税留抵退税款的，在2020年6月30日前将已退还的增值税留抵退税款全部缴回，可以按规定享受增值税即征即退、先征后返（退）政策；否则，不得享受增值税即征即退、先征后返（退）政策。

注意看，只要享受即征即退、先征后返（退）政策的，留抵税额是不能够退还的，即留抵税额退税与即征即退是水火不相容的，那么为什么这么规定呢？

我们假设可以同时享受即征即退与留抵退税政策，从反面证明不可行即可。假设某一般纳税人公司2020年1月取得进项税额1 000万元，准确划分后，一般计税项目400万元，即征即退项目600万元。当期一般计税项目销项450万元，即征即退项目销项700万元。假设即征即退70%。

当期税款缴纳计算如下：一般计税项目缴纳税款50万元（450－400），即征即退项目缴纳税款30万元［（700－600）×30%，考虑即征即退税款后的净税额］，合计缴纳80万元。

企业筹划如下，利用《国家税务总局关于取消增值税扣税凭证认证确认期限等增值税征管问题的公告》（国家税务总局公告2019年第45号）、增值税一般纳税人取得2017年1月1日及以后开具的增值税专用发票、海关进口增值税专用缴款书、机动车销售统一发票、收费公路通行费增值税电子普通发票，取消认证确认、稽核比对、申报抵扣的期限。纳税人在进行增值税纳税申报时，应当通过本省（自治区、直辖市和计划单列市）增值税发票综合服务平台对上述扣税凭证信息进行用途确认。

即即征即退部分的进项税额当月不抵扣，只抵扣一般项目的进项税额，则一般项目缴纳增值税50万元，而即征即退项目缴纳增值税（700－0）×30%＝210万元，合计缴纳260万元，而假设下月无业务，则下月一般项目无应纳税额，即征即退项目留抵退税600万元，如此企业非但不用缴纳80万元的税款，还可以获得退税款340万元（600－260）。

因此，为规避企业上述筹划，即征即退和留抵税额退税是不能兼容的，两者只能享受一种。

▶▶ 上面有顶、四边有柱，难道就有纳税义务
关键字："不"与"免"

案例

　　某企业在室外搭建了钢筋棚，用于堆放外购的煤炭。主管税务机关评估时，根据《财政部 国家税务总局关于房产税和车船使用税几个业务问题的解释与规定》（财税地字〔1987〕003号）第一条规定："'房产'是以房屋形态表现的财产。房屋是指有屋面和围护结构（有墙或两边有柱），能够遮风避雨，可供人们在其中生产、工作、学习、娱乐、居住或储藏物资的场所。独立于房屋之外的建筑物，如围墙、烟囱、水塔、变电塔、油池油柜、酒窖菜窖、酒精池、糖蜜池、室外游泳池、玻璃暖房、砖瓦石灰窑以及各种油气罐等，不属于房产。"

　　有部分税务人员认为钢筋棚有屋面且两边有柱，可供储藏煤炭，属于房产，应当从价计征房产税；还有部分税务人员不认同钢筋棚属于房屋，孰对孰错呢？

　　先看法律条文的规定：

　　看文件要与时俱进，主管税务机关引用的是"财税地字〔1987〕003号"，其实还有个更新的文件，该文件可谓短小精悍，标题字数和正文字数差不多，即《财政部国 家税务总局关于加油站罩棚房产税问题的通知》（财税〔2008〕123号）规定："加油站罩棚不属于房产，不征收房产税。"

　　怎么理解？关键字就是"不"。我们试想，加油站罩棚不属于房产，那么其他企业的罩棚同样也不属于房产，"皮之不存，毛将焉附"，既然罩棚不是房产，自然就不是房产税的征税对象，何来的房产税呢？

　　反过来推断，如果文件是这么写的，加油站罩棚属于房产，免征房产税，则意思就大相径庭了，即罩棚是房产，但只对加油站的罩棚免征，其他单位的罩棚

就不能免征。

所以在看税法原文时，一定要注意"免"和"不"的区别，比如企业所得税的不征税收入和免税收入，不征税收入说白了和企业所得本质上是没有关系的，《财政部 国家税务总局关于专项用途财政性资金企业所得税处理问题的通知》（财税〔2011〕70号）根据《企业所得税法实施条例》第二十八条的规定，上述不征税收入用于支出所形成的费用，不得在计算应纳税所得额时扣除；用于支出所形成的资产，其计算的折旧、摊销不得在计算应纳税所得额时扣除。

这份文件就说得很明白，收入不纳入所得核算，支出也不纳入所得核算，但是免税收入就不一样。《国家税务总局关于贯彻落实企业所得税法若干税收问题的通知》（国税函〔2010〕79号）根据《企业所得税法实施条例》第二十七条、第二十八条的规定，企业取得的各项免税收入所对应的各项成本费用，除另有规定外，可以在计算企业应纳税所得额时扣除。在企业所得税处理上，免税收入纳入所得核算，只不过对于收入给予免税，相应的支出形成的成本费用仍是可以扣除的。

我们再来看看增值税，国家税务总局应对新冠肺炎期间出台的税收问答有如下案例。

> 问：我单位是武汉市的一家餐饮企业，为增值税一般纳税人。疫情发生后，我们6月份为社区医务人员和方舱医院免费提供餐食，此外，还以优惠的价格为百姓提供"爱心餐"服务。
>
> 答：餐饮服务属于生活服务的范围。因此，你公司向百姓提供的餐饮服务，可按规定享受上述免征增值税优惠。此外，你公司在疫情期间向医务人员和方舱医院免费提供餐食，属于无偿提供餐饮服务用于公益事业或者以社会公众为对象，无须视同销售缴纳增值税。

这里有两个政策：一个是财政部、国家税务总局关于支持新型冠状病毒感染的肺炎疫情防控有关税收政策的公告——"财政部 国家税务总局公告2020年第8号"：对纳税人提供公共交通运输服务、生活服务，以及为居民提供必需生活物资快递收派服务取得的收入，免征增值税。

既然是免征增值税，根据《财政部 国家税务总局关于全面推开营业税改征增值税试点的通知》（财税〔2016〕36 号）第二十七条：用于免征增值税项目的购进货物、加工修理修配劳务、服务、无形资产和不动产的进项税额不得从销项税额中抵扣。

但是财税〔2016〕36 号第十四条 ……（一）单位或者个体工商户向其他单位或者个人无偿提供服务，但用于公益事业或者以社会公众为对象的除外。

为社区医务人员和方舱医院免费提供餐食，总局明确了属于上述条款的例外，不属于视同销售服务，既然不属于视同销售，就不需要视同缴纳销项税额，同时又不属于用于简易计税方法计税项目、免征增值税项目、集体福利或者个人消费，当然对应的进项税额就可以抵扣。即为社区医人员和方舱医院免费提供餐食，属于不征收增值税，而不是免征收增值税，因此其进项税额的待遇就是不一样的，一个能抵，一个不能抵。

> 我公司由于车辆有限，员工使用自有车辆为公司办事，我公司是否必须与员工签订租车协议，支付租金后方可在税前扣除车辆燃油费、过路费等费用？

我们找了此前几个省的税收规范性文件，比如《河北省地方税务局关于企业所得税若干业务问题的公告》（河北省地方税务局公告 2014 年第 4 号），企业因业务需要，可以租用租车公司或个人的车辆，但必须签订六个月以上的租赁协议，租赁协议中规定的汽油费、修车费、过路过桥费等支出允许在税前扣除。

《天津市地方税务局 天津市国家税务局关于企业所得税税前扣除有关问题的通知》（津地税企所〔2010〕5 号）规定，企业由于生产经营需要，向具有营运资质以外的个人租入交通运输工具（含班车）发生的租赁费，凭租赁合同（协议）及合法凭证，准予扣除，租赁费以外的其他各项费用不得在税前扣除。

个人的车子租给公司用，一定要签 6 个月以上的租赁协议？一定要提供合法凭证？这个合法凭证怎么理解？从《财政部 国家税务总局关于全面推开营业税改征增值税试点的通知》（财税〔2016〕36 号）规定来看，支付给境内单位或者个人的款项，以发票为合法有效凭证。那么私车公用就得有租赁合同（协议）外加发票？

同样是财税〔2016〕36 号第十四条 下列情形视同销售服务、无形资产或者不动产：

> （一）单位或者个体工商户向其他单位或者个人无偿提供服务，但用于公益事业或者以社会公众为对象的除外。

个人，是指个体工商户和其他个人。从上述条款中，可得出结论：既不属于单位，也不属于个体工商户的其他个人，即自然人向其他单位包括所任职的单位，将汽车无偿提供给所在单位不属于视同销售情形。既然不属于视同销售租赁汽车服务，当然和增值税就没有关系；既然和增值税没有关系，当然不需要开具发票。

《中华人民共和国民法典》第七百零七条，租赁期限六个月以上的，应当采用书面形式。当事人未采用书面形式的，无法确定租赁期限的，视为不定期租赁。

既然这种随时开着私家车给公司办事是不可能采用书面形式的，无偿租赁既非销售又非视同销售，那么，既要提供租赁协议又要提供合法有效凭证，有何依据？

不妨来看看吉林省税务局的答复：

> 国家税务总局吉林省税务局纳税服务中心 12366 热线热点问题（六）
>
> 答：所谓"私车公用"，是因公司自有车辆不够或者员工特殊岗位等原因，员工个人将自有的车辆用于公司的公务活动，公司由此给员工报销汽油费、路桥费、汽车维修费等费用。"私车公用"的车辆虽然属于个人所有，但其用于公司公务支出。《中华人民共和国企业所得税法》第八条规定："企业实际发生的与取得收入有关的、合理的支出，包括成本、费用、税金、损失和其他支出，准予在计算应纳税所得额时扣除。"根据上述规定，从实质上看，公司"私车公用"发生的相关费用符合企业所得税税前扣除条件，应允许在企业所得税前扣除。

►► 表面看是减免税，实质剖析还倒赔
关键字：免税＋不征税

案例

　　老师请问，增值税免税虽然不交税，但取得的进项税额却要进成本。如果我们放弃免税，那么进项税额就可以获得抵扣，如何选择呢？

先从法律条文的规定看：

我们都知道免税是好事，是税收优惠，但是对于增值税一般纳税人而言，可能并非如此。特定情况下，免税还不如征税好，因此《增值税暂行条例实施细则》第三十六条规定：纳税人销售货物或者应税劳务适用免税规定的，可以放弃免税，依照条例的规定缴纳增值税。放弃免税后，36个月内不得再申请免税。

之所以如此规定，也相当于事先告知你，免税未必划算，因此你选择免税应当打定主意，不能因为选择免税划算就选择免税，不划算时就选择征税，因此给了长达36个月的锁定期，甚至比上市公司原始股东限售股解禁规定的还要严厉。

那么在什么情况下适合放弃免税而享受征税政策呢？

1. 非最终产品的免税，将增加纳税人的总体税负

由于"用于免税项目的购进货物或者应税劳务、服务、无形资产和不动产，其进项税额不得从销项税额中抵扣"。同时，《国家税务总局关于加强免征增值税货物专用发票管理的通知》（国税函〔2005〕780号）规定，增值税一般纳税人销售免税货物，一律不得开具专用发票（国有粮食购销企业销售免税粮食除外）。因此，对非最终产品的免税，免税产品销售价格中包含的以前环节已交增值税将不能向后转移，而是构成产品成本的一部分，并成为下一环节纳税人购入原材料成本的一部分。下一环节纳税人为维持其利润，必然要将上一环节未能抵扣而转入

产品成本的增值税额体现在其产品的销售价格中。所以，对非最终产品免税，一方面免税环节未能抵扣的进项税额将直接体现为增加产品流转总过程的增值税税负，同时也将使一部分增值额被重复征税，而且免税环节越往后，增加的税负及重复征税部分也越大。

假设某产品从开始生产到最终退出市场流转经过如下环节，相关纳税人均为一般纳税人，各环节不考虑其他进项税额：

（1）甲公司将原材料加工成 A 产品，进项税额 100 元，销项税额 120 元；

（2）乙公司购入 A 产品进一步加工成 B 产品，销项税额 140 元；

（3）丙公司购入 B 产品销售给最终消费者，销项税额 160 元。如果不存在免税环节，产品在以上流转环节中共产生增值税税负 $160 - 100 = 60$（元）。

下面分不同环节免税来分析对纳税人总体税负的影响。假设各环节产品销售价格不变：

（1）甲公司 A 产品享受免税，甲公司增值税负为 0，购买原材料等取得的进项税额不得抵扣并转入原材料成本。乙公司购入 A 产品加工成 B 产品销售后，应计提销项税额 140 元，无可抵扣进项税额，因此其增值税税负为 140 元，甲、乙、丙共产生增值税税负 $0 + 140 + 20 = 160$（元）。

（2）乙公司 B 产品享受免税，同理，甲、乙、丙共产生增值税税负 $20 + 0 + 160 = 180$（元）。

（3）丙公司 C 产品享受免税，则甲、乙、丙共产生增值税税负 $20 + 20 + 0 = 40$（元）。

由以上分析可以发现，只有在产品最终进入消费领域从而退出市场流转时免税，纳税人的总体税负才会降低。如果对中间产品免税，则其所免税款在整个流转环节中并未被真正免掉，而是要由下一环节的纳税人负担，同时由于免税环节的进项税额不能抵扣而转入产品成本，因此免征环节越往后，纳税人总体增加的税负也越高。因此，对于购买免税产品的纳税人，如果可以从其他渠道以合适的价格购入非免税产品，他必然会选择不购入免税产品，从而势必影响享受免税待遇的纳税人的产品销售。

2. 某些"低征高扣"现象下，应税比免税更有利

由于增值税征收链条中存在的"低征高扣"现象，对于有些企业，选择应税比免税将会更有利。以购进免税农产品为原材料的一般纳税人为例，如其生产的产品属于《财政部 国家税务总局关于印发〈农业产品征税范围注释〉的通知》（财税〔1995〕52 号）中所列举的初级农产品且不享受免税，则其增值税适用税率为9%。由于购进的农产品以买价为依据扣除 9% 的进项税额，而销售的产品以不含税销售额为依据按 9% 计算销项税额，从而形成了"低征高扣"现象，会形成留抵税额。

如某企业购进 100 万元的免税农产品，计算可抵扣进项税额为 $100 \times 9\% = 9$（万元），如果生产产品的含税销售额为 105 万元，则应计提销项税额 $105 \div （1 + 9\%）\times 9\% = 8.67$（万元），当期形成留抵税额：$8.67 - 9 = 0.33$（万元），利润为 $105 \div （1 + 9\%）-（100 - 9）= 5.33$（万元），如果企业享受免税，当然也就不可能存在留抵税额。利润为 $105 - 100 = 5$（万元），因此对这类企业，征税显然比免税更有利。

3．如果纳税人放弃免税权，必须注意申请改为征税的时机

生产和销售免征增值税货物或劳务、服务、无形资产、不动产的纳税人要求放弃免税权，应当以书面形式提交放弃免税权声明，报主管税务机关备案，并自提交备案资料的次月起，按照现行有关规定计算缴纳增值税。实务中有纳税人出于营销战略的需要，采取赊销或者分期收款方式销售货物，根据《增值税暂行条例实施细则》：纳税义务人采取赊销或者分期收款方式销售货物的，增值税纳税义务发生时间为合同约定的收款日期当天。如果赊销或分期收款销售合同确定的收款日期在纳税人提交放弃免税权备案资料的次月，则其所收款项必须要按照规定计提销项税额，同时由于相关的原材料等是在免税期内购进的，根据《国家税务总局关于增值税若干征管问题的通知》（国税发〔1996〕155 号），免税货物恢复征税后，其免税期间外购的货物，一律不得作为当期进项税额抵扣，恢复征税后收到的该项货物免税期间的增值税专用发票，应当从当期进项税额中剔除。《财政部 国家税务总局关于增值税纳税人放弃免税权有关问题的通知》（财税〔2007〕127 号）同样规定纳税人在免税期内购进用于免税项目的货物或者应税劳务所取得的增值税扣税凭证，一律不得抵扣。因此，如果纳税人选择放弃免税权的时机不恰当，可能会使部分产品承担相当高的增值税税负。

4．纳税人自税务机关受理其放弃免税权声明的次月起 36 个月内不得再申请免税

这就要求纳税人对于放弃免税权必须从长计议，而不能只计一时之得失。《财政部 国家税务总局关于增值税纳税人放弃免税权有关问题的通知》（财税〔2007〕

127 号）规定，纳税人一经放弃免税权，其生产销售的全部增值税应税货物或劳务均应按照适用税率征税，不得选择某一免税项目放弃免税权，也不得根据不同的销售对象选择部分货物或劳务放弃免税权。因此，放弃免税权的企业存在多个免税项目，则未必所有免税项目放弃免税权都有利，因此纳税人必须全面、综合地考虑各种产品放弃免税权后利益此消彼长的得与失。

其实企业所得税的不征税收入同样有这个问题，即作为不征税收入与不作为不征税收入也要注意企业实际情况。

《财政部 国家税务总局关于专项用途财政性资金企业所得税处理问题的通知》（财税〔2011〕70 号）规定：

一、企业从县级以上各级人民政府财政部门及其他部门取得的应计入收入总额的财政性资金，凡同时符合以下条件的，可以作为不征税收入，在计算应纳税所得额时从收入总额中减除：

（一）企业能够提供规定资金专项用途的资金拨付文件；

（二）财政部门或其他拨付资金的政府部门对该资金有专门的资金管理办法或具体管理要求；

（三）企业对该资金以及以该资金发生的支出单独进行核算。

二、根据实施条例第二十八条的规定，上述不征税收入用于支出所形成的费用，不得在计算应纳税所得额时扣除；用于支出所形成的资产，其计算的折旧、摊销不得在计算应纳税所得额时扣除。

《国家税务总局关于企业所得税应纳税所得额若干税务处理问题的公告》（国家税务总局公告 2012 年第 15 号）规定，企业取得的不征税收入，应按照《财政部 国家税务总局关于专项用途财政性资金企业所得税处理问题的通知》（财税〔2011〕70 号，以下简称《通知》）的规定进行处理。凡未按照《通知》规定进行管理的，应作为企业应税收入计入应纳税所得额，依法缴纳企业所得税。

假设某企业 2019 年正申请高新技术企业，适用企业所得税税率 25%，预计2020 年会获得高新技术企业的资格，适用优惠税率 15%，2019 获得同时符合条件的财政性资金 1 000 万元，这种情况下，2019 年作为不征税收入较妥，避开 25%的高税率，如果情况相反，2019 年是高新技术企业，预期 2020 年将失去该高新技术企业资格，则 2019 年作为征税收入较妥。

再比如某企业 2014 年亏损 1 000 万元，2019 年获得利润 1 500 万元，其中有同时符合三项条件的财政性资金 1 000 万元，无其他纳税调整事项，则此时显然应当作为征税收入处理，否则 2014 年的亏损将超过亏损弥补期限而只能在税后弥补，浪费了企业亏损抵税的效应。

另外一个更加值得注意的是：《国家税务总局关于企业研究开发费用税前加计扣除政策有关问题的公告》（国家税务总局公告 2015 年第 97 号）规定：企业取得作为不征税收入处理的财政性资金用于研发活动所形成的费用或无形资产，不得计算加计扣除或摊销。

例如，甲公司是一家从事芯片产品研发生产企业，因研究 X 项目需要，2020 年 5 月甲公司向该省级财政部门申请政府补助，2020 年 7 月取得当地政府拨付的政府补助 400 万元。甲公司将取得的该笔财政性资金作为不征税收入处理。当月，用该笔资金购置一台 400 万元的研发设备，次月起，享受固定资产折旧一次性税前扣除优惠政策，计提折旧费 400 万元。

很显然，依照前述"国家税务总局公告 2015 年第 97 号"规定，本案中涉及的设备折旧费用 400 万元不能享受加计扣除优惠。

但如果企业放弃作为不征税收入，会不会更划算呢？

比较一下，作为不征税收入处理情形，甲公司将取得的 400 万元政府补助作为不征税收入处理。虽然不用确认企业所得税收入，但在年度企业所得税汇算清缴时，甲公司应调减收入 400 万元，因折旧费用不能税前扣除调增 400 万元，对应纳税所得额的影响为 0。

如果甲公司放弃将取得的政府补助作为不征税收入处理，在年度企业所得税汇算清缴时，甲公司应确认收入 400 万元，对应的折旧费 400 万元可以在税前扣除，此外，折旧费用 400 万元可作为基数计算享受研发费用加计扣除 $400 \times 75\% = 300$ 万元。

通过对比，征税收入比不征税收入可以多扣除应纳税所得额 300 万元，所以，对研发支出而言，将取得的政府补助作为征税收入更为划算！

★后续关注：享受免税权就不能开具增值税专用发票？

《增值税暂行条例》第二十一条规定，纳税人发生应税销售行为，应当向索取增值税专用发票的购买方开具增值税专用发票，并在增值税专用发票上分别注明销售额和销项税额。

属于下列情形之一的，不得开具增值税专用发票：……（二）发生应税销售行为适用免税规定的。

根据上述规定，如果纳税人适用免税规定，就不能开具增值税专用发票，那么能不能反过来推理，纳税人开具了增值税专用发票，就不能再享受免税规定呢？

这可能是很多纳税人会陷入的误区。其实这是有特例的。

按照《财政部 税务总局关于支持新型冠状病毒感染的肺炎疫情防控有关税收政策的公告》（2020年第8号）规定，自2020年1月1日起，纳税人提供生活服务取得的收入，可以享受免征增值税的优惠政策。某一般纳税人提供住宿服务（属于生活服务），可以选择就2020年1月提供住宿服务取得的全部收入按照征税申报、缴税，并开具增值税专用发票；自2月1日起，就其提供住宿服务取得的收入按照免税申报，不得开具增值税专用发票。此后，如果该纳税人选择放弃享受住宿服务免税权，应按规定以书面形式向主管税务机关提交纳税人放弃免（减）税权声明，并自提交声明的次月起，按照现行规定计算缴纳增值税。

即一般纳税人若选择享受免税政策，是不得开具增值税专用发票的。

问：我公司是一家企业培训公司，增值税一般纳税人。2020年4月，有个别客户要求我公司就部分培训服务开具增值税专用发票。请问，我公司可以就开具增值税专用发票部分培训收入缴纳增值税，其他培训收入享受生活服务免征增值税优惠吗？

答：《财政部 税务总局关于支持新型冠状病毒感染的肺炎疫情防控有关税收政策的公告》（2020年第8号，以下称"8号公告"）第五条规定，对纳税人提供生活服务取得的收入，免征增值税。生活服务的具体范围，按照《销售服务、无形资产、不动产注释》（财税〔2016〕36号印发）规定执行，培训等非学历教育服务，属于生活服务的范围。

《国家税务总局关于明确二手车经销等若干增值税征管问题的公告》（2020年第9号）第五条规定，一般纳税人在享受增值税免税、减税政策后，按照《营业税改征增值税试点实施办法》（财税〔2016〕36号文件印发）第四十八条的有关规定，要求放弃免税、减税权的，应当以书面形式提交纳税人放弃免（减）

税权声明，报主管税务机关备案。一般纳税人自提交备案资料的次月起，按照规定计算缴纳增值税。

　　作为适用一般计税方法的增值税一般纳税人，你公司按照 8 号公告有关规定适用免征增值税政策的，不得开具增值税专用发票，可以开具增值税普通发票。你公司可以就培训服务选择放弃免税，以书面形式提交纳税人放弃免（减）税权声明，报主管税务机关备案，并自提交备案资料的次月起，按照规定计算缴纳增值税并相应开具增值税专用发票。需要说明的是，一经放弃免税，应就培训服务全部放弃免税，不能以是否开具增值税专用发票，或者区分不同的销售对象分别适用征免税。

　　但是如果是小规模纳税人呢？

　　《财政部　税务总局关于实施小微企业普惠性税收减免政策的通知》（财税〔2019〕13 号）对月销售额 10 万元以下（含本数）的增值税小规模纳税人，免征增值税。《国家税务总局关于小规模纳税人免征增值税政策有关征管问题的公告》（国家税务总局公告 2019 年第 4 号）小规模纳税人发生增值税应税销售行为，合计月销售额未超过 10 万元（以 1 个季度为 1 个纳税期的，季度销售额未超过 30 万元，下同）的，免征增值税。

　　假设既是小规模纳税人，经营范围又是提供生活服务，此时就会出现两种优惠政策，即 2020 年 1 月 1 日至 12 月 31 日纳税人提供生活服务取得的收入，可以享受免征增值税的优惠政策，又可能享受月度或季度销售额分别未超过 10 万元、30 万元免征增值税的优惠政策。

　　我们假设该小规模纳税人位于江苏，增值税纳税期限为按月计征。2020 年 3 月，取得销售额 10 万元，其中 8 万元开具增值税专用发票，则根据《财政部关于印发增值税会计处理规定的通知》（财会〔2016〕22 号），小微企业在取得销售收入时，应当按照税法的规定计算应交增值税，并确认为应交税费，在达到增值税制度规定的免征增值税条件时，将有关应交增值税转入当期损益。

　　则平时会计处理为：

借：银行存款　　　　　　　　　　　　　　　　　　　　　　100 000.00

　　贷：主营业务收入　　　　　　　　　　　　　　　　　　　 99 009.90

　　　　应交税费——应交增值税（征收率 1%）　　　　　　　　　990.10

2020 年 4 月份纳税申报期时，根据《国家税务总局关于支持新型冠状病毒感染的肺炎疫情防控有关税收征收管理事项的公告》（国家税务总局公告 2020 年第 4 号）规定：纳税人按照 8 号公告和 9 号公告有关规定适用免征增值税政策的，不得开具增值税专用发票；已开具增值税专用发票的，应当开具对应红字发票或者作废原发票，再按规定适用免征增值税政策并开具普通发票。

另根据《国家税务总局关于小规模纳税人免征增值税政策有关征管问题的公告》（国家税务总局公告 2019 年第 4 号）……八、小规模纳税人月销售额未超过 10 万元的，当期因开具增值税专用发票已经缴纳的税款，在增值税专用发票全部联次追回或者按规定开具红字专用发票后，可以向主管税务机关申请退还。

则所属期 2020 年 3 月份的含税 8 万元开具了增值税专用发票，而且没有追回全部联次或开具红字发票，则上述 8 万元对应的部分是不能享受免税的，但其余的 2 万元部分仍然是可以享受小微企业免征增值税的优惠的，

则 2020 年 4 月缴纳税款时：

借：应交税费——应交增值税   990.10

   贷：银行存款（80000÷1.01×1%）   792.08

     其他收益   198.02

这样就出现了小规模纳税人在增值税所属期内既开具增值税专用发票，又享受免税优惠的情形。

正因如此，有了下述文件的表述：《国家税务总局关于明确二手车经销等若干增值税征管问题的公告》（2020 年第 9 号）第五条规定，一般纳税人在享受增值税免税、减税政策后，按照《营业税改征增值税试点实施办法》（财税〔2016〕36 号文件印发）第四十八条的有关规定，要求放弃免税、减税权的，应当以书面形式提交纳税人放弃免（减）税权声明，报主管税务机关备案。一般纳税人自提交备案资料的次月起，按照规定计算缴纳增值税。

上述表述专门讲的是一般纳税人，如果是小规模纳税人，在享受了 2020 年 3 月免税待遇后，在 4 月份仍然可以开具增值税专用发票。

以下是国家税务总局官网解答：

提问："财政部 国家税务总局公告 2020 年第 8 号"对纳税人提供公共交通运输服务、生活服务，以及为居民提供必需生活物资快递收派服务取得的收入，免征增值税。疫情期间，提供住宿服务的小规模纳税人 A 在 2020 年 4 月向一批索取增值税专用发票的客户按 3% 开具专票并缴纳了一部分的增值税，是否还可以就其余的客户开具免征增值税的发票从而享受免征增值税？

回答：2020 年 4 月除了开具专票的部分外，其余的部分可以享受增值税免税，即开具增值税免税的普通发票。

▶▶ 纳税期限有两种，规划周全可利用

关键词：按次纳税

案例

> 我公司场地较大，每月雇佣失业人员来公司平整场地，打扫卫生。公司按次支付报酬。请问是否需要上述人员代开发票，公司是否需要代扣代缴个人所得税？

先看法律条文的规定：

根据《企业所得税税前扣除凭证管理办法》（2018 年 28 号公告）第九条，企业在境内发生的支出项目属于增值税应税项目（以下简称"应税项目"）的，对方为已办理税务登记的增值税纳税人，其支出以发票（包括按照规定由税务机关代开的发票）作为税前扣除凭证；对方为依法无须办理税务登记的单位或者从事小额零星经营业务的个人，其支出以税务机关代开的发票或者收款凭证及内部凭证作为税前扣除凭证，收款凭证应载明收款单位名称、个人姓名及身份证号、支出项目、收款金额等相关信息。小额零星经营业务的判断标准是个人从事应税项目经营业务的销售额不超过增值税相关政策规定的起征点。

显然，小额零星经营业务的个人既可以代开发票，也可以不必代开发票，以收款凭证及内部凭证，俗称的"白条"也是可以列支的。

但是如何判断何为小额零星经营业务，上述第九条提到了起征点的概念，而根据《增值税暂行条例实施细则》第九条：条例第一条所称个人，是指个体工商户和其他个人。第三十七条：增值税起征点的适用范围限于个人。

增值税起征点的幅度规定如下：

（一）销售货物的，为月销售额 5 000 ～ 20 000 元；

（二）销售应税劳务的，为月销售额 5 000 ～ 20 000 元；

（三）按次纳税的，为每次（日）销售额 300 ～ 500 元。

前款所称销售额，是指本细则第三十条第一款所称小规模纳税人的销售额。

《税务登记管理办法》（国家税务总局令第 36 号）第二条，企业，企业在外地设立的分支机构和从事生产、经营的场所，个体工商户和从事生产、经营的事业单位，均应当按照《中华人民共和国税收征收管理法》及《中华人民共和国税收征收管理法实施细则》和本办法的规定办理税务登记。

前款规定以外的纳税人，除国家机关、个人和无固定生产、经营场所的流动性农村小商贩外，也应当按照《中华人民共和国税收征收管理法》（以下简称《税收征管法》）及《中华人民共和国税收征收管理法实施细则》（以下简称《税收征管法实施细则》）和本办法的规定办理税务登记。

由上述两个文件得出结论：

（1）个人包括个体工商户和其他个人，而单位除非是无须办理税务登记的单位（国家机关），其他单位提供应税行为必须开具发票；

（2）个体工商户必须办理税务登记，其他个人不需要办理税务登记，也即在税务机关是没有名头的，则依据《增值税暂行条例》第二十三条规定，增值税的纳税期限分别为 1 日、3 日、5 日、10 日、15 日、1 个月或者 1 个季度。纳税人的具体纳税期限，由主管税务机关根据纳税人应纳税额的大小分别核定；不能按照固定期限纳税的，可以按次纳税。

显然，其他个人，即自然人由于未纳入税务机关的登记管理，其发生应税行为，税务机关只能采取按次纳税的征管方式，而按次纳税的起征点为 300 ～ 500 元。目前全国各省、直辖市、自治区均采用的是 500 元的上限，而个体工商户由于办理税务登记，税务机关能够实施按固定期限纳税，则适用起征点就是按期上限的 20 000 元。

下面是国家税务总局《企业所得税税前扣除凭证管理办法》（2018 年 28 号公告）的解读：

按次纳税和按期纳税，以是否办理税务登记或者临时税务登记作为划分标准。凡办理了税务登记或临时税务登记的小规模纳税人，月销售额未超过 10 万元（按季申报的小规模纳税人，为季销售额未超过 30 万元）的，都可以按规定享受增值税免税政策。未办理税务登记或临时税务登记的小规模纳税人，除特殊规定外，则执行《增值税暂行条例》及其实施细则关于按次纳税的起征点有关规定，每次销售额未达到 500 元的免征增值税，达到 500 元的则需要正常征税。对于经常代开发票的自然人，建议主动办理税务登记或临时税务登记，以充分享受小规模纳税人月销售额 10 万元以下免税政策。

为了让纳税人更加方便的享受税收优惠，《国家税务总局关于税收征管若干事项的公告》（国家税务总局公告 2019 年第 48 号）：从事生产、经营的个人应办而未办营业执照，但发生纳税义务的，可以按规定申请办理临时税务登记。

结合《税务登记管理办法》（国家税务总局令第 36 号）第八条，企业，企业在外地设立的分支机构和从事生产、经营的场所，个体工商户和从事生产、经营的事业单位（以下统称从事生产、经营的纳税人），向生产、经营所在地税务机关申报办理税务登记：……（三）从事生产、经营的纳税人未办理工商营业执照也未经有关部门批准设立的，应当自纳税义务发生之日起 30 日内申报办理税务登记，税务机关发放临时税务登记证及副本。

可见，这几位下岗工人不需要办理工商营业执照，只需要办理临时税务登记，办理之后，按月不超过 10 万元，按季不超过 30 万元，可以享受免征增值税政策，代开增值税免税发票。由于是生产经营所得，接受劳务方也没有代扣代缴或预扣预缴个人所得税的义务。至于几位下岗工人的生产经营所得个人所得税，则各地各有规定，比如《深圳市税务局关于经营所得核定征收个人所得税有关问题的公告》（深圳市税务局公告 2019 年第 3 号）附件 1 规定如下：

附件 1：个人所得税核定征收率表（按月）

序号	月度经营收入	征收率（%）
1	10 万元（含）以下的	0
2	10 万元以上至 30 万元（含）以下的	0.8
3	30 万元以上的	1

★后续关注：不办理税务登记，但是按固定期限纳税的特殊情形

《国家税务总局关于小规模纳税人免征增值税政策有关征管问题的公告》（2019 年 4 号公告):《增值税暂行条例实施细则》第九条所称的其他个人，采取一次性收取租金形式出租不动产取得的租金收入，可在对应的租赁期内平均分摊，分摊后的月租金收入未超过 10 万元的，免征增值税。

例如：甲公司租赁张三房屋，租赁期为 2020 年 1 月至 2020 年 12 月。在 2019 年 12 月预付 2020 年全年租金 24 万元，由于每月租金分摊后不到 10 万元，张三代开发票时按固定期限确认起征点，而不是按次确认起征点，由税务机关开具免税发票。但由于属于财产租赁所得，需要甲公司代扣代缴个人所得税。

▶▶ 百转千回终成正果，咬文嚼字维护权益

关键字：主营业务

> 案例

> 　　老师您好，有个问题想咨询您，关于软件企业享受"两免三减半"的问题。我企业于2012年成立，2014年弥补前两年亏损后应纳所得税大于0，但是当时企业不符合软件企业条件，直到2019年企业符合嵌入式软件企业标准，申请软件企业并获得证书，那"两免三减半"政策的获利年度是哪一年？2019年能享受"两免三减半"政策吗？之前咨询地方税局，所得税科认为可以从2019年享受"两免三减半"，但是如果2020年不符合软件企业的标准，则停止享受。现任税务专管员认为我们获利年度是2014年，早就过了"两免三减半"优惠期，究竟谁的说法是正确的呢？

　　先看法律条文的规定：

　　《财政部 国家税务总局关于进一步鼓励软件产业和集成电路产业发展企业所得税政策的通知》（财税〔2012〕27号）……三、我国境内新办的集成电路设计企业和符合条件的软件企业，经认定后，在2017年12月31日前自获利年度起计算优惠期，第一年至第二年免征企业所得税，第三年至第五年按照25%的法定税率减半征收企业所得税，并享受至期满为止。……十四、本通知所称获利年度，是指该企业当年应纳税所得额大于零的纳税年度。……十七、符合本通知规定须经认定后享受税收优惠的企业，应在获利年度当年或次年的企业所得税汇算清缴之前取得相关认定资质。如果在获利年度次年的企业所得税汇算清缴之前取得相关认定资质，该企业可从获利年度起享受相应的定期减免税优惠；如果在获利年度次年的企业所得税汇算清缴之后取得相关认定资质，该企业应在取得相关认定资质

起，就其从获利年度起计算的优惠期的剩余年限享受相应的定期减免优惠。

但是此后按照《国务院关于取消和调整一批行政审批项目等事项的决定》（国发〔2015〕11 号）和《国务院关于取消非行政许可审批事项的决定》（国发〔2015〕27 号）规定，集成电路生产企业、集成电路设计企业、软件企业、国家规划布局内的重点软件企业和集成电路设计企业的税收优惠资格认定等非行政许可审批已经取消。上述"财税〔2012〕27 号"第十七条就被废止了，取而代之的是《财政部 国家税务总局 国家发展和改革委员会 工业和信息化部关于软件和集成电路产业企业所得税优惠政策有关问题的通知》（财税〔2016〕49 号）……九、软件、集成电路企业应从企业的获利年度起计算定期减免税优惠期。如获利年度不符合优惠条件的，应自首次符合软件、集成电路企业条件的年度起，在其优惠期的剩余年限内享受相应的减免税优惠。

综合来看，除了因为审批制改为备案制的区别外，享受优惠的期限规定是一致的，归结到本案例，2014 年属于企业的第一个获利年度，即 2014—2015 年为免税期，2016—2018 年为减半征税期，但是由于企业一直到 2019 年才获得软件企业证书，所以该企业是不能再享受"两免三减半"的企业所得税优惠政策。

眼看山重水复疑无路了，我和该企业财务人员进行了后续沟通，其答"2012年主营的是硬件，2012—2013 年没有软件销售，但是 2014 年有少量的软件销售，2015 年也有部分，2012—2013 年是亏损的，2014 年弥补亏损之后是有获利的，2016 年之后软件收入每年都在提升"。

我再次查阅了《财政部 国家税务总局 国家发展和改革委员会 工业和信息化部关于软件和集成电路产业企业所得税优惠政策有关问题的通知》（财税〔2016〕49 号）……四、财税〔2012〕27 号文件所称软件企业是指以软件产品开发销售（营业）为主营业务并同时符合下列条件的企业：

（一）在中国境内（不包括港、澳、台地区）依法注册的居民企业；

（二）汇算清缴年度具有劳动合同关系且具有大学专科以上学历的职工人数占企业月平均职工总人数的比例不低于 40%，其中研究开发人员占企业月平均职工总数的比例不低于 20%；

（三）拥有核心关键技术，并以此为基础开展经营活动，且汇算清缴年度研究开发费用总额占企业销售（营业）收入总额的比例不低于 6%；其中，企业在中国境内发生的研究开发费用金额占研究开发费用总额的比例不低于60%；

（四）汇算清缴年度软件产品开发销售（营业）收入占企业收入总额的比例不低于50%[嵌入式软件产品和信息系统集成产品开发销售（营业）收入占企业收入总额的比例不低于40%]，其中：软件产品自主开发销售（营业）收入占企业收入总额的比例不低于40%[嵌入式软件产品和信息系统集成产品开发销售（营业）收入占企业收入总额的比例不低于30%]；

（五）主营业务拥有自主知识产权；

（六）具有与软件开发相适应软硬件设施等开发环境（如合法的开发工具等）；

（七）汇算清缴年度未发生重大安全、重大质量事故或严重环境违法行为。

很显然，该企业2012年设立时压根就不是软件企业，"皮之不存，毛将焉附"，只有以软件产品开发销售（营业）为主营业务的企业才是软件企业，因此应当从企业的主营业务为软件销售为主的获利年度起计算起始年度，比如2016年软件销售为主营业务，当年也是获利年度，若同时满足"财税〔2016〕49号"相关软件企业条件，则应当自2016年起，2016—2017免征企业所得税，2018—2020年减半征收企业所得税，如果企业直到2019年才满足全部条件，则2016—2018年是不能享受优惠的，但2019年—2020年仍可以享受减半征收企业所得税的待遇。

这个案例告诉我们，一定要认真看法条的原文，不能疏忽，想当然地认为自己自始至终就是软件企业，从而陷入认识误区，导致完全不能享受税收优惠。

►► 恺撒归恺撒，上帝归上帝

关键词：完工进度

某建筑工程公司某项工程于2018年开工，2019年竣工，合同总收入6 000万元，为期整两年，其中于2018年发生成本2 000万元，预计还要发生成本2 000万元，企业确认完工百分比为50%〔2 000÷（2 000＋2 000）〕，确认利润为1 000万元（6 000×50%—成本2 000万元），并且未做纳税调整就申报了企业所得税。

2019年，税务机关稽查2018年企业所得税时，有人认为：企业成本当中有多达1 000万元，虽系真实支出，但还未取得合法有效发票，税务稽查指出完工百分比应当按照合法有效发票的成本计算，即完工百分比为33.33%〔有发票的1 000万元÷（2017年有发票的1 000万元＋预计2018年发生的成本2 000万元）〕，则2018年的企业所得税所得额为1 000万元（6 000万元×33%—合法有效发票的成本1 000万元），企业应当调减收入1 000万元同时，调减成本1 000万元，由于收入调减后影响了业务招待费、广告与业务宣传费的基数，该建筑工程公司应补缴一笔不多的所得税。

上述税务稽查人员建立在以票控税理念上的说法是否正确呢？

先看法律条文的规定：

《中华人民共和国企业所得税法实施条例》（以下简称《企业所得税法实施条例》）第二十三条，企业的下列生产经营业务可以分期确认收入的实现：

……（二）从事建筑、安装、装配工程业务或者提供其他劳务等，持续时间超过12个月的，按照纳税年度内完工进度或者完成的工作量确认收入的实现。

此后的《国家税务总局关于确认企业所得税收入若干问题的通知》（国税函

〔2008〕875号）规定：企业应按照从接受劳务方已收或应收的合同或协议价款确定劳务收入总额，根据纳税期末提供劳务收入总额乘以完工进度扣除以前纳税年度累计已确认提供劳务收入后的金额，确认为当期劳务收入；同时，按照提供劳务估计总成本乘以完工进度扣除以前纳税期间累计已确认劳务成本后的金额，结转为当期劳务成本。

对何为"完工进度"，《企业所得税法实施条例释义》进一步指出：企业确定提供劳务交易的完工进度，可以选用下列方法：①已完工作的测量；②已经提供的劳务占应提供劳务总量的比例；③已经发生的成本占估计总成本的比例。

企业与税务机关的争议其实就是企业在采取上述第三种方法时，企业按实际发生的真实成本作为完工百分比的分子与分母统计进去，而该稽查人员认为按有合法票据的成本来计算。

（1）其实从《企业所得税法实施条例释义》中给出的三种方法而论，既然三种方法都是可行的，而第一种和第二种方法不是以货币来计量的，必定与发票是无关的，那么按照口径一致的原则，第三种方法中已经发生的成本应当指的是实际发生的真实成本，也应当与取得发票无关。

（2）反向推理：假设按以票控税法来计算，2018年完工进度为33.33%，2019年底工程竣工，假设和2018年一样，真实成本发生2000万元，但还有1000万元尚未取得发票，则2019年的完工进度为50%[即有发票的1000万元÷（第一年有发票的1000＋第二年有发票的1000）]，而此时工程已经竣工，按通常道理，两年的完工进度之和应当为100%，而现在只有50%＋33.33%＝83.33%，明显与常理不合。

结合原《企业会计准则第15号——建造合同准则》第二十一条：企业确定合同完工进度可以选用下列方法：

> （一）累计实际发生的合同成本占合同预计总成本的比例。
>
> （二）已经完成的合同工作量占合同预计总工作量的比例。
>
> （三）实际测定的完工进度。

可以发现《企业所得税法实施条例释义》给出的三种方法其实就源自会计的规定，即税会保持了一致的做法。因此，收入应当按照不考虑发票因素的真实发生的实际成本占预计总成本的比例，即 2 000÷（2 000＋2 000）为 50% 来确定，第二年完工进度同样为 50%，2018 年、2019 年按照上述完工进度分别确认应纳税收入各 3 000 万元，第一年真实发生的成本中未取得发票的 1 000 万元在 2018 年是不能扣除的，但根据《企业所得税税前扣除凭证管理办法》（国家税务总局公告 2018 年第 28 号）第十五条，汇算清缴期结束后，税务机关发现企业应当取得而未取得发票、其他外部凭证或者取得不合规发票、不合规其他外部凭证并且告知企业的，企业应当自被告知之日起 60 日内补开、换开符合规定的发票、其他外部凭证。其中，因对方特殊原因无法补开、换开发票、其他外部凭证的，企业应当按照本办法第十四条的规定，自被告知之日起 60 日内提供可以证实其支出真实性的相关资料。

因此，税务机关在 2019 年实施稽查时发现此问题时，收入 2 000 万元予以认可，但未按规定取得不合规发票的 1 000 万元应当责成企业在告知之日起 60 日内补开，若补开成功，可以扣除，不存在税会差异；若不能补开成功，予以调减成本 1 000 万元，按适用税率 25% 计算，应补税 250 万元，而不是个别稽查人员认为的只补调减收入导致业务招待费、广告及业务宣传费计提基数改变而补缴的那部分企业所得税。

另外，我们提醒：如果企业在 2019 年 5 月 31 日在对 2018 年企业所得税进行汇算时发现了未及时取得发票的问题，我们奉劝企业不要抱有侥幸心理，及时调增，同时依据《企业所得税税前扣除凭证管理办法》（国家税务总局公告 2018 年第 28 号）第十七条，除发生本办法第十五条规定的情形外，企业以前年度应当取得而未取得发票、其他外部凭证，且相应支出在该年度没有税前扣除的，在以后年度取得符合规定的发票、其他外部凭证或者按照本办法第十四条的规定提供可以证实其支出真实性的相关资料，相应支出可以追补至该支出发生年度税前扣除，但追补年限不得超过 5 年。

可见，若老实调增，将来 5 年内可以追补再予以调减；但若不老实不调增，一旦被税务稽查发现，补正时间就从 5 年迅速缩短为 60 天，真正是起到了重惩失信者的目的。

►► 没有选项选，何来选择说

关键字：选择

某外商投资企业原享受15%优惠税率，新《中华人民共和国企业所得税法》实施后，2008年按照过渡税率18%缴纳企业所得税，2009年企业认定为高新技术企业，减按15%税率申报缴纳企业所得税，税务机关在纳税评估时，有的税务人员援引《国务院关于实施企业所得税过渡优惠政策的通知》（国发〔2007〕39号）第一条规定：企业按照原税收法律、行政法规和具有行政法规效力文件规定享受的企业所得税优惠政策，按以下办法实施过渡：自2008年1月1日起，原享受低税率优惠政策的企业，在新税法施行后5年内逐步过渡到法定税率。其中：享受企业所得税15%税率的企业，2008年按18%税率执行，2009年按20%税率执行，2010年按22%税率执行，2011年按24%税率执行，2012年按25%税率执行。

据此，认为该企业应严格按照过渡期税率，即2009年按照20%税率，2010年按照22%税率，2011年按照24%税率，2012年方可减按照15%税率享受高新技术企业所得税优惠，或者放弃享受过渡期税率政策，选择自2009年适用15%税率，但需要补缴2008年度税率差额，即正常税率25%减去享受过渡期税率18%的余额7%的企业所得税。那么这种看法是否值得商榷？

先看法律条文的规定：

认真地阅读《国务院关于实施企业所得税过渡优惠政策的通知》（国发〔2007〕39号）全文，发现第三条规定：企业所得税过渡优惠政策与新税法及实施条例规定的优惠政策存在交叉的，由企业选择最优惠的政策执行，不得叠加享受，且一经选择，不得改变。

《财政部 国家税务总局关于执行企业所得税优惠政策若干问题的通知》（财税〔2009〕69号）规定：《国务院关于实施企业所得税过渡优惠政策的通知》（国发〔2007〕39号）第三条所称不得叠加享受，且一经选择，不得改变税收优惠情形，限于企业所得税过渡优惠政策与《中华人民共和国企业所得税法》（以下简称《企业所得税法》）及其实施条例中规定的定期减免税和减低税率类的税收优惠。

那么高新技术企业所得税优惠政策是否减按15%税率享受呢？

《企业所得税法》第二十八条规定：国家需要重点扶持的高新技术企业，减按15%的税率征收企业所得税。可见高新技术企业15%的税率属于减低税率类的税收优惠，而其与过渡优惠政策叠加，所以主管税务局要求企业必须按过渡优惠政策过渡完毕，或者放弃过渡期优惠政策，从2009年起享受高新技术企业税收政策。

但我们认为，何谓"选择"？毫无疑问，选择最起码有两个以上的选项，才会存在选择的可能。在2008年时企业并不是高新技术企业，仅是适用过渡期优惠税率的外资企业，2008年不存在优惠政策叠加的情形，因此在2008年企业按照18%税率缴纳企业所得税，天经地义，无可厚非。

到了2009年，企业经申请认定为高新技术企业，在2009年企业才存在选择的机会，是选择按过渡期优惠税率执行，还是选择按高新技术企业15%税率执行，只能二选一。

企业会根据实际做出符合自身利益最大化的决定，即如果高新技术企业的资格将会持续下去，毫无疑问，企业会选择按15%税率缴纳企业所得税。如果企业觉得高新技术资格随时会丢失，那就不如选择2009年按20%税率执行，以后年度持续按过渡期优惠政策执行到期。

因此，《国务院关于实施企业所得税过渡优惠政策的通知》（国发〔2007〕39号）第三条的逻辑应当是，首先是出现叠加优惠的两个以上选项，其次才能进行选择，最后是一旦选择，以后年度不得变更，而不是向前追溯。

▶▶ 事后"企税"有补救，五年之解如何求
关键词：发生年度 + 追补确认年度 + 结算缴纳税款之日

案例

> 2020年6月，甲公司发生一笔咨询费，但由于与咨询服务提供商就合同相关事宜产生纠纷，余款10%一直未予支付，咨询服务提供商也一直以不开具发票怒怼，迟至2021年5月31日企业所得税汇算清缴期尚未取得，如何处置？

先看法律条文的规定：

根据《国家税务总局关于企业所得税应纳税所得额若干税务处理问题的公告》（国家税务总局公告2012年第15号）、《税收征管法》的有关规定，对企业发现以前年度实际发生的、按照税收规定应在企业所得税前扣除而未扣除或者少扣除的支出，企业做出专项申报及说明后，准予追补至该项目发生年度计算扣除，但追补确认期限不得超过5年。

企业由于上述原因多缴的企业所得税税款，可以在追补确认年度企业所得税应纳税款中抵扣，不足抵扣的，可以向以后年度递延抵扣或申请退税。

亏损企业追补确认以前年度未在企业所得税前扣除的支出，或盈利企业经过追补确认后出现亏损的，应首先调整该项支出所属年度的亏损额，然后再按照弥补亏损的原则计算以后年度多缴的企业所得税款，并按前款规定处理。

《国家税务总局关于发布企业资产损失所得税税前扣除管理办法的公告》（国家税务总局公告2011年第25号）第六条，企业以前年度发生的资产损失未能在当年税前扣除的，可以按照本办法的规定，向税务机关说明并进行专项申报扣除。其中，属于实际资产损失，准予追补至该项损失发生年度扣除，其追补确认期限一般不得超过5年，企业因以前年度实际资产损失未在税前扣除而多缴的企业所

得税税款，可在追补确认年度企业所得税应纳税款中予以抵扣，不足抵扣的，向以后年度递延抵扣。

企业实际资产损失发生年度扣除追补确认的损失后出现亏损的，应先调整资产损失发生年度的亏损额，再按弥补亏损的原则计算以后年度多缴的企业所得税税款，并按前款办法进行税务处理。

《国家税务总局关于发布企业所得税税前扣除凭证管理办法的公告》（国家税务总局公告 2018 年第 28 号）第十七条，除发生本办法第十五条规定的情形外，企业以前年度应当取得而未取得发票、其他外部凭证，且相应支出在该年度没有税前扣除的，在以后年度取得符合规定的发票、其他外部凭证或者按照本办法第十四条的规定提供可以证实其支出真实性的相关资料，相应支出可以追补至该支出发生年度税前扣除，但追补年限不得超过 5 年。

综上，有两个年度：一个是发生年度；一个是追补确认年度。

之所以有如上规定，起源于《企业所得税法实施条例》第九条：企业应纳税所得额的计算，以权责发生制为原则，属于当期的收入和费用，不论款项是否收付，均作为当期的收入和费用；不属于当期的收入和费用，即使款项已经在当期收付，均不作为当期的收入和费用。本条例和国务院财政、税务主管部门另有规定的除外。

因此，只要是 2020 年发生的未能税前扣除的损失或者发生的未按规定取得的税前扣除凭证，根据权责发生制的原则，已经体现在 2020 年的利润表上，且该利润已在 2020 年企业所得税所属期纳税调增，当然事后取得证据可以扣除的损失与合规发票也应当追溯调整到所属年度，但是补税或退税的现金流只能是在追补年度结算。

那么，2020 年 6 月这一笔纳税调增的未取得合法有效凭证的支出，5 年期截止是哪一天呢？

请看《国家税务总局关于企业所得税应纳税所得额若干税务处理问题的公告》（国家税务总局公告 2012 年第 15 号）解读：根据《税收征管法》第五十一条规定，"纳税人超过应纳税额缴纳的税款，税务机关发现后应当立即退还；纳税人自结算缴纳税款之日起 3 年内发现的，可以向税务机关要求退还多缴的税款并加算银行同期存款利息，税务机关及时查实后应当立即退还"。企业由于出现应在当期扣除而未扣除的税费，从而多缴了税款，以后年度发现后应当准予追补确认退还，但根据权责发生制原则，不得改变税费扣除的所属年度，应追补至该项目发生年度计算扣除。

对于追补确认期的确定，根据《税收征管法》第五十二条第二款、第三款规定，"因纳税人、扣缴义务人计算错误等失误，未缴或者少缴税款的，税务机关在3年内可以追征税款、滞纳金；有特殊情况的，追征期可以延长到5年。对偷税、抗税、骗税的，税务机关追征其未缴或者少缴的税款、滞纳金或者所骗取的税款，不受前款规定期限的限制。"根据权利和义务对等的原则，可以将追补确认期限确定为5年。此外，根据《国家税务总局关于发布〈企业资产损失税前扣除管理办法〉的公告》（税务总局公告〔2011〕25号）第六条规定，企业以前年度未扣除的资产损失也可以追补确认，其追补确认期限也不得超过5年。未扣除的税费与未扣除的资产损失性质相同，因此，两项政策应当保持一致，追补确认期限均不得超过5年。

好了，看完解读，我们发现了一个关键词"结算缴纳税款之日"，根据《企业所得税法》第五十四条：企业应当自年度终了之日起5个月内，向税务机关报送年度企业所得税纳税申报表，并汇算清缴，结清应缴应退税款。即2020年企业所得税的结算缴纳税款最迟日期为2021年5月31日，往后算5年，即2026年5月31日之前取得发票均可以重新更正申报2020年企业所得税汇算清缴纳税申报表后重新申报，由于2020年申报表变更，很可能导致此后年度相应的变更，是个不小的工作量。

> 《辽宁省大连市国家税务局关于明确企业所得税若干业务问题的通知》（大国税函〔2009〕37号）关于企业成本费用已经实际发生但未取得合法凭证问题规定：
>
> 企业在年度终了时已经实际发生的成本费用，在汇算清缴期内仍未取得合法凭证的，在计算企业所得税时不允许税前扣除，企业应在取得合法凭证年度扣除。已经享受税收优惠政策的，应按配比原则和减免税比例计算，不再按取得合法凭证的企业所得税纳税年度税前扣除执行。

举个例子：2009年未取得合法凭证支出100万元，调增后应纳税所得额500万元，税率25%，缴税125万元；2010年应纳税所得额500万元，缴税125万元；2011年取得上述合法凭证，就不用再调整2009年和2010年企业所得税年度汇算清缴申报表，直接在 2011 年做纳税调减，这样简便易行，减少了税务机关与纳税人的调整成本。

但是，如果 2009 年企业为高新技术企业，适用税率 15%，2011 年已被取消高新技术企业资格，这种情况下就必须追溯到 2009 年，退税 15 万元，而不能在 2011 年作纳税调减，退税或抵税 25 万元。

🔍 检索备注

能否以开具发票为付款前提？

1.《重庆市环发建设工程有限责任公司　周宁建设工程施工合同纠纷案》〔（2018）最高法民申 1516 号〕

争议焦点：在没有特别约定的情况下，付款方能否以开具发票作为付款前提？

裁判意见：最高人民法院认为，重庆市环发建设公司（以下简称"环发建设公司"）主张周宁未提供足额发票，应承担差额部分 25% 的企业所得税，该款项应作为环发建设公司的已付款予以扣除。本院认为，支付工程款义务与开具发票义务是两种不同性质的义务。一般而言，在没有特别约定的情况下工程款给付是先履行义务，双方在合同中并未明确约定工程款的给付需以开具发票为前提，环发建设公司不能因周宁未出具发票而拒付工程款。此外，环发建设公司在一审中既无具体金额主张，也未提供相应证据予以证明；在二审中亦未对此提起上诉，且周宁开具发票需承担的税率亦非环发建设公司的经营税率。环发建设公司根据二审认定的工程造价申请再审，并据以推定周宁未提供足额成本发票的具体金额，缺乏事实和法律依据，该项再审申请事由不能成立。

2. 案号：（2017）苏 0106 民初 10459 号（审理法院：江苏省南京市鼓楼区人民法院）

法院认为：关于在美扬公司未开具发票的情况下，博西公司应否支付服务费的问题。根据案涉合同约定及双方确认的交易惯例，博西公司在收到美扬公司开具的发票 45 天内支付费用。《中华人民共和国合同法》规定，当事人互负债务，有先后履行顺序，先履行一方未履行的，后履行一方有权拒绝其履行要求。此即先履行抗辩权，先履行抗辩权是对负有在先履行义务一方违约行为的抗辩，此抗辩得以成立的前提条件之一为双方互负债务，"互负债务"系指基于同一双务合同而产生的对待给付，即双方的义务须具有对价性。本案中，具有对价性的主合同义务为美扬公司提供广告服务、博西公司支付费用。而依《中华人民共和国合同法》相关规定，开具增值税专用发票属于美扬公司的从义务，虽根据双方交易惯例，美扬公司开具发票后博西公司再付款，但因该义务属从合同义务，与博西公司支付服务费用的主合同义务不具有对价性，且美扬公司开具增值税专用发票是我国税法规定的其应履行的法定义务，是否先开具发票不影响博西公司合同目的的实现，并且美扬公司已就广告服务履行完毕，博西公司应支付相应费用。因此，博西公司无权以未开具发票为由拒付服务费。

但是也有相反的判例，比如案号（2016）苏 06 民终 4137 号（审理法院：南通市中级人民法院），法院认为：虽然百信公司开具增值税发票是基于交付货物后产生的从给付义务，与乾钟公司支付货款的义务不具有对价性，但双方在合同中明确约定以百信公司开具增值税发票作为乾钟公司付清剩余货款的前提条件，应从其约定。故在百信公司未开票时，乾钟公司有权不支付货款。

综上建议纳税人，有的法院会从合同是双方真实意思表示的角度，主张买方享有先履行抗辩权，支持买方不予支付货款。有的法院会从双方交易惯例、不安抗辩权、合同义务的对价性、合同目的、附条件的民事行为等角度认定买方应当支付卖方货款。

从买受人的角度考虑，将先开票后付款的条件写入合同，并且在合同的实际履行过程中，坚持先开票后付款的原则，以防给出卖人找出交易习惯改变合同约定的抗辩理由。

从出卖人的角度考虑，保留好双方开票与付款的相关证据，开票后及时将相应的发票交付给买受人，并留下相关证据，防止买受人主张未收到相应发票从而拒付货款。同时，将发票送给买受人后应当及时催促支付货款。

另根据《中华人民共和国合同法》第一百三十六条之规定，出卖人应当按照约定或者交易习惯向买受人交付相关资料。因此，在买卖合同中，交易习惯也是不可忽视的一部分。通过对买卖双方长期多次交易的分析归纳得出的交易惯例也可以视为对约定的变更。

▶▶ 前脚搞核定，后脚就查账

关键字：重新鉴定

案例

有一家有限责任公司是核定征收企业所得税的，采用核定征收的原因是成本构成复杂而导致无法核算。因此和税务机关达成了按查实收入额的10%核定应税所得率，按此核定征收。核定了几年，在2015年的时候，由于公司业务拓展，会计收入为720万元，但账面会计利润额增加200万元。2016年5月31日，企业汇算清缴时，财务咨询了几名税务专管员，个别专管员认为企业账册很健全了，应该按会计利润额的25%来计算应纳税额50万元。但该公司按720万元乘以应税所得率10%再乘25%，在平时已预缴了18万元，所以该公司补缴32万元企业所得税；也有专管员认为仍应维持核定征收方式，那么谁的看法正确呢？

解析：《国家税务总局关于印发企业所得税核定征收办法（试行）的通知》（国税发〔2008〕30号）第十一条：税务机关应在每年6月底前对上年度实行核定征收企业所得税的纳税人进行重新鉴定。重新鉴定工作完成前，纳税人可暂按上年度的核定征收方式预缴企业所得税；重新鉴定工作完成后，按重新鉴定的结果进行调整。

看重新鉴定这四个字，什么叫"重新"，就本例而言，是指2015年维持核定征收企业所得税的方式，但是对于2016年是否仍维持核定征收企业所得税方式需要重新作出鉴定。假设在2016年5月进行了重新鉴定，则2016年第一季度企业所得税由于鉴定结果还未出来，企业仍按此前的核定征收方式预缴企业所得税，但由于是6月底前的4月份2016年度所得税需要预缴了，所以在2016年鉴定到底是查账还是核定没出来前，第一季度预缴仍按核定计征，2016年鉴定结果出来后再进行调整。千万不要理解为对 2015 年已经按核定方式征收企业所得税推倒重来！

税法属于行政法，行政法有个原则叫信赖保护原则，是指行政管理相对人对行政权力的正当合理信赖应当予以保护，行政机关不得擅自改变已生效的行政行为，确需改变行政行为的，对于由此给相对人造成的损失应当给予补偿。

既然纳税人有合理理由相信税务机关已经对 2015 年的企业所得税征收方式明确为核定征收方式，则税务机关理应维持上述鉴定，否则前令后改，怎么能令行政通呢。

为了落实上述原则，我们来看看其他省市税务局的后续管理税收规范性文件。

《新疆维吾尔自治区地方税务局关于发布企业所得税核定征收操作规程的公告》（新疆维吾尔自治区地方税务局公告 2013 年第 5 号）：实行核定征收方式的纳税人通过改进财务管理，建立健全账簿，规范财务核算，能够正确计算盈亏，依法办理纳税申报的，可在次年申请变更征收方式，按上述程序进行处理。若经主管税务机关核实认定，仍未达到查账征收标准的，继续实行核定征收企业所得税的征收方式。纳税人在未接到变更通知以前，仍按原核定方式缴纳企业所得税。

《北京市地方税务局关于修改企业所得税核定征收鉴定操作规程的公告》（北京市地方税务局公告 2013 年第 2 号）：税务机关应在每年 6 月底前完成对核定征收企业所得税纳税人的鉴定工作。鉴定对象包括：对上年度按核定征收方式缴纳企业所得税的纳税人进行重新鉴定；税务机关在征收管理中发现的应按核定征收方式缴纳企业所得税的其他纳税人。核定征收鉴定工作的开始时间可由各区县局、分局根据实际情况自行确定。

▶▶ 本不需申报，卿奈何要报

关键词：开始计算损益

案例

我公司系在某直辖市成立的公司，前期需要进行漫长的基建工程，耗时数年。一直以来，我公司均办理企业所得税零申报，相应的开办费也计入管理费用之中。现在我公司2020年预计对外经营，但是出现严重问题，即5年前的计入管理费用的亏损不能在企业所得税前弥补了。

解析：我们先来看会计的规定，从 2007 年 1 月 1 日开始，新会计准则体系（以下简称"新准则"）在我国的上市公司执行，许多企业执行了"新准则"。"新准则"对开办费的会计处理相对于行业会计制度、企业会计制度而言，发生了一定的变化。

从《企业会计准则——应用指南》附录——《会计科目与主要账务处理》"财会〔2006〕18 号"中关于"管理费用"会计科目的核算内容与主要账务处理可以看出，开办费的会计处理有以下特点：

（1）改变过去将开办费作为资产处理的作法。开办费不再是"长期待摊费用"或"递延资产"，而是直接将其费用化。

（2）新的资产负债表没有反映"开办费"的项目，也就是说不再披露"开办费"信息。

（3）明确规定，开办费在"管理费用"会计科目核算。

（4）统一"开办费"的核算范围，即"开办费"包括筹办人员职工薪酬、办公费、培训费、差旅费、印刷费、注册登记费以及不计入固定资产成本的借款费用等。

（5）规范开办费的账务处理程序，即"开办费"首先在"管理费用"科目核算，然后计入当期损益，不再按照摊销处理。

那么该公司在每年的会计处理上，除了固定资产外，其他发生的开办费均计入了"管理费用"科目，并将"管理费用"计入利润表，每年进行企业所得税的汇算清缴。

目前，对于筹办期的起始与截止时间税法尚不明确，我们这里引用《国家税务总局关于纳税人认定或登记为一般纳税人前进项税额抵扣问题的公告》（国家税务总局公告2015年第59号）的解读：新设立的企业，从办理税务登记，到开始生产经营，往往要经过一定的筹建期，进行基础建设、购买办公和生产设备、建账建制、招聘员工、联系进销渠道等。

从上述文件而论，税务总局认为筹建期系从办理税务登记起，到生产经营止。由于上述仅是解读，具体建议纳税人和主管税务机关进行沟通。

> 无锡国税解答企业所得税的23个疑难问题之一——关于外商投资企业经营期重新计算的问题。
>
> 答：根据《中华人民共和国外商投资企业和外国企业所得税法实施细则》第七十四条规定，经营期，是指从外商投资企业实际开始生产、经营（包括试生产、试营业）之日起至企业终止生产、经营之日止的期间。
>
> 第四十九条规定，企业在筹办期发生的费用，应当从开始生产、经营月份的次月起，分期摊销；摊销期限不得少于五年。
>
> 前款所说的筹办期，是指从企业被批准筹办之日起至开始生产、经营（包括试生产、试营业）之日止的期间。
>
> 2008年前，外商投资企业所得税税收管理的经营期和筹办期紧密相连。企业如对筹办期的结束时间、计算经营期的起始时间存在异议，可向税务机关提供真实合法有效的证据，证明实际开始生产、经营（包括试生产、试营业）的时间，税务机关应综合企业的相应证明材料重新计算经营期，同时按照《税收征管法》的相关规定作出相应的税务处理。

我们再来看企业所得税的规定。《国家税务总局关于贯彻落实企业所得税法若干税收问题的通知》（国税函〔2010〕79号）规定，企业自开始生产经营的年度，为开始计算企业损益的年度。企业从事生产经营之前进行筹办活动期间发生筹办费用支出，不得计算为当期的亏损，应按照《国家税务总局关于企业所得税若干税务事项衔接问题的通知》（国税函〔2009〕98号）第九条规定执行。

请注意，企业会计上无论如何处理，赚也好，亏也罢，发生的筹办费支出，不得计算为当期的亏损。既然不是亏损，更不是盈利，也就没有利润表一说；没有利润表，自然也就没有应纳税所得额，也即筹办期不需要办理企业所得税汇算清缴，而企业办理企业所得税零申报，就导致连续出现超过五年的亏损，以后取得所得时不能再弥补。

正确的处理应当是《国家税务总局关于企业所得税若干税务事项衔接问题的通知》（国税函〔2009〕98号）规定动作，即新税法中开（筹）办费未明确列作长期待摊费用，企业可以在开始经营之日的当年一次性扣除，也可以按照新税法有关长期待摊费用的处理规定处理，但一经选定，不得改变。

《企业所得税法实施条例》第七十条，《企业所得税法》第十三条第（四）项所称其他应当作为长期待摊费用的支出，自支出发生月份的次月起，分期摊销，摊销年限不得低于3年。

例如：ABC公司股东2014年5月1日签署协议，筹办一家加工企业。2014年9月开始建厂，同年11月取得法人营业执照；2016年4月，厂房全部建造完毕，正式开始生产销售。从2014年5月1日至2016年3月期间发生人员工资、办公费、培训费、差旅费、印刷费、注册登记费等共计600万元整。假设该企业未来所得税税率保持25%不变，2016—2018年每年实现的税前会计利润为1 000万元（无其他纳税调整事项）。

1. ABC公司开办费的界定

根据上文论述可知，ABC公司筹建期是从2014年5月1日至2016年3月31日。开办费用是在上述期间发生的人员工资、办公费、培训费、差旅费、印刷费、注册登记费等共计600万元整。

2. ABC公司开办费的会计处理

按会计准则规定，ABC股份有限公司发生上述开办费用时，会计分录如下：

借：管理费用——开办费   6 000 000

    贷：银行存款等   6 000 000

3. 对开办费的税务处理

①选择一次性扣除方式，则ABC股份有限公司2016年所得额为1 000 − 600 ＝

400 万元，缴纳企业所得税 100 万元（400×25%）。2017 — 2018 年共计缴纳企业所得税 500 万元（1 000×25%×2），三年共计缴纳企业所得税 600 万元。

②若选择按三年摊销，则 2016 年所得额为 800 万元，2017 年所得额为 800 万元，2018 年所得额为 800 万元，三年共计缴纳企业所得税 600 万元（800×25%×3）。

★后续关注：筹办费中招待费用处理规定

《国家税务总局关于企业所得税应纳税所得额若干税务处理问题的公告》（国家税务总局公告 2012 年第 15 号）规定，企业在筹建期间，发生的与筹办活动有关的业务招待费支出，可按实际发生额的 60% 计入企业筹办费，并按有关规定在税前扣除；发生的广告费和业务宣传费，可按实际发生额计入企业筹办费，并按有关规定（国税函〔2009〕98 号第九条）在税前扣除。

甲公司从 2016 年 3 月份开始筹建，2016 年度无营业收入。2017 年 1 月 10 日开始进行营业。2016 年度发生开办费 100 万元，其中包括业务招待费 10 万元。广告与业务宣传费 20 万元，甲公司执行的是《企业会计准则》，开办费全部于发生时计入了"管理费用"。2017 年度无开办费发生。

甲公司 2016 年度发生的开办费中包括 10 万元业务招待费，只能有 6 万元计入"长期待摊费用——开办费"的计税基础，因此"长期待摊费用——开办费"的计税基础为 96 万元。该 96 万元可以一次性或在不短于 3 年的期限内且在 2017 年后的企业所得税所得额中予以扣除。

▶▶ 存货是不是财产，惯例税法不同版

关键词：财产＋存货

案例

某企业购进一批存货价款100万元，于当年对外销售只卖了80万元，则上述存货亏损20万元是否属于资产损失？若属于资产损失，需要填报《资产损失税前扣除及纳税调整明细表》（a105090）及相应主表在企业所得税年度汇算清缴时扣除。

先看法律条文的规定：

《企业所得税法实施条例》第三十二条：《企业所得税法》第八条所称损失，是指企业在生产经营活动中发生的固定资产和存货的盘亏、毁损、报废损失，转让财产损失，呆账损失，坏账损失，自然灾害等不可抗力因素造成的损失以及其他损失。

第十四条：销售货物收入，是指企业销售商品、产品、原材料、包装物、低值易耗品以及其他存货取得的收入。

第十六条：转让财产收入，是指企业转让固定资产、生物资产、无形资产、股权、债权等财产取得的收入。

认真对比一下，第十四条和第十六条是并列关系，因此企业所得税上的货物指的是存货，而财产指的是固定资产、生物资产、无形资产、股权、债权等非存货。

因此，销售存货产生的负毛利不属于转让财产，而存货的损失只有盘亏、毁损、报废损失。用排除法，显然销售存货产生的负毛利就不是财产损失，不需要填报

《资产损失税前扣除及纳税调整明细表》。

我们来引用一个文件作为论据——《河北省国家税务局关于企业所得税若干政策问题的公告》（河北省国家税务局公告 2014 年第 5 号）第十九条：

> 企业正常销售的产品因市场价格波动造成售价低于成本的差额是否应作为资产损失进行清单申报问题？
>
> 根据《实施条例》第三十二条规定，损失是指企业在生产经营活动中发生的固定资产和存货的盘亏、毁损、报废损失，转让财产损失，呆账损失，坏账损失，自然灾害等不可抗力因素造成的损失及其他损失。企业正常销售的产品因市场价格波动造成的售价低于成本的差额，不属于《实施条例》第三十二条规定的损失，因此不需进行清单申报。

对于纳税人而言，存货销售负毛利就少去了很多准备资产损失税前扣除的材料准备，税会没有差异，不需要做任何调整，工作量大大减轻。

►► 亏损可弥补（权责发生制），亏损不递延（收付实现制）

关键词：不能结转 + 缴付

案例

> 某企业2020年6月份扣缴了员工本来应当在2019年就扣缴的企业年金，问这批归属于2019年的年金是放到2019年度的扣除项目进行汇算清缴，还是放到2020年6月份综合所得中预扣预缴？

先看法律条文的规定：

《中华人民共和国个人所得税法》第六条规定，应纳税所得额的计算：（一）居民个人的综合所得，以每一纳税年度的收入额减除费用六万元以及专项扣除、专项附加扣除和依法确定的其他扣除后的余额，为应纳税所得额。

《中华人民共和国个人所得税法实施条例》第十三条 《个人所得税法》第六条第一款第一项所称依法确定的其他扣除，包括个人缴付符合国家规定的企业年金、职业年金，个人购买符合国家规定的商业健康保险、税收递延型商业养老保险的支出，以及国务院规定可以扣除的其他项目。专项扣除、专项附加扣除和依法确定的其他扣除，以居民个人一个纳税年度的应纳税所得额为限额；一个纳税年度扣除不完的，不结转以后年度扣除。

注意看"一个纳税年度扣除不完的，不结转以后年度扣除"，我们再来比较《企业所得税法》第十八条，企业纳税年度发生的亏损，准予向以后年度结转，用以后年度的所得弥补，但结转年限最长不得超过五年。

可见，个人所得税扣除项目扣不完的，是不结转以后年度扣除，而企业所得税的"负所得"即亏损，是可以结转以后年度扣除的。之所以这么规定，是因为《企业所得税法实施条例》第九条规定，企业应纳税所得额的计算，以权责发生制为原则，属于当期的收入和费用，不论款项是否收付，均作为当期的收入和费用；不属于当期的收入和费用，即使款项已经在当期收付，均不作为当期的收入和费用。本条例和国务院财政、税务主管部门另有规定的除外。

由于权责发生制的存在，对于年金而言，企业年金所需费用由企业和职工个人共同缴纳。企业缴纳的部分应当在 2019 年作出会计处理，但由于没有缴纳，所以需要做企业所得税纳税调增。在 2020 年 6 月份实际缴纳后，《企业所得税应纳税所得额若干税务处理问题公告》（国家税务总局公告 2012 年第 15 号）规定：根据《税收征管法》的有关规定，对企业发现以前年度实际发生的、按照税收规定应在企业所得税前扣除而未扣除或者少扣除的支出，企业做出专项申报及说明后，准予追补至该项目发生年度计算扣除，但追补确认期限不得超过 5 年。即权责发生制要求追溯 2019 年的所得额，重新作出更正申报。

但是个人所得税不一样，2019 年企业未从员工工资薪金中扣缴员工缴纳年金部分，则不能扣除上述年金部分，而到了 2019 年 12 月 31 日后，居民个人综合所得年度已经结束，就该年度的综合所得在 2020 年 6 月 30 日之前进行汇算清缴，多退少补。

2020 年 6 月扣除员工 2019 年年金缴费部分，则放到员工 2020 年的综合所得之中，即支付采取的是收付实现制原则，在哪一年支付，无论所属期为何期，均在支付年度作为扣除项目处理，而这也就是扣除不完的，不结转以后年度扣除的深意。

另外，根据《中华人民共和国个人所得税法实施条例》第十三条，《个人所得税法》第六条第一款第一项所称依法确定的其他扣除，包括个人缴付符合国家规定的企业年金、职业年金。

注意：这里用的是"缴付"，本质上就是收付实现制的概念。

但是不能得出结论，个人所得税全部是收付实现制的概念，查账征收的个体工商户生产经营所得基本就是权责发生制的概念。

▶▶ 我组织我代扣？未代扣你来收

关键词：赠送

"一元购"是把一件商品平分成若干"等份"出售，其中每份1元，所有等份加起来的价值大于等于当前物品的价值（一般都是所有等份与物品价值相符合）。当一件商品所有"等份"售出后进行抽奖，幸运者即可获得此商品。"一元购"是一种新型互联网产品，将购物与娱乐相结合，所以又叫"一元云购"，它是把商品分成若干等份来卖，一份1元，然后，从中抽取一名幸运者最终获得该商品，所以，也就是你支付1元，就有机会得到一个高价值的商品，这是一种新的营销方式。目前来看效果非常好，因为降低了消费门槛，人人都愿意试试运气。所以，目前一元购平台都非常火爆。现在很多商家和企业也在引入这种1元购模式，进行吸粉、引流。"一元购"交易模式，简单来说就是"看中产品→1元购买→等待中奖"的过程。

某商家举办了"一元购"活动，本案例不考虑增值税因素，比如一件商品标价100元，参与者100人，每人支付1元，尔后商家组织抽奖，由其中一人取得上述商品，则取得商品的此人以1元的价格取得高达100元的商品，是否要扣缴个人所得税引起了主管税务机关内部的争议，是否要求该企业代扣代缴个人所得税19.8元（99元×20%）？

先看法律条文的规定：

《财政部 国家税务总局关于企业促销展业赠送礼品有关个人所得税问题的通知》（财税〔2011〕50号）……二、企业向个人赠送礼品，属于下列情形之一的，取得该项所得的个人应依法缴纳个人所得税，税款由赠送礼品的企业代扣代缴：

（1）企业在业务宣传、广告等活动中，随机向本单位以外的个人赠送礼品，对个人取得的礼品所得，按照"其他所得"项目，全额适用20%的税率缴纳个人所得税。

（2）企业在年会、座谈会、庆典以及其他活动中向本单位以外的个人赠送礼品，对个人取得的礼品所得，按照"其他所得"项目，全额适用20%的税率缴纳个人所得税。

新《个人所得税法》实施后，上述条款作废，但后续的《财政部 税务总局关于个人取得有关收入适用个人所得税应税所得项目的公告》（财政部 国家税务总局公告2019年第74号）规定：企业在业务宣传、广告等活动中，随机向本单位以外的个人赠送礼品（包括网络红包，下同），以及企业在年会、座谈会、庆典以及其他活动中向本单位以外的个人赠送礼品，个人取得的礼品收入，按照"偶然所得"项目计算缴纳个人所得税，但企业赠送的具有价格折扣或折让性质的消费券、代金券、抵用券、优惠券等礼品除外。

可以发现，只是换了个税目而已，由其他所得改为偶然所得，之所以这么规定，是因为《个人所得税法》已经废除了"其他所得"税目。

这里我们就要识别一个关键字"赠送"，上述文件明确的是企业向本单位以外的个人赠送，赠送方是本单位，受赠的是在各种活动中的本单位以外的个人，那么本案例中赠送人是谁呢？

幸运儿掏了1元，获得了100元，获赠99元，99元是谁的？其实是另99个参加活动的人，而并不是商家，商家只不过采用了这一营销模式，利用人的消费心理来推广的。换种思路来讲，其实就是商家说，这个商品值100块，但你们100人每人手里只有1块，任何人都无法凭自有资金实现购买该商品的愿望，那么这样吧，你们100人自己把100块钱凑到一起来，从中抽出幸运儿，由此幸运儿拿抽奖得到的99元加上自己的1元来购买商家的这一商品，因此99元的循环渠道是这样的，99个人的99元→抽奖后赠送给了1个人→1个人持自有的1元和受赠的99元去购买商家的100元。

既然商家没有赠送这99元，商家就不会是这笔所得的个人所得税扣缴义务人，当然不存在扣缴个人所得税的义务呢。

梳理了本质之后，可能有朋友疑惑，这个幸运儿确实获赠99元，难道就不用交纳个人所得税了吗？

答案：是的。

《国家税务总局关于加强网络红包个人所得税征收管理的通知》（税总函〔2015〕409号）规定，个人之间派发的现金网络红包，不属于《个人所得税法》规定的应税所得，不征收个人所得税。

之所以如上述规定，原因在于个人之间的现金赠送在税收征管上是不可控的，如果对网络现金红包征税，主要问题有两个：一是税务机关如何去寻找扣缴义务人，因为网络平台只是组织者，并不是赠送红包的扣缴义务人，这么庞大的发红包的个人群体是无法管理的；二是如果强行征管，也就没有人在网络平台上发红包了，私下掏出现金送人，如何征管呢？有谁见过大街上行善之人向行乞之人给钱时扣下20%的个人所得税的？

▶▶ 谁言津贴费，就是福利费

关键字：补贴

案例

　　企业工作人员出差，所发放的差旅费津贴性质是什么？账务如何处理？税收又如何处理？是一个剪不断理还乱的问题。

先看法律法规的条文：

今天换个思路，差旅费不仅企业有，国家机关同样有，性质内容都是一样的，既然我们没有一个关于企业差旅费权威的文件，我们通过"他山之石"引用国家机关关于差旅费的规定，来寻找答案。

> 《财政部关于印发中央和国家机关差旅费管理办法的通知》（财行〔2013〕531号）第三条：差旅费是指工作人员临时到常驻地以外地区公务出差所发生的城市间交通费、住宿费、伙食补助费和市内交通费。
>
> 第六条　城市间交通费是指工作人员因公到常驻地以外地区出差乘坐火车、轮船、飞机等交通工具所发生的费用。
>
> 第十一条　住宿费是指工作人员因公出差期间入住宾馆（包括饭店、招待所，下同）发生的房租费用。
>
> 第十五条　伙食补助费是指对工作人员在因公出差期间给予的伙食补助费用。
>
> 第十六条　伙食补助费按出差自然（日历）天数计算，按规定标准包干使用。
>
> 第十九条　市内交通费是指工作人员因公出差期间发生的市内交通费用。
>
> 第二十条　市内交通费按出差自然（日历）天数计算，每人每天80元包干使用。

可见，城市间交通费、住宿费、伙食补助费、市内交通费均属于差旅费的范畴，在会计处理时，根据差旅费报销人员性质不一样，按照会计原则，实务中的差旅费报销主要计入"管理费用——差旅费"和"销售费用——差旅费"两个会计科目。

可见，上述四项费用均是企业正常发生的期间费用，不属于职工工资薪酬的一部分。不需要通过"应付职工薪酬"科目来核算，那么对于相应的原始凭证又是如何要求的呢？

> 第二十三条 城市间交通费按乘坐交通工具的等级凭据报销，订票费、经批准发生的签转或退票费、交通意外保险费凭据报销。住宿费在标准限额之内凭发票据实报销。伙食补助费按出差目的地的标准报销，在途期间的伙食补助费按当天最后到达目的地的标准报销。市内交通费按规定标准报销。
>
> 第二十四条 工作人员出差结束后应当及时办理报销手续。差旅费报销时应当提供出差审批单、机票、车票、住宿费发票等凭证。
>
> 第二十五条 财务部门应当严格按规定审核差旅费开支，对未经批准出差以及超范围、超标准开支的费用不予报销。实际发生住宿而无住宿费发票的，不得报销住宿费以及城市间交通费、伙食补助费和市内交通费。

可见，差旅费包含的城市间交通费，住宿费需凭发票报销，但伙食补助费和市内交通费以补贴方式在标准限额内报销，是不需要发票的，也是因为不需要发票，自制收据发放给职工，所以有了称之为"差旅费津贴"这个耳熟能详的名词，这个名词极易和个人取得的工资、奖金、津贴、补贴等同起来，从而产生歧义。其实此补贴非彼补贴啊。

现在回到税收层面追本溯源，根据《国家税务总局关于印发征收个人所得税若干问题的规定的通知》（国税发〔1994〕089号）规定，下列不属于工资、薪金性质的补贴、津贴或者不属于纳税人本人工资、薪金所得项目的收入，不征税：差旅费津贴和误餐补助。一个津贴，一个补助，发放到个人名下，不需要发票，但均不是工资，本质上是差旅费，企业所得税可以税前扣除，不涉及个人所得税。

由于不需要发票，自制收据即可，那么差旅费津贴的标准如何定呢？《财政部关于印发中央和国家机关差旅费管理办法的通知》（财行〔2013〕531号）第五条，财政部按照分地区、分级别、分项目的原则制定差旅费标准，并根据经济社会发展水平、市场价格及消费水平变动情况适时调整。

中央和国家机关包括各级地方政府部门毫无疑问是会制定标准来严格执行预算的，纵然如此，也没有说天下机关全一样，还得考虑地区差异、项目差异等。

但是企业不一样，企业没有行之四海而皆准的统一标准，一般每家企业根据自己内控制度的安排来确定差旅费中的不需要发票的项目，诸如餐费补助、市内交通补助的标准，但这些标准是否得到税务机关的认可，目前看来有两种征管方式：

一种是税务机关制定统一的标准，比如《广西壮族自治区地方税务局关于差旅费个人所得税税前扣除限额的公告》（广西壮族自治区地方税务局公告 2014 年第 6 号），对于除上述国家机关和事业单位以外的其他单位的出差人员，其差旅费的税前扣除限额按以下规定办理：

> （一）差旅费实行实报实销办法的（指除伙食补助费外，差旅费中的城市间交通费、住宿费和市内交通费等费用实行实报实销办法）出差人员取得的出差补助在以下限额内免征个人所得税：区内出差的每人每天 100 元、区外出差的每人每天 120 元；
>
> （二）差旅费实行包干使用办法的（指差旅费中的住宿费和伙食补助费实行包干使用办法），出差人员在凭合法票据扣除实际发生的城市间交通费和市内交通费后，取得的出差补助在以下限额内免征个人所得税：区内出差的每人每天 430 元、区外出差的每人每天 470 元。

这样理解，比如按实报实销办法，销售部张经理区内出差 10 天，单位按每人每天 150 元发放，共计发放 1 500 元差旅费津贴，其他住宿费、交通费 3 000 元实报实销，不考虑增值税因素。

借：销售费用　　　　　　　　　　　　　　　　　　　　　　4 500

　　贷：银行存款　　　　　　　　　　　　　　　　　　　　　4 500

①但是在税收处理上，实际上处理为两部分，一部分 4000 元。

借：销售费用　　　　　　　　　　　　　　　　　　　　　　4 000

　　贷：银行存款　　　　　　　　　　　　　　　　　　　　　4 000

②另一部分：不属于个人工资薪金所得，在企业所得税税前扣除。

借：销售费用　　　　　　　　　　　　　　　　　　　　　　500

  贷：银行存款   500

  这部分理解为发放的工资薪金，500元计入张经理的年度综合所得预扣预缴，次年6月30日前汇算清缴，企业所得税作为合理的工资薪金所得在税前扣除。

  但是这样做也有不妥之处，比如没有考虑物价因素，没有考虑人员因素，毕竟总经理级别和普通职员级别的出差补助不一样的现象在私企比比皆是。

  所以就有一些税务机关采取了尊重实际的做法，比如，《新疆维吾尔自治区地方税务局关于做好2009年度企业所得税汇算清缴工作的通知》（新地税发〔2010〕82号）规定，企业的差旅费支出，按照以下原则进行所得税处理：企业制订了较为规范的差旅费报销、包干和补助办法（包括对不同职级的职工采取不同的报销、包干和补助标准）；费用标准符合行业及区域经济状况和消费水平；有关费用支出管理办法不以减少或逃避税款为目的。企业应将差旅费补贴或包干办法报主管税务机关备案，按照管理办法规定发生的差旅费报销、包干和补贴作为经营管理费用在所得税前扣除。由于《企业所得税法》和政策规定未对企业差旅费支出做法定扣除限额标准，此项支出应主要靠企业内部控制以及市场决定。从2010年起，各地不得再制定或执行企业差旅费支出税前扣除的限额标准。

  再比如2016年2月19日当天上午，当时的北京市地方税务局个人所得税管理处做客TAX861网站在线访谈活动。活动主题就是"为您做好个人所得税纳税申报服务"。

  网友Liang问：每年国家机关差旅费标准逐年上调，广州地税根据《关于调整中央和国家机关差旅住宿费标准等有关问题的通知》和当地情况每年发文上调国家机关、企事业单位统一的免税标准，2014年为100元/天。大连市也专门有文件规定，只要是执行纳税人所在单位的董事会决议（或内部管理方案）规定的标准，标准内津贴不并入个人工资薪金所得征收个人所得税。而北京还停留在近20年前的"京地税个〔1998〕41号文"的规定，外埠差旅费津贴一般地区20元/天，特殊地区30元/天。未来北京会跟上时代出具新的免税标准的文件吗？

  北京地税局个人所得税管理处付春江：根据《国家税务总局关于印发〈征收个人所得税若干问题的规定〉的通知》（国税发〔1994〕89号）文件规定，差旅费津贴不属于纳税人本人工资、薪金所得项目的收入，不征税。对于差旅费补贴的标准，由财政部门研究制定并适时更新，扣缴单位扣缴个人所得税时可按财政文件规定执行。

检索备注 1：交通、通信补贴

《国家税务总局关于个人所得税有关政策问题的通知》（国税发〔1999〕58号）规定，个人因公务用车和通信制度改革而取得的公务用车、通信补贴收入，扣除一定标准的公务费用后，按照"工资、薪金"所得项目计征个人所得税。按月发放的，并入当月"工资、薪金"所得计征个人所得税；不按月发放的，分解到所属月份并与该月份"工资、薪金"所得合并后计征个人所得税。

公务费用的扣除标准，由省税务局根据纳税人公务交通、通信费用的实际发生情况调查测算，报经省级人民政府批准后确定，并报国家税务总局备案。

其实公务用车、通信费用是企业的正常费用，但随着公务用车改革以及手机等移动通信设备的普及运用，企业员工使用私家车、个人手机为企业办理公事，难以取得合法有效的发票因素。比如，个人使用自己的手机为公司接洽业务、谈判交流，而通信公司开具的发票抬头不可能是企业自身。

有鉴于此，对于上述企业支付的通信补贴、用车补贴本质上仍然是不属于个人所得税的工资薪金性质补贴，但由于实际当中公私不分现象较为普及，因此"国税发〔1999〕58号"要求各省规定公务费用标准，也即公务费用标准内的不属于工资薪金，企业所得税正常扣除，公务费用标准范围外的部分则相当于单位发放的工资薪金，须并入个人的综合所得计算扣缴个人所得税。

我们引用几个地方文件给观众作为参考。

《贵州省税务局关于个人取得公务用车补贴收入有关个人所得税问题的公告》（贵州省税务局公告2019年第19号）规定：

（一）机关、事业单位个人因公务用车制度改革而取得的公务用车补贴收入，对不超过《贵州省机关公务用车制度改革总体方案》规定的相应级别标准的部分，可在计算个人所得税前予以扣除。

（二）国有及国有参股企业按照公务用车制度改革管理部门批准，并由企业主管部门（或企业出资人职责机构）核准的标准和范围发放给个人的公务用车补贴收入，可在计算工资、薪金所得个人所得税前予以扣除。

《西藏自治区人民政府关于贯彻个人所得税法的通知》（藏政发〔2018〕38号）关于公务交通和通讯补贴扣除标准规定如下：

> 个人取得的交通、通信补贴收入，扣除一定标准的公务费用后，按照"工资、薪金"所得项目计征个人所得税。公务费用限额扣除标准如下：公务交通补贴每人每月4 000元，公务通信补贴每人每月1 000元。
>
> 个人取得公务用车补贴、通信补贴在上述限额标准之内的，缴纳个人所得税时据实扣除，超过限额部分按规定计征个人所得税。

《广西壮族自治区税务局关于公务交通补贴个人所得税有关问题的公告》（广西壮族自治区税务局公告2018年第12号）规定：

> 我区公务人员按公务交通补贴规定取得的公务用车制度改革补贴收入，即：厅级每人每月1 950元，处级每人每月1 200元，科级每人每月750元，科员及以下每人每月650元的标准，允许在计算个人所得税税前全额扣除，超出规定标准部分按照"工资、薪金"所得项目计征个人所得税。
>
> 我区各级各类事业单位所有原符合公务用车配备相关规定的岗位和人员，按照《自治区本级事业单位公务用车制度改革实施方案》的规定取得的公务用车制度改革补贴收入，无论是以现金形式，还是以报销方式取得的公务交通补贴收入，参照公务人员的标准允许在计算个人所得税税前全额扣除，超出规定标准部分按照"工资、薪金"所得项目计征个人所得税。
>
> 对企业职工公务用车费用扣除标准划分为高级管理人员和其他人员两档处理，具体为：
>
> （一）高级管理人员每人每月1 950元；
>
> （二）其他人员每人每月1 200元。
>
> 企业在制定公务用车制度改革方案中，应明确本企业高级管理人员和其他人员的范围。本公告所称"高级管理人员"，是指根据《中华人民共和国公司法》或其他法律法规的相关规定，在本级企业或社会组织中担任高管职务的人员。具体包括：公司的经理、副经理、财务负责人，上市公司董事会秘书和公司章程规定的其他人员。

> 本公告所称"其他人员"，是指除高级管理人员外的所有人。

《甘肃省财政厅 甘肃省地方税务局关于公务交通补贴等个人所得税问题的通知》（甘财《税法》〔2018〕15号）规定：

一、关于个人取得的公务交通补贴收入征税问题

（一）经国务院、省政府及其授权部门批准实行公务用车改革的党政机关及其所属参公事业单位、企事业单位，职工个人按规定标准取得的公务交通补贴收入，在计算个人所得税时允许税前全额扣除。

（二）对其他企事业单位实施公务用车改革发放的公务交通补贴，按以下原则确定扣除标准：

1. 比照本地区党政机关及其所属参公事业单位职工扣除标准确定。

2. 扣除标准按照行政单位相应级别分三级确定：企业董事、总经理、副总经理等企业高层管理者每人每月不超过1 950元；企业各部门经理每人每月不超过1 200元；其他人员每人每月不超过600元。

3. 职工个人取得的公务交通补贴超过以上扣除标准的，按标准扣除；不足标准的，按发放金额据实扣除。

（三）个人取得超过规定标准部分的公务交通补贴收入，或没有实行公务用车改革取得的公务交通补贴收入，均应并入当月工资、薪金所得计征个人所得税。

（四）实行公务用车改革的单位应向当地主管税务机关报送公务用车改革方案。改革方案应载明参加公务用车改革的人员范围、人数、月补贴额度、补贴资金来源、补贴发放及使用管理办法、已参改车辆及未参改车辆的用途等内容。

二、关于个人取得的公务通信费补贴收入征税问题

企业实行通信公务费补贴的，可凭真实、合法的票据在个人所得税应纳税所得额中扣除。每人每月不得超过300元，且仅限一人一号。

《海南省地方税务局关于明确公务交通通信补贴扣除标准的公告》（海南省地方税务局公告2017年第2号）规定：

一、企事业单位员工因公务用车制度改革取得的公务交通补贴收入，允许在以下公务费用扣除标准内，按实际取得数额予以扣除，超出标准部分按照"工资、薪金"所得项目计征个人所得税。

（一）海口、三亚、三沙、儋州、洋浦的公务费用扣除标准

高级管理人员 1 690 元 / 人 / 月，其他人员 1 040 元 / 人 / 月。

（二）其他市县的公务费用扣除标准

高级管理人员 1 000 元 / 人 / 月，其他人员 600 元 / 人 / 月。

二、企事业单位员工因通信制度改革取得的通信补贴收入，在 100 元 / 人 / 月的公务费用标准内，按实际取得数额予以扣除，超出标准部分按照"工资、薪金"所得项目计征个人所得税。

检索备注 2：会议费、培训费

与差旅费性质差不多的会议费、培训费，其实也可以按照我们的思路来处理，即中央和国家机关召开的会议与组织的培训包含了哪些内容，企业的会议与培训内容也应当是一致的，据此进行相应的企业所得税与个人所得税处理。

《财政部 国家机关事务管理局 中共中央直属机关事务管理局关于印发中央和国家机关会议费管理办法的通知》（财行〔2016〕214 号）规定：

第十四条　会议费开支范围包括会议住宿费、伙食费、会议场地租金、交通费、文件印刷费、医药费等。

前款所称交通费是指用于会议代表接送站，以及会议统一组织的代表考察、调研等发生的交通支出。

会议代表参加会议发生的城市间交通费，按照差旅费管理办法的规定回单位报销。

第十七条　各单位在会议结束后应当及时办理报销手续。会议费报销时应当提供会议审批文件、会议通知及实际参会人员签到表、定点会议场所等会议服务单位提供的费用原始明细单据、电子结算单等凭证。财务部门要严格按规定审核会议费开支，对未列入年度会议计划，以及超范围、超标准开支的经费不予报销。

《财政部 中共中央组织部 国家公务员局关于印发中央和国家机关培训费管理办法的通知》（财行〔2016〕540号）规定：

第八条　本办法所称培训费，是指各单位开展培训直接发生的各项费用支出，包括师资费、住宿费、伙食费、培训场地费、培训资料费、交通费以及其他费用。

（一）师资费是指聘请师资授课发生的费用，包括授课老师讲课费、住宿费、伙食费、城市间交通费等。

（二）住宿费是指参训人员及工作人员培训期间发生的租住房间的费用。

（三）伙食费是指参训人员及工作人员培训期间发生的用餐费用。

（四）培训场地费是指用于培训的会议室或教室租金。

（五）培训资料费是指培训期间必要的资料及办公用品费。

（六）交通费是指用于培训所需的人员接送以及与培训有关的考察、调研等发生的交通支出。

（七）其他费用是指现场教学费、设备租赁费、文体活动费、医药费等与培训有关的其他支出。

参训人员参加培训往返及异地教学发生的城市间交通费，按照中央和国家机关差旅费有关规定回单位报销。

►► 企税个税双重征收，剖析实质勿堕陷阱

关键词：负担个人所得属于工资薪金

案例

企业举办活动，比如送100块钱的红包给客户，正常会计处理：

借：管理费用　　　　　　　　　　　　　　　　　　　　　　　　100

　　贷：银行存款　　　　　　　　　　　　　　　　　　　　　　　100

税务机关在评估中发现后，会出现如下的处理情况。

第一，根据《财政部 税务总局关于个人取得有关收入适用个人所得税应税所得项目的公告》（财政部 国家税务总局公告2019年第74号）规定：企业在业务宣传、广告等活动中，随机向本单位以外的个人赠送礼品（包括网络红包，下同），以及企业在年会、座谈会、庆典以及其他活动中向本单位以外的个人赠送礼品，个人取得的礼品收入，按照"偶然所得"项目计算缴纳个人所得税，但企业赠送的具有价格折扣或折让性质的消费券、代金券、抵用券、优惠券等礼品除外。

由于个人拿到的100元是税后所得，因此需要还原为税前所得扣缴个人所得税即：

$100 \div （1-20） \times 20\% = 25$（元）

第二，企业实际上不可能再向客户索要25元。因此，企业实际上承担上述25元的税款，即：

借：销售费用　　　　　　　　　　　　　　　　　　　　　　　　25

　　贷：应交税费——代扣代缴个人所得税　　　　　　　　　　　25

缴讫时：

借：应交税费——代扣代缴个人所得税　　　　　　　　　　　　25

　　贷：银行存款　　　　　　　　　　　　　　　　　　　　　　25

> 此时，税务局又会引用《企业所得税法实施条例》第二十七条：《企业所得税法》第八条所称有关的支出，是指与取得收入直接相关的支出。认为企业替个人承担应由个人支付的个人所得税属于与企业取得收入不直接相关的支出，上述管理费用25元作企业所得税纳税调整，补缴企业所得税6.25元（25元×25%）。
>
> 那么，这种既责成企业补扣缴个人所得税，又对企业的企业所得税进行查补的做法是正确的吗？

解析：其实我们把上述企业的会计分录进行整合：

①借：销售费用   100

    贷：银行存款   100

②借：销售费用   25

    贷：应交税费——代扣代缴个人所得税   25

③借：应交税费——代扣代缴个人所得税   25

    贷：银行存款   25

将上述分录进行合并，其实就是借记"销售费用"125，贷记"银行存款"125。这个125元本质上就是企业给个人发的红包，性质属于销售费用，由于上述款项系企业支付给个人，个人并未为企业主动提供任何服务。根据《企业所得税税前扣除凭证管理办法》（2018年28号公告）第十条：企业在境内发生的支出项目不属于应税项目的，对方为单位的，以对方开具的发票以外的其他外部凭证作为税前扣除凭证；对方为个人的，以内部凭证作为税前扣除凭证。

因此，以企业制作的内部凭证可以作为上述业务宣传费的扣除凭证，我们这里兹举一例——无锡国税解答企业所得税的23个疑难问题：

> 十、随着电子商务的推广普及，不少企业运用电商平台销售产品，顾客使用产品后在网上进行评论，对给予好评的顾客返还一定金额的现金。该返现支出无法取得发票，企业也无法在销售发票上注明返现金额，但是可提供电子商务系统定单明细清册、返现明细清单等资料，是否可以据此税前列支？
>
> 答：本问题中企业给予好评顾客的现金返还，可以凭借活动规则（通告）、电子商务系统内定单明细清册、实际已返现明细清单、支付凭证等资料按业务宣传费相关规定税前扣除。

对于税务机关而言，拿到了个人所得税25元（125元×20%）的税款；对于个人而言，所得125元，扣缴个人所得税25元后，税后所得恰好是100元。哪里来的企业所得税调整呢？

其实有个文件说得很通透——《国家税务总局关于雇主为雇员承担全年一次性奖金部分税款有关个人所得税计算方法问题的公告》（国家税务总局公告2011年第28号）……四、雇主为雇员负担的个人所得税款，应属于个人工资薪金的一部分。

同样，赠送礼品的企业，负担的个人所得税款，实际上就是礼品的一部分，并没有为个人承担应由个人支付的个人所得税款。

因此，这种"个人所得税＋企业所得税"的混合双打，不可为之。

甚至我们可以反问，借记"销售费用"125，贷记"银行存款"125，后面附一张白条，试问是不是仅征企业所得税，不征个人所得税？

🔍 检索备注

中国二十二冶集团有限公司取得虚开劳务费发票1.47亿元套取资金（列支工资等）被税务局进行纳税调增。法院认为，虚开违法行为并不必然导致将套取的资金给职工发放工资违法，故认定实际工资支出1.45亿元允许税前扣除。通俗地讲，其实就是《企业所得税税前扣除凭证管理办法》（2018年28号公告）第十条：企业在境内发生的支出项目不属于应税项目的，对方为单位的，以对方开具的发票以外的其他外部凭证作为税前扣除凭证；对方为个人的，以内部凭证作为税前扣除凭证。即法院认定1.45亿元确实系企业发放的工资，既然是工资，则企业利用虚开来的普通劳务发票作为原始凭证并不能否认实际发放的工资，换句话说，企业把发票撕掉，换上工资单，就完全满足"2018年28号公告"第四条，即税前扣除凭证在管理中遵循真实性、合法性、关联性原则。真实性是指税前扣除凭证反映的经济业务真实，且支出已经实际发生；合法性是指税前扣除凭证的形式、来源符合国家法律、法规等相关规定；关联性是指税前扣除凭证与其反映的支出相关联且有证明力。

以下为判决文书部分内容。

法院认为，企业职工取得必要的、适当的工资收入既合法又合理。原告认为给职工支付的145 422 763.12元工资未违反本公司的工资制度，被告否认原告支付

145 422 763.12 元工资的合理性，但未提供充分证据予以证明，应承担举证不能的法律责任，该工资应认定为合理支出。应当指出，企业职工工资的合理性与工资资金的来源方式是否合法没有必然联系，原告虚开发票套取本企业资金，其行为违法并不必然导致原告使用套取的资金给职工发放工资违法。《中华人民共和国企业所得税法》第八条规定："企业实际发生的与取得收入有关的、合理的支出，包括成本、费用、税金、损失和其他支出，准予在计算应纳税所得额时扣除。"本案争议的 145 422 763.12 元工资性支出是原告生产经营中客观存在的成本，被告根据该资金来源的违法性否定为职工支付工资的合理性既不符合《中华人民共和国企业所得税法》第八条之规定，也存在主要证据不足的问题。被告认定 145 422 763.12 元工资性支出为应调增应纳税所得额依法不能成立，以此为依据作出的税务处理决定依法应予撤销。依照《中华人民共和国行政诉讼法》第七十条第（一）项之规定，判决如下：

一、撤销被告××国家税务局稽查局作出的××省国家税务局作出的××国税稽处 [2017]101 号《税务处理决定书》。

二、撤销被告××省国家税务局作出的××国税复决字 [2017]3 号《行政复议决定书》。

三、责令被告××市国家税务局稽查局在本判决生效后六十日内重新作出处理决定。

▶▶ 企业同样都上新三板，个税优惠大不同

关键词：持股期限

案例

　　《财政部 国家税务总局 证监会关于上市公司股息红利差别化个人所得税政策有关问题的通知》（财税〔2015〕101号）规定，个人从公开发行和转让市场取得的上市公司股票，持股期限超过1年的，股息红利所得暂免征收个人所得税。

　　个人从公开发行和转让市场取得的上市公司股票，持股期限在1个月以内（含1个月）的，其股息红利所得全额计入应纳税所得额；持股期限在1个月以上至1年（含1年）的，暂减按50%计入应纳税所得额；上述所得统一适用20%的税率计征个人所得税。

　　《财政部 税务总局 证监会关于继续实施全国中小企业股份转让系统挂牌公司股息红利差别化个人所得税政策的公告》（财政部 国家税务总局 证监会公告2019年第78号）个人持有挂牌公司的股票，持股期限超过1年的，对股息红利所得暂免征收个人所得税。

　　个人持有挂牌公司的股票，持股期限在1个月以内（含1个月）的，其股息红利所得全额计入应纳税所得额；持股期限在1个月以上至1年（含1年）的，其股息红利所得暂减按50%计入应纳税所得额；上述所得统一适用20%的税率计征个人所得税。

　　"财税〔2015〕101号"和"财政部 国家税务总局 证监会公告2019年第78号"对于股息红利个人所得税的差别化规定是一模一样的，但是这里的持股期限是一样的吗？

先看法律条文的规定：《财政部 国家税务总局 证监会关于实施上市公司股息红利差别化个人所得税政策有关问题的通知》（财税〔2012〕85号）规定，持股期限是指个人从公开发行和转让市场取得上市公司股票之日至转让交割该股票之日前一日的持有时间。

而"财政部 国家税务总局 证监会公告2019年第78号"规定：持股期限是指个人取得挂牌公司股票之日至转让交割该股票之日前一日的持有时间。

而78号公告的第五条又赫然写着本公告所称个人持有挂牌公司的股票包括：

（一）在全国中小企业股份转让系统挂牌前取得的股票……第十条：本公告自2019年7月1日起至2024年6月30日止执行，挂牌公司、两网公司、退市公司派发股息红利，股权登记日在2019年7月1日至2024年6月30日的，股息红利所得按照本公告的规定执行。本公告实施之日个人投资者证券账户已持有的挂牌公司、两网公司、退市公司股票，其持股时间自取得之日起计算。

我查了一下，2013年1月16日，新三板低调开板。再来看早在1992年7月，中国证券市场研究中心成立了全国证券交易自动报价系统（简称"STAQ系统"）。1993年4月，中国证券交易系统有限公司成立全国电子交易系统（简称"NET系统"）。两者都是为了解决非上市公司股权转让和产权转让问题，俗称"两网"。

因此，在2019年7月1日之前已经挂牌新三板的挂牌公司、两网公司、退市公司，就按"取得之日"开始计算。

举例，你在2019年7月1日以后买的新三板，那么持股期限就从2019年7月1日以后证登公司记载的股权登记日开始算。如果你是在2013年1月16日到2019年7月1日之间买的股票，就从取得股票之日算起。

很明显，新三板的股票差别化优惠政策相比上市公司而言更加优惠，上市公司非从公开发行和转让市场取得的上市公司股票目前仍然执行减按10%的政策，执行的是《财政部 国家税务总局 证监会关于实施上市公司股息红利差别化个人所得税政策有关问题的通知》（财税〔2012〕85号）第四条：对个人持有的上市公司限售股，解禁后取得的股息红利，按照本通知规定计算纳税，持股时间自解禁日起计算；解禁前取得的股息红利继续暂减按50%计入应纳税所得额，适用20%的税率计征个人所得税。

▶▶ 同样都是小，含义迥相异

关键字：小

案例

在税法原文中，有很多包含"小"的用词，比如小型微利企业、小微企业、小型微型企业、科技型中小企业，但他们真的小吗？未必！

先看法律条文的规定：

1. 小型微利企业

《财政部 税务总局关于实施小微企业普惠性税收减免政策的通知》（财税〔2019〕13号）规定，对小型微利企业年应纳税所得额不超过100万元的部分，减按25%计入应纳税所得额，按20%的税率缴纳企业所得税；对年应纳税所得额超过100万元但不超过300万元的部分，减按50%计入应纳税所得额，按20%的税率缴纳企业所得税（"财政部 国家税务总局公告2021年12号"进一步给予优惠，不超过100万元的部分，再减半征收企业所得税）。

上述小型微利企业是指从事国家非限制和禁止行业，且同时符合年度应纳税所得额不超过300万元、从业人数不超过300人、资产总额不超过5 000万元等三个条件的企业。

从业人数，包括与企业建立劳动关系的职工人数和企业接受的劳务派遣用工人数。

可见小型微利企业是企业所得税的用语，包含四个条件：非限制和禁止行业、应纳税所得额、从业人数、资产总额。在税率方面，类似于超额累进税率：100万元以下实际税率5%；100万—300万元部分实际税率10%；但一旦超过300万元以上，又类似于增值税起征点政策，全额纳税。

2. 小微企业

《财政部 税务总局 明确增值税小规模纳税人免征增值税政策的公告》（财税〔2021〕11 号）规定，自 2021 年 4 月 1 日起至 2022 年 12 月 31 日止，对月销售额 15 万元以下（含本数）的增值税小规模纳税人，免征增值税。

小微企业适用的前提有两个：一是必须是增值税小规模纳税人，需要澄清一个概念，小规模纳税人绝大部分是小的，但也不排除有大的。比如《增值税暂行条例实施细则》第二十九条规定，非企业性单位、不经常发生应税行为的企业可选择按照小规模纳税人纳税；二是享受小微企业免征增值税优惠的销售额并不一定是会计上的销售额，比如 a 小规模纳税人 2019 年 1 月销售货物 4 万元，提供服务 3 万元，销售不动产 100 万元。合计销售额为 107（4＋3＋100）万元，剔除销售不动产后的销售额为 7（4＋3）万元，因此，该纳税人销售货物和服务相对应的销售额 7 万元可以享受小规模纳税人免税政策，销售不动产 100 万元应照章纳税。再比如 2019 年 1 月，某建筑业小规模纳税人（按月纳税）取得建筑服务收入 200 万元，同时向其他建筑企业支付分包款 190 万元，则该小规模纳税人当月扣除分包款后的销售额为 10 万元，未超过 10 万元免税标准，因此，当月可享受小规模纳税人免税政策。

3. 小型微型企业

《工业和信息化部 国家统计局 国家发展和改革委员会 财政部关于印发中小企业划型标准规定的通知》（工信部联企业〔2011〕300 号）规定，中小企业划分为中型、小型、微型三种类型，具体标准根据企业从业人员、营业收入、资产总额等指标，结合行业特点制定。本规定适用的行业包括：农、林、牧、渔业，工业（包括采矿业，制造业，电力、热力、燃气及水生产和供应业），建筑业，批发业，零售业，交通运输业（不含铁路运输业），仓储业，邮政业，住宿业，餐饮业，信息传输业（包括电信、互联网和相关服务），软件和信息技术服务业，房地产开发经营，物业管理，租赁和商务服务业，其他未列明行业（包括科学研究和技术服务业，水利、环境和公共设施管理业，居民服务、修理和其他服务业，社会工作，文化、体育和娱乐业等）。

这种小型微型企业可以享受的优惠主要有：对金融机构与小型、微型企业签订的借款合同免征印花税。免征管理类、登记类和证照类等有关行政事业性收费。

4. 科技型中小企业

《科技部 财政部 国家税务总局关于印发科技型中小企业评价办法的通知》（国科发政〔2017〕115号）规定：科技型中小企业须同时满足以下条件：

> （一）在中国境内（不包括港、澳、台地区）注册的居民企业。
>
> （二）职工总数不超过500人、年销售收入不超过2亿元、资产总额不超过2亿元。
>
> （三）企业提供的产品和服务不属于国家规定的禁止、限制和淘汰类。
>
> （四）企业在填报上一年及当年内未发生重大安全、重大质量事故和严重环境违法、科研严重失信行为，且企业未列入经营异常名录和严重违法失信企业名单。
>
> （五）企业根据科技型中小企业评价指标进行综合评价所得分值不低于60分，且科技人员指标得分不得为0分。

这种企业可以享受企业所得税研发经费加计扣除75%的规定，当然《财政部 税务总局 科技部关于提高研究开发费用税前加计扣除比例的通知》（财税〔2018〕99号）规定，在一定期限内放宽了适用加计75%研发经费税前扣除的规定，即企业开展研发活动中实际发生的研发费用，未形成无形资产计入当期损益的，在按规定据实扣除的基础上，在2018年1月1日至2020年12月31日期间，再按照实际发生额的75%在税前加计扣除；形成无形资产的，在上述期间按照无形资产成本的175%在税前摊销。

5. 第二种小微企业

这可不是小规模纳税人那个小微，而是财政部定义的小微。《财政部关于取消、调整部分政府性基金有关政策的通知》（财税〔2017〕18号）规定：自2017年4月1日起扩大残疾人就业保障金免征范围。将残疾人就业保障金免征范围，由自工商注册登记之日起3年内，在职职工总数20人（含）以下小微企业，调整为在职职工总数30人（含）以下的企业，免征残疾人就业保障金。

▶▶ 城建税计税依据，如何扣留抵税额
关键词：期末

案例

《中华人民共和国城市维护建设税法》（主席令第五十一号）第二条规定，城市维护建设税以纳税人依法实际缴纳的增值税、消费税税额为计税依据。城市维护建设税的计税依据应当按照规定扣除期末留抵退税退还的增值税税额。

请问在实际工作中如何操作呢？

先看法律条文的规定：

我们通过一个例题来解释这个问题。甲公司 2020 年 1 月开业并登记为增值税一般纳税人，但一直到 2020 年 8 月 31 日仍存在留抵税额 100 万元，此时符合条件可以退税。根据《财政部 税务总局 海关总署关于深化增值税改革有关政策的公告》（财政部 税务总局 海关总署公告 2019 年第 39 号）的规定，纳税人应在增值税纳税申报期内，向主管税务机关申请退还留抵税额。纳税人当期允许退还的增量留抵税额，按照以下公式计算：

允许退还的增量留抵税额＝增量留抵税额 × 进项构成比例 ×60%

《国家税务总局关于办理增值税期末留抵税额退税有关事项的公告》（国家税务总局公告 2019 年第 20 号）……三、纳税人申请办理留抵退税，应于符合留抵退税条件的次月起，在增值税纳税申报期（以下称申报期）内，完成本期增值税纳税申报后，通过电子税务局或办税服务厅提交《退（抵）税申请表》。……八、纳税人符合留抵退税条件且不存在本公告第十二条所列情形的，税务机关应自受理留抵退税申请之日起 10 个工作日内完成审核，并向纳税人出具准予留抵退税的《税务事项通知书》。

那么，2020 年 9 月 15 日之前的申报期内，需要先行办理增值税纳税申报，由于存在留抵税额，应为零申报。因此，企业应当在 9 月 15 日增值税申报期先办理纳税申报，毫无疑问是零申报，尔后再办理退税。假设税务机关审核后于 9 月 26 日退还留抵税额 60 万元，企业应作会计分录：

借：银行存款　　　　　　　　　　　　　　　　　　　　600 000
　　贷：应交税费——应交增值税（进项税额转出）　　　　600 000

9 月份当月销售货物，实现销项税额 200 万元，取得进项税额 50 万元，"应交税费——应交增值税"科目余额在 9 月 30 日就体现为"应交税费——应交增值税"150 万元（留抵进项税额 100 万元＋当期进项税额 50 万元），"应交税费——应交增值税（销项税额）"200 万元，"应交税费——应交增值税（进项税额转出）"60 万元，这样"应交税费——应交增值税"就出现了贷方余额 110 万元。根据《增值税会计处理规定》（财会〔2016〕22 号）规定，"未交增值税"明细科目核算一般纳税人月度终了，从"应交增值税"或"预交增值税"明细科目转入当月应交未交、多交或预缴的增值税额，以及当月缴纳以前期间未交的增值税额。

因此在 9 月 30 日需要结平。

借：应交税费——应交增值税（转出未交增值税）　　　1 100 000
　　贷：应交税费——未交增值税　　　　　　　　　　　1 100 000

上述所属期 2020 年 9 月份的增值税应纳税额就需要在 2020 年 10 月份申报期缴讫，实际缴纳增值税就是 110 万元，但此时如果按 110 万元作为城市维护建设税的计税依据就会出现问题，是什么问题呢？

我们假设甲公司提交的留抵税额退税申请没有被主管税务机关审核通过，则 2020 年 9 月 30 日"应交税费——应交增值税"科目余额就体现为"应交税费——应交增值税"（留抵进项税额 100 万元＋当期进项税额 50 万元），"应交税费——应交增值税（销项税额）"200 万元，这样"应交税费——应交增值税"就出现了贷方余额 50 万元，结清"应交税费——应交增值税"科目贷方余额。

借：应交税费——应交增值税（转出未交增值税）　　　　500 000
　　贷：应交税费——未交增值税　　　　　　　　　　　　500 000

在 2020 年 10 月申报期缴讫增值税 50 万元。

不难发现，如果僵硬执行按实际缴纳的增值税作为城市维护建设税的计税依据，就会出现如下悖论，无论退还与否，甲公司的"应交税费——应交增值税"与

"应交税费——未交增值税"均无余额。即处理完毕，出现这种情形，一个要按照110万元计算城市维护建设税，一个却只要按50万元来计算城市维护建设税。

其实从现金流角度考虑问题，可能会更形象一些。如果留抵税额退税，则甲公司拿到60万元，缴给税务机关110万元，实际税金支出50万元；而如果留抵税额没有退税，甲公司缴给税务机关50万元，实际税金支出完全一样。

因此，城建税的计税依据期末留抵退税退还的金额，而这个"期"指的是增值税的所属期内退还的部分，而不是申报期退还的部分。

►► 购销合同印花税，征收方式岂双追

关键字：核定＋据实

> **案例**
>
> 有纳税人问，"我们主管税务局征收印花税是这样的，每月按120%的销售额在缴纳，税名是购销合同印花税，到年底我公司接到税务局通知要自查印花税，那么，我公司实际签订的购入材料、设备签订合同的印花税是否也要据实全额缴纳？"

先看法律条文的规定：

《国家税务总局关于发布印花税管理规程（试行）的公告》（国家税务总局公告2016年第77号）第十一条，纳税人应按规定据实计算、缴纳印花税。第十二条，税务机关可以根据《税收征管法》及相关规定核定纳税人应纳税额。

看关键字，第十一条是"据实"，第十二条是"核定"，两条是并列关系，所以说明一个道理，印花税的征收方式有两种：一是据实征收；二核定征收，也正因为有了核定征收方式，才有了第十六条的规定，即主管税务机关核定征收印花税，应当向纳税人送达《税务事项通知书》，并注明核定征收的方法和税款缴纳期限。

什么意思？也就是据实征收方式不可行的情况下，税务机关只能按核定征收方式来征收印花税，我们再来看什么情况下据实征收方式不可行呢？

《国家税务总局关于进一步加强印花税征收管理有关问题的通知》（国税函〔2004〕150号），根据《税收征管法》第三十五条规定和印花税的税源特征，为加强印花税征收管理，纳税人有下列情形的，地方税务机关可以核定纳税人印花税计税依据：

> （一）未按规定建立印花税应税凭证登记簿，或未如实登记和完整保存应税凭证的；
>
> （二）拒不提供应税凭证或不如实提供应税凭证致使计税依据明显偏低的；
>
> （三）采用按期汇总缴纳办法的，未按地方税务机关规定的期限报送汇总缴纳印花税情况报告，经地方税务机关责令限期报告，逾期仍不报告的或者地方税务机关在检查中发现纳税人有未按规定汇总缴纳印花税情况的。

看明白没？搞核定征收的前提就是不再认可按应税凭证所载金额据实征税。因此怎么能前脚说你的应税凭证我不采信，按规定的公式核定征收印花税；后脚又说你的购进合同是可以采信的，所以还要按购进合同所载金额据实征收印花税？岂不是自相矛盾吗？

目前对于购销合同核定征收印花税的方式，各地规定不一：一是有些地方核定时是按"购进金额＋销售金额"核定的；二是大部分税务局是按销售收入核定，比如《山东省青岛市地方税务局关于确定青岛市印花税核定征收计税依据与核定比例的公告》（青岛市地方税务局公告 2016 年第 3 号）……购销合同（一）工业企业：工业采购和销售环节应纳印花税，按销售收入的 100% 核定征收。（二）商业批发企业：商业批发采购和销售环节应纳印花税，按销售收入的 80% 核定征收。

《江苏省地方税务局关于进一步加强印花税征收管理的通知》（苏地税函〔2004〕52 号）规定：纳税人存在《国家税务总局关于进一步加强印花税征收管理有关问题的通知》第四条关于核定征收的有关情形或者违反本通知第一、二条规定的，主管地税机关应采取核定征收印花税的办法，核定纳税人印花税的计税依据，并向纳税人发放《核定征收印花税通知书》；纳税人也可申请核定征收印花税，向主管地税机关填报《核定征收印花税申请审批表》，经审核批准后即可实行。核定征收印花税的纳税人，如其纳入核定征收印花税范围的部分应税凭证已完税的，已缴税款应在核定征收的应纳税额中予以扣除。

注意看最后一句话，如果采取核定的，则据实征收的印花税款要从核定征收税款中扣除，即说明了不能重复征收的道理。

《沈阳市地方税务局关于明确有关税收政策规定的通知》（沈地税综〔2000〕123 号）关于商业企业发生的购入固定资产（汽车）行为，其合同是否缴纳印花税问题。企业购入商品（如汽车）是一种购销行为。对按凭证征收印花税的商业企业，应按合同标的金额，依万元分之三的税率缴纳印花税。对按销售收入一定比例核定征收购销合同类印花税的商业企业〔沈地税发（1996）090号文件规定〕，不再缴纳印花税。

举个例子，某有限责任公司企业所得税采取核定征收方式，主管税务机关根据《国家税务总局关于印发〈企业所得税核定征收办法〉（试行）的通知》（国税发〔2008〕30号）第四条：税务机关应根据纳税人具体情况，对核定征收企业所得税的纳税人，核定应税所得率或者核定应纳所得税额。具有下列情形之一的，核定其应税所得率：

> （一）能正确核算（查实）收入总额，但不能正确核算（查实）成本费用总额的；
>
> （二）能正确核算（查实）成本费用总额，但不能正确核算（查实）收入总额的；
>
> （三）通过合理方法，能计算和推定纳税人收入总额或成本费用总额的。

主管税务机关按照核算收入总额，核定其应税所得率10%，该有限责任公司2019年全年查实的主营业务收入和其他业务收入共计2 000万元，当年取得对外融资利息收入500万元，则如何计算缴纳企业所得税？

有人认为按两块来算，主营业务收入和其他业务收入2 000万元，乘以应税所得率10%为200万元；利息收入为纯所得，合计所得额700万元，应纳企业所得税700万元乘以25%税率为175万元。其实，这种说法又犯了"核定＋查账"的混合双打错误，既然核定，就一律核定。因此，《国家税务总局关于企业所得税核定征收有关问题的公告》（国家税务总局公告2012年第27号）依法按核定应税所得率方式核定征收企业所得税的企业，取得的转让股权（股票）收入等转让财产收入，应全额计入应税收入额，按照主营项目（业务）确定适用的应税所得率计算征税；若主营项目（业务）发生变化，应在当年汇算清缴时，按照变化后的主营项目（业务）重新确定适用的应税所得率计算征税。已查实的收入为2 500万元，按核定应税所得率10%计算，则所得额为250万元，则应纳企业所得税为62.5万元。如果同时符合小型微利企业条件，则只需缴纳20万元企业所得税，即 $100 \times 5\% + 150 \times 10\% = 20$（万元）。

▶▶ 响应政府号召共济时艰，落实税费减免房产税全免
关键词：免收租金期限

案例

> 2020年，江苏某企业响应政府鼓励业主为租户减免租金的号召。对承租个体商户给予两个月房租免征，公司财务与我交流：按照《财政部 国家税务总局关于安置残疾人就业单位城镇土地使用税等政策的通知》（财税〔2010〕121号）规定，对出租房产，租赁双方签订的租赁合同约定有免收租金期限的，免收租金期间由产权所有人按照房产原值缴纳房产税。那么这两个月免收租金期间，是否由某企业按房产余值从价计征房产税呢？但如果这样做，企业将房产无偿租给企业使用，不仅没有收到租金，还要承担房产税似乎也不公平，怎么办？

先看法律条文的规定：

理解税法不要机械理解，税收属于政府宏观调控政策之一的财政政策的重要手段，税收立法的背后一定是宏观调控的举措落实，从逻辑推理上讲，企业响应政府号召，做出重大牺牲，政府的税收政策理应予以照顾，否则调控职能何来？

（1）《市场监管总局 发展改革委 财政部 人力资源社会保障部 商务部 人民银行关于应对疫情影响 加大对个体工商户扶持力度的指导意见》（国市监注〔2020〕38号）：对疫情期间为个体工商户减免租金的大型商务楼宇、商场、市场和产业园区等出租方，当年缴纳房产税、城镇土地使用税确有困难的，可申请困难减免。

那么我们想一下，做好事不能让企业流汗又流泪，参与发文的财政部都要求为出租方给予困难减免，立法上就是要照顾出租方。

（2）出租方免收租金，相当于租金为0，租赁行为是实际存在的，那么这种租金为0的行为属不属于价格明显偏低且无正当理由呢？我们来看一个地方政策的解读。

湖北省税务局新冠疫情期间减免政策问题答复：

> 问：我公司主要经营商铺出租业务，鉴于疫情严峻，部分商铺的商户无法正常经营，为响应国家号召，决定减免部分商户的租金，请问增值税业务如何处理？
>
> 答：如果你公司与租户书面约定减收租金，该行为不属于"纳税人发生应税行为价格明显偏低或者偏高且不具有合理商业目的的"情形，你公司应按照实际收到金额计算缴纳增值税。如果你公司与租户书面约定免收租金，根据《国家税务总局关于土地价款扣除时间等增值税征管问题的公告》（国家税务总局公告2016年第86号）规定，纳税人出租不动产，租赁合同中约定免租期的，不属于视同销售服务，不缴纳增值税。

也就是说，这种免收租金，没有收到租金，自然就没有销售，同时也不属于视同销售服务，当然增值税是不需要交的，既然增值税都认同有正当理由，那么房产税难道就不是正当理由？

我们甚至用一个逻辑推理的案例，假如出租方象征性的只收1元的房租，那么房产税应当缴纳0.12元（1×12%），而根据《国家税务总局关于1元以下应纳税额和滞纳金处理问题的公告》（国家税务总局公告2012年第25号）主管税务机关开具的缴税凭证上的应纳税额和滞纳金为1元以下的，应纳税额和滞纳金为零。

那么收1元钱房租不需要交税，免收房租倒要按房价原值交税，岂不是天大的悖论？

（3）"他山之石，可以攻玉"。虽然本省没有明确的规定，但我们纳税人可以援引其他省份的文件予以声援，比如《黑龙江省财政厅 国家税务总局黑龙江省税务局关于印发黑龙江省困难行业企业阶段性税收减免政策兑现指南的公告》（黑龙江省财政厅 国家税务总局黑龙江省税务局公告2020年第6号）规定，纳税人在疫情期间免收个体工商户1个月（含）以上租金的，在免收租金期间，对免收租金的房产、土地免征房产税、城镇土地使用税。免收租金超过1个月但不足一个半月的，按 1 个月计算；免收租金超过一个半月但不足 2 个月的，按 2 个月计算，以此类推，纳税人的免税期最长不超过 3 个月。

《云南省财政厅　税务局关于支持经济发展有关房产税和城镇土地使用税政策的公告》（云南省财政厅　税务局公告 2020 年第 2 号）对疫情期间为个体工商户减免租金的商务楼宇、商场、市场和产业园区等出租方（含单位和个人），免租期间（以减租方式减免租金的可换算成免租期）免征相应出租房产的房产税和城镇土地使用税。

疫情期间为个体工商户减免租金是指：以按月减免租金方式免收 1 个月（含）以上租金；或者通过定额或比例等其他方式减免租金，按照疫情期间有效合同（协议）计算的免收租金额度，达到 1 个月（含）以上的。减免租金超过 1 个月但不足一个半月的，按 1 个月计算；减免租金超过一个半月但不足 2 个月的，按 2 个月计算，以此类推。

《新疆维吾尔自治区财政厅　税务局关于新冠肺炎疫情期间房产税城镇土地使用税困难减免政策的公告》（新财法税〔2020〕7 号）规定，对疫情期间为个体工商户减免一个月以上租金的商务楼宇、商场、市场和产业园区等出租方，在免收租金期间，对免收租金的房产、土地，按免租金月份相应数减免房产税、城镇土地使用税，免税期限最长不超过 3 个月。

（4）建议纳税人要多利用各个电子税务局的电子信箱，或利用税务机关组织的咨询活动场所提出自己的意见。比如，国家税务总局财产行为税司支持疫情防控和经济社会发展有关政策措施问答就解答了关于免租金适用的房产税政策这个问题。

问：我是商铺业主，和租户签订的租赁合同期限自 2019 年 1 月 1 日至 2021 年 12 月 31 日。考虑到疫情原因，今年 2 月为租户免了当月租金。请问 2 月份我的房产税如何缴纳？是否适用"财税〔2010〕121 号"文件"免收租金期间由产权所有人按照房产原值缴纳房产税"规定？

答：《财政部　国家税务总局关于安置残疾人就业单位城镇土地使用税等政策的通知》（财税〔2010〕121 号）规定，对于出租房产，租赁双方签订的租赁合同约定有免收租金期限的，免收租金期间由产权所有人按照房产原值缴纳房产税。纳税人由于新冠肺炎疫情给予租户房租临时性减免，以共同承担疫情的影响，不属于事先租赁双方签订租赁合同约定的免收租金情形，不适用财税

〔2010〕121 号文件规定，即不用按照房产原值计算缴纳房产税，而是根据《房产税暂行条例》规定来处理，房产出租的，按租金收入的 12% 缴纳房产税。上述商铺业主纳税人 2 月份的房产税应按照实际租金收入乘以 12% 来计算申报缴纳，如果租金减为零，则房产税也为零。

看了总局财产行为税司的答复，恍然大悟，财税〔2010〕121 号适用的是事先签订的租赁合同有免租期限的情形。比如，出租方出租房屋三年，为 2020 年 1 月—2022 年 12 月，但合同约定第一年免收租金，这种情况下，实质上只是营销手段，将三年的租金只放在第二年和第三年收，所以第一年按房产余值申报缴纳房产税，后两年按房产租金收入申报缴纳房产税，而 2020 年由于疫情原因，在租赁期内临时给予的减免租金并不属于这种情形，因此零租金不用申报缴纳房产税。

▶▶ 本是同根生，优惠何相分

关键字：分支机构

网上有这么两个问答，第一个是问：本酒店与集团公司是总分机构，酒店属于住宿餐饮业，酒店的房产和土地属于总公司。集团公司不属于文件规定的行业优惠范畴。酒店和集团公司是否可以享受房土两税减免政策呢？

答：根据《房产税暂行条例》的规定，房产税由产权所有人缴纳；根据《城镇土地使用税暂行条例》的规定，使用土地的单位和个人为城镇土地使用税的纳税人。酒店不需要缴纳房产税、城镇土地使用税，集团公司是房产税、城镇土地使用税的纳税人，根据省财政厅和税务局《关于应对新冠肺炎疫情影响有关房产税、城镇土地使用税优惠政策公告》规定，对受疫情影响严重的交通运输业、住宿和餐饮业、旅游业和文体娱乐业等行业纳税人，暂免征收2020年上半年房产税、城镇土地使用税。集团公司不属于公告规定的行业优惠范畴，因此，酒店和集团公司均不能享受公告规定的免税政策。

第二个是问：我公司无偿借用了街道的房产，那么无租使用房产由我公司代缴纳房产税的情形下，对房产税实际缴纳人能否享受《关于应对新冠肺炎疫情影响有关房产税、城镇土地使用税优惠政策公告》优惠？

答：《财政部 国家税务总局关于房产税、城镇土地使用税有关问题的通知》（财税〔2009〕128号）第一条规定："无租使用其他单位房产的应税单位和个人，依照房产余值代缴纳房产税。"无租使用房产代缴纳房产税的情形下，房产税代缴纳人为实际税负承担者。本着有利于纳税人的原则，无租使用房产的房产税代缴纳人属于公告列举行业范围或为增值税小规模纳税人的，可享受公告规定的优惠政策。

先看法律条文的规定：

根据《税务登记管理办法》（国家税务总局令第 7 号）第八条：企业，企业在外地设立的分支机构和从事生产、经营的场所，个体工商户和从事生产、经营的事业单位，向生产、经营所在地税务机关申报办理税务登记。

酒店属于集团的分公司，如果酒店和集团位于同一城区，则酒店不属于在外地设立的分支机构，也就不需要办理税务登记，则集团总公司的经营范围就包括了酒店业务，则由集团享受住宿和餐饮业的 2020 年上半年免征房产税与城镇土地使用税政策。

现实情况是酒店办理了非法人分支机构营业执照，则说明酒店属于集团总公司在外地设立的分支机构，但由于酒店不属于法人，因此酒店的房产由集团名义购置，本质上属于酒店无偿使用集团的房产。根据《财政部 国家税务总局关于房产税城镇土地使用税有关问题的通知》（财税〔2009〕128 号）规定，无租使用其他单位房产的应税单位和个人，依照房产余值代缴纳房产税。则由酒店按集团的房产余值代缴纳房产税。如果酒店不是无偿借用集团的房产，而是无偿借用街道的房产，根据上述回答二的说法，实际使用人的酒店可以享受免征房产税、城镇土地使用税的优惠，那么为什么酒店同样是无偿借用集团的房产，就不可以享受房产税、城镇土地使用税的优惠呢，显然是矛盾的。

当然上述指引很快就得到了纠正。

检索备注

《中华人民共和国民法典》第七十四条：法人可以依法设立分支机构。法律、行政法规规定分支机构应当登记的，依照其规定。分支机构以自己的名义从事民事活动，产生的民事责任由法人承担；也可以先以该分支机构管理的财产承担，不足以承担的，由法人承担。

在实际操作中，分公司由于属于非法人分支机构，没有自己独立的财产权，分公司所购置的房屋产权是登记在总公司名下的，因此在分公司撤销时，上述房屋本来就是总公司的，不存在分公司处置名下房屋，是不涉及房屋转移的增值税、土地增值税、契税的。

试举两例，《财政部 税务总局关于继续支持企业事业单位改制重组有关契税政策的通知》（财税〔2018〕17号）同一投资主体内部所属企业之间土地、房屋权属的划转，包括母公司与其全资子公司之间，同一公司所属全资子公司之间，同一自然人与其设立的个人独资企业、一人有限公司之间土地、房屋权属的划转，免征契税。

母子公司由于均为独立法人，属于上述情况下的权属划转前提是土地、房屋权属发生了变更，只不过对于上述情况予以免征契税，而对于总分机构，则毫无疑问分公司没有独立财产权，其财产本身就是总公司的，根本不存在权属转移，也就不存在契税了。

《财政部 税务总局关于继续实施企业改制重组有关土地增值税政策的通知》（财税〔2018〕57号）规定：

> 二、按照法律规定或者合同约定，两个或两个以上企业合并为一个企业，且原企业投资主体存续的，对原企业将房地产转移、变更到合并后的企业，暂不征土地增值税。
>
> 三、按照法律规定或者合同约定，企业分设为两个或两个以上与原企业投资主体相同的企业，对原企业将房地产转移、变更到分立后的企业，暂不征土地增值税。
>
> 四、单位、个人在改制重组时以房地产作价入股进行投资，对其将房地产转移、变更到被投资的企业，暂不征土地增值税。
>
> 五、上述改制重组有关土地增值税政策不适用于房地产转移任意一方为房地产开发企业的情形。

同样上述文件也强调了原来是两个主体下的房地产，符合条件的暂不征收土地增值税，总分公司是一个主体，自然也不存在房地产权属转移带来的土地增值税问题。

►► 企业专注给帮助，多种经营堵了路
关键字：专门

您好，我公司咨询有关大宗商品仓储设施用地城镇土地使用税优惠政策的事宜如下：

我公司为某口岸的一家企业，在口岸拥有海关监管堆场等仓储场地（面积在6 000平方米以上），我公司的工商营业执照的范围包括：煤炭的销售、加工、仓储服务等。我公司在口岸堆场对第三方提供从外国进口的煤炭的仓储服务，年收入上千万元，同时我公司自有的煤炭也会在口岸堆场仓储及倒运，我公司同时开展煤炭洗选加工及销售业务。

公司对办公、生活区用地及其他非直接从事大宗商品仓储的用地按规定征收城镇土地使用税，那么我公司理解口岸堆场的仓储设施用地按照文件的规定应该能够享受减半征收的优惠，包括仓库库区内的各类仓房（含配送中心）、油罐（池）、货场、晒场（堆场）、罩棚等储存设施和铁路专用线、码头、道路、装卸搬运区域等物流作业配套设施的用地。

《财政部、税务总局关于继续实施物流企业大宗商品仓储设施用地城镇土地使用税优惠政策的公告》（财政部、税务总局公告2020年第16号）规定：自2020年1月1日起至2022年12月31日止，对物流企业自有（包括自用和出租）或承租的大宗商品仓储设施用地，减按所属土地等级适用税额标准的50%计征城镇土地使用税。本通知所称物流企业，是指至少从事仓储或运输一种经营业务，为工农业生产、流通、进出口和居民生活提供仓储、配送等第三方物流服务，实行独立核算、独立承担民事责任，并在工商部门注册登记为物流、仓储或运输的专业物流企业。

> 那么我司从事了仓储服务，也在工商部门注册了仓储的经营范围，那么基于税收中性原则，该法条并没有限定企业只能从事仓储或运输服务才可享受税收优惠，也没有规定从事了仓储或运输的企业若有其他经营业务例如贸易就不得享受税收优惠。
>
> 请问我公司的理解是否正确？请给予相关适用政策及案例的解答，多谢！

先看法律条文的规定：

《财政部 税务总局关于继续实施物流企业大宗商品仓储设施用地城镇土地使用税优惠政策的公告》（财政部 税务总局公告 2020 年第 16 号）强调的是专业物流企业，而非兼营物流业务的混业经营企业，因此在文件第五条表述中特别指明"非物流企业的内部仓库，不属于本通知规定的优惠范围，应按规定征收城镇土地使用税。"

为什么仅针对物流专业企业呢？我们追本溯源从文件中寻找脉络，根据《国家税务局关于对中国物资储运总公司所属物资储运企业征免土地使用税问题的规定》（国税地字〔1989〕139 号），现对中国物资储运总公司所属的物资储运企业用地征免土地使用税问题，规定如下：

> 一、对物资储运企业的仓库库房用地，办公、生活区用地以及其他非直接从事储运业务的生产、经营用地，应按规定征收土地使用税。

该文件一直到 2011 年被废止，为什么要废止呢？原来《国务院办公厅关于促进物流业健康发展政策措施的意见》（国办发〔2011〕38 号）要求财政部与税务总局研究完善大宗商品仓储设施用地的土地使用税政策，既要促进物流企业集约使用土地，又要满足大宗商品实际物流需要。

既然如此，就不能仅中国物资储运总公司一家独享，而是要放宽到同类性质的公司。2012 年 1 月，《财政部 国家税务总局关于物流企业大宗商品仓储设施用地城镇土地使用税政策的通知》（财税〔2012〕13 号）文件于是出台了，并多次延期，一直到财税〔2020〕16 号。自始至终均表明减税优惠仅针对"物流企业是指为工农业生产、流通、进出口和居民生活提供仓储、配送服务的专业物流企业。"而为中国物资储运总公司这个专门的量身定制的"国税地字〔1989〕139 号"自然作废，市场经济需要平等待遇。

中国的物流术语标准将物流定义为：物流是物品从供应地向接收地的实体流动过程中，根据实际需要，将运输、储存、装卸搬运、包装、流通加工、配送、信息处理等功能有机结合起来实现用户要求的过程。说白了主要两项就是运输和仓储，如果添加了其他项业务，就不是专业物流企业。

我们从反向来推理，其实也可以得出上述结论，如果说兼营物流业的企业也能享受减半征收的优惠，那么中国哪家大中型企业没有仓储设施用地呢？岂不都可以享受减半征收城镇土地使用税的优惠吗？事实上没有。

由于城镇土地使用税全部是地方税收入，所以有的地方定义的专业物流企业更加明确且易于执行。比如《新疆维吾尔自治区地方税务局转发财政部 国家税务总局关于物流企业大宗商品仓储设施用地城镇土地使用税政策的通知》（新地税发〔2012〕65号）规定，专业物流企业是指具备或租用必要的运输工具和仓储设施，至少具有从事运输（或运输代理）和仓储两种以上经营范围，能够提供运输、代理、仓储、装卸、加工、整理、配送等一体化服务的实行独立核算的经济组织。

▶▶ 地产特殊会计处理，"土增"清算尤须注意

关键词：抵减销项税额

案例

　　甲房地产开发企业为增值税一般纳税人，开发的A项目是按一般计税方法计税。土地增值税清算时，取得项目销售收入（含增值税，税率9%）87.2亿元。假设增值税允许扣除的土地价款和拆迁补偿费用为27.25亿元，房地产开发成本15亿元，甲企业不能按转让房地产项目计算分摊利息支出或不能提供金融机构证明，房地产开发费用按"取得土地使用权所支付的金额"与"房地产开发成本"金额之和的10%以内计算扣除，不考虑其他情况，则：

　　土地增值税清算收入和扣除成本为多少？

先看法律条文的规定：

先看土地增值税的规定。根据《国家税务总局关于营改增后土地增值税若干征管规定的公告》（国家税务总局公告2016年第70号），"营改增"后，纳税人转让房地产的土地增值税应税收入不含增值税。适用增值税一般计税方法的纳税人，其转让房地产的土地增值税应税收入不含增值税销项税额；适用简易计税方法的纳税人，其转让房地产的土地增值税应税收入不含增值税应纳税额。

再看增值税的规定。根据《房地产开发企业销售自行开发的房地产项目增值税征收管理暂行办法》（国家税务总局公告2016年第18号），房地产开发企业中的一般纳税人（以下简称"一般纳税人"）销售自行开发的房地产项目，适用一般计税方法计税，按照取得的全部价款和价外费用，扣除当期销售房地产项目对应的土地价款后的余额计算销售额。销售额的计算公式如下：

销售额＝（全部价款和价外费用－当期允许扣除的土地价款）÷（1＋11%）（备

注：2019 年 4 月 1 日起，降为 9%）

《增值税会计处理规定》（财税〔2016〕36 号）规定，企业发生相关成本费用允许扣减销售额的账务处理。按现行增值税制度规定企业发生相关成本费用允许扣减销售额的，发生成本费用时，按应付或实际支付的金额，借记"主营业务成本""存货""工程施工"等科目，贷记"应付账款""应付票据""银行存款"等科目。待取得合规增值税扣税凭证且纳税义务发生时，按照允许抵扣的税额，借记"应交税费——应交增值税（销项税额抵减）"或"应交税费——简易计税"科目（小规模纳税人应借记"应交税费——应交增值税"科目），贷记"主营业务成本""存货""工程施工"等科目。

我们将例题用会计分录演绎如下：

①取得土地成本时。

借：开发成本——土地使用权 2 725 000 000

　　贷：银行存款 2 725 000 000

②发生开发成本时。

借：开发成本——建筑工程费等 1 500 000 000

　　贷：银行存款 1 500 000 000

③销售开发产品时。

借：预收账款（或合同负债） 8 720 000 000

　　贷：主营业务收入 8 000 000 000

　　应交税费——应交增值税（销项税额） 720 000 000

④同时分离"主营业务成本"二级科目"开发成本"中的土地价款及拆迁补偿费中的抵减销项税额。

借：应交税费——应交增值税（抵减销项税额） 2 250 000 000

　　贷：主营业务成本 2 250 000 000

会计上的毛利转化为主营业务收入（80）－主营业务成本（27.25 － 2.25 ＋ 15）＝ 40（亿元）

但是请注意，根据《土地增值税暂行条例实施细则》（财法字〔1995〕006 号）取得土地使用权所支付的金额，是指纳税人为取得土地使用权所支付的地价款和按国家统一规定交纳的有关费用。

这里面有个事实，即土地价款及拆迁补偿费用的凭证上所载的是 27.25 亿元，而会计处理反映的却是原始价值 27.25 亿元冲减掉人为设置的抵减销项税额 2.25 亿元后的余额 25 亿元，那么土地增值税的土地成本扣除项目按票据所载的 27.25 亿元来计算，相应的土地增值税的收入是多少呢？根据前述"国家税务总局公告 2016 年第 70 号"所讲的适用增值税一般计税方法的纳税人，其转让房地产的土地增值税应税收入不含增值税销项税额：

不含增值税收入＝含税收入 87.2 －（销项税额 7.2 －抵减销项税额 2.25）＝82.25（亿元）

即抵减销项税额也是销项税额的属性，抵减销项税额后的税额才是销项税额。

即土地增值税的逻辑是清算收入＝82.25 －（土地成本 27.25 ＋开发成本 15）＝40（亿元）

因此，在一般计税项目清算时，对会计处理就需要按照土地增值税的原则予以处理。根据《国家税务总局关于印发土地增值税宣传提纲的通知》（国税函发〔1995〕110 号），对取得土地使用权后进行房地产开发建造的，在计算其增值额时，允许扣除取得土地使用权时支付的地价款和有关费用、开发土地和新建房及配套设施的成本和规定的费用、转让房地产有关的税金，并允许加计 20% 的扣除。

如果我们不考虑会计处理与土地增值税政策的歧议，直接进行会计处理。假设不考虑相关税费因素，则：

土地增值税增值额＝收入－土地成本－开发成本－开发费用 ×10% －加计扣除 ×20%

＝80 － 25 － 15 －（25 ＋ 15）×10% －（25 ＋ 15）×20% ＝ 28（亿元）

扣除项目金额 52 亿元，增值额除以扣除项目金额 53.8%。

应纳土地增值税＝ 28×40% － 52×5% ＝ 8.6（亿元）

土地增值税四级超率累进税率，见下表。

级数	级距	税率（%）	速算扣除系数（%）	计算公式
1	增值额未超过扣除项目金额 50% 的部分	30	0	增值额 30%
2	增值额未超过扣除项目金额 50%，未超过 100% 的部分	40	5	增值额 40%—扣除项目金额 5%

级数	级距	税率（%）	速算扣除系数（%）	计算公式
3	增值额未超过扣除项目金额 100%，未超过 200% 的部分	50	15	增值额 50%—扣除项目金额 15%
4	增值额未超过扣除项目金额 200% 的部分	60	35	增值额 60%—扣除项目金额 35%

但按照调整后的数字进行处理，则：

土地增值税增值额＝收入—土地成本—开发成本—开发费用 ×10% —加计扣除 ×20% ＝ 82.25 — 27.25 — 15 —（27.25 ＋ 15 ）×10% —（27.25 ＋ 15 ）×20% ＝ 27.325（亿元）

扣除项目金额 54.925 亿元，增值额除以扣除项目金额得到 49.75%，适用税率 30%。即：

应纳土地增值税＝ 27.325×30% ＝ 8.197 5（亿元）

8.6 — 8.197 5=0.402 5（亿元）

相较前面足足少了 4 025 万元。

►► 管理服务 = 管理费用？ 开发费用 = 期间费用？
关键词：成本 + 费用

某地产集团公司实施一定程度上的集中管理，对下属项目子公司提供具体项目的管理，管理收费合同中签订：集团母公司派出项目小组去子公司负责地产项目现场管理收费100万元，并向子公司开具了发票，则上述发票注明的100万元，项目子公司是否可以作为开发间接费用来处理，还是作为开发费用来处理？

我们知道，如果作为开发土地和新建房及配套设施的成本中的开发间接费用，不仅可以据实扣除，而且可以加计20%的扣除；但如果作为开发费用，只有符合条件的利息可以据实扣除，其他期间费用是按土地成本与开发成本之和按比例计算扣除的，其实际发生多少没有意义。

那么上述发票上注明的管理费用属于什么性质呢？

先看法律条文的规定：

我们来看个文件，根据《国家税务总局关于母子公司间提供服务支付费用有关企业所得税处理问题的通知》（国税发〔2008〕86号）：母公司为其子公司（以下简称"子公司"）提供各种服务而发生的费用，应按照独立企业之间公平交易原则确定服务的价格，作为企业正常的劳务费用进行税务处理。

母子公司未按照独立企业之间的业务往来收取价款的，税务机关有权予以调整。

母公司向其子公司提供各项服务，双方应签订服务合同或协议，明确规定提供服务的内容、收费标准及金额等，凡按上述合同或协议规定所发生的服务费，母公司应作为营业收入申报纳税；子公司作为成本费用在税前扣除。

这里面注意关键词"成本费用"，根据《企业所得税法实施条例》第二十九条《企业所得税法》第八条所称成本，是指企业在生产经营活动中发生的销售成本、销货成本、业务支出以及其他耗费……第三十条《企业所得税法》第八条所称费用，是指企业在生产经营活动中发生的销售费用、管理费用和财务费用，已经计入成本的有关费用除外。

可见，母公司向子公司提供的服务，对于母公司而言属于营业收入，但是对于子公司而言则需要区分是否能够对象化，分别计入成本或费用。

土地增值税其实也是类似的，根据《国家税务总局关于印发土地增值税宣传提纲的通知》（国税函发〔1995〕110号），开发土地和新建房及配套设施的费用（以下简称"房地产开发费用"）是指销售费用、管理费用、财务费用。根据新会计制度规定，与房地产开发有关的费用直接计入当年损益，不按房地产项目进行归集或分摊。《土地增值税暂行条例》规定开发间接费用，是指直接组织、管理开发项目发生的费用，包括工资、职工福利费、折旧费、修理费、办公费、水电费、劳动保护费、周转房摊销等。

显而易见，开发费用不按房地产项目进行归集或分摊，而开发间接费用是分摊到开发项目上去的。

我们不妨看两个地方的税收规范性文件是如何规定的，比如《广西壮族自治区房地产开发项目土地增值税管理办法（试行）》（广西壮族自治区地方税务局公告2018年第1号）规定，开发间接费用与纳税人的期间费用应按照现行企业会计准则或企业会计制度的规定分别核算。厦门市地方税务局《关于修订〈厦门市土地增值税清算管理办法〉的公告》（厦门市地方税务局公告〔2016〕7号）规定，开发间接费用与房地产开发费用中的管理费用应按照现行企业会计准则或会计制度的规定分别核算。

因此，子公司没有自己的项目管理团队，采取外包方式购买母公司提供的项目管理服务，本质上均是开发间接费用，不能因为合同品名叫作管理服务，就粗暴简单地将其指为管理费用，从而归集到开发费用中去，损害了企业的合法权益。

▶▶ 单位包罗万象，企业只是一项

关键字：用人单位＋企业

案例

《财政部关于调整残疾人就业保障金征收政策的公告》（财政部公告2019年第98号）……四、自2020年1月1日起至2022年12月31日，在职职工人数在30人（含）以下的企业，暂免征收残疾人就业保障金。

民办非企业单位能否享受此减免？

先看法律条文的规定：

看法条一定要注意联系上下文，我们完整地看看"财政部公告2019年第98号"。

一、残疾人就业保障金征收标准上限，按照当地社会平均工资两倍执行。当地社会平均工资按照所在地城镇非私营单位就业人员平均工资和城镇私营单位就业人员平均工资加权计算。

二、用人单位依法以劳务派遣方式接受残疾人在本单位就业的，由派遣单位和接受单位通过签订协议的方式协商一致后，将残疾人数计入其中一方的，实际安排残疾人就业人数和在职职工人数，不得重复计算。

三、自2020年1月1日起至2022年12月31日，对残疾人就业保障金实行分档减缴政策。其中：用人单位安排残疾人就业比例达到1%（含）以上，但未达到所在地省、自治区、直辖市人民政府规定比例的，按规定应缴费额的50%缴纳残疾人就业保障金；用人单位安排残疾人就业比例在1%以下的，按规定应缴费额的90%缴纳残疾人就业保障金。

> 四、自2020年1月1日起至2022年12月31日，在职职工人数在30人（含）以下的企业，暂免征收残疾人就业保障金。

注意看第二条的用人单位，用人单位指什么？再来追溯。根据《财政部 国家税务总局 中国残疾人联合会关于印发残疾人就业保障金征收使用管理办法的通知》（财税〔2015〕72号）第二条，保障金是为保障残疾人权益，由未按规定安排残疾人就业的机关、团体、企业、事业单位和民办非企业单位（以下简称"用人单位"）缴纳的资金。

真相大白，用人单位包括了机关、团体、企业、事业单位和民办非企业单位，那么"财政部公告2019年第98号"的第一条、第二条、第三条都讲的是用人单位，而第四条却讲的是企业，那么，不属于企业的民办非企业单位当然就是不可以暂免征收残疾人就业保障金了。

我们再"百度"什么是民办非企业单位，民办非企业单位是个新概念。它是于1996年中央和国务院领导针对以往的民办事业单位这一概念所作的修正。即：事业单位是国家举办的，而民间不应再称事业单位。1998年10月，国务院颁布《民办非企业单位登记管理暂行条例》，将民办非企业单位界定为：企业事业单位、社会团体和其他社会力量以及公民个人利用非国有资产举办的，从事非营利性社会服务活动的社会组织。比如民办学校、民办医院。

2020年，新冠肺炎疫情主要冲击的是营利性的企业，积极的财政政策支持的也是企业，从这个角度理解，也能找到正确答案。比如，《人力资源社会保障部办公厅 财政部办公厅 国家税务总局办公厅关于印发关于阶段性减免企业社会保险费有关问题的实施意见的通知》（人社厅发〔2020〕18号），此次出台的三项社会保险费减免政策，除湖北省外的其他省份可免征三项社会保险单位缴费部分的单位范围包括各类中小微企业。对以单位方式参保的个体工商户，参照中小微企业享受减免政策。可减半征收三项社会保险单位缴费部分的单位范围包括各类大型企业，民办非企业单位、社会团体等各类社会组织。

该文也是同样，单位的范畴包括了企业、民办非企业单位、社会团体等，但优惠力度则是高低有别的。

▶▶ 不要小看一个字，画龙点睛就是它

关键字：或、且、等、可、和

案例

老师您好，能解释下税收法律、法规、规章、规范性文件中经常使用的几个字吗，比如等、或、且的含义是什么？

1. 我们先来看"等"字

问：《国家税务总局关于企业工资薪金及职工福利费扣除问题的通知》（国税函2009年3号）第三条列举了福利费内容：《企业所得税法实施条例》第四十条规定的企业职工福利费，包括以下内容：为职工卫生保健、生活、住房、交通等所发放的各项补贴和非货币性福利，包括企业向职工发放的因公外地就医费用、未实行医疗统筹企业职工医疗费用、职工供养直系亲属医疗补贴、供暖费补贴、职工防暑降温费、职工困难补贴、救济费、职工食堂经费补贴、职工交通补贴等。按照其他规定发生的其他职工福利费，包括丧葬补助费、抚恤费、安家费、探亲假路费等。对于上述列举是正列举还是概举，总局所得税司巡视员卢云在2012年4月11日在线访谈中指出：没有列举的费用项目如确实是为企业全体属于职工福利性质的费用支出目的，且符合《企业所得税法》规定的权责发生制原则，以及对支出税前扣除合法性、真实性、相关性、合理性和确定性要求的，可以作为职工福利费按规定在企业所得税前扣除。

我们总结认为，税收文件在列举时的末尾加"等"字，特别是前面还有具体性质限定，比如"为职工卫生保健、生活、住房、交通等所发放"，这种情况下，

正列举是没有意义的，比如上述文件的"住房"在前置条件中有了，但是后面列举的并没有住房补贴，难道住房补贴就不是职工福利费吗？如果不是，岂不前后矛盾。

再比如《土地增值税暂行条例》规定，开发间接费用，是指直接组织、管理开发项目发生的费用，包括工资、职工福利费、折旧费、修理费、办公费、水电费、劳动保护费、周转房摊销等。

这里的"等"，其实也是概举而非正列举，随着经济的发展与社会的进步，文件如果限定在上述正列举的范畴，只会画地为牢，故步自封。比如，周转房摊销现在基本消失，而新的开发间接费用又不断涌现，有鉴于此，各地目前对开发间接费用的处理方式主要是从性质上去界定。比如，《广西壮族自治区房地产开发项目土地增值税管理办法（试行）》（广西壮族自治区地方税务局公告 2018 年第 1 号）规定，开发间接费用与纳税人的期间费用应按照现行企业会计准则或企业会计制度的规定分别核算。厦门市地方税务局《关于修订〈厦门市土地增值税清算管理办法〉的公告》（厦门市地方税务局公告〔2016〕7 号）规定，开发间接费用与房地产开发费用中的管理费用应按照现行企业会计准则或会计制度的规定分别核算。也有个别税务局为了方便操作，比如，《内蒙古自治区地方税务局关于进一步明确土地增值税有关政策的通知》（内地税字〔2014〕159 号）规定，开发间接费用，是指直接组织、管理开发项目发生的费用，包括工资、职工福利费、折旧费、修理费、办公费、水电费、劳动保护费、周转房摊销、工程监理费、安全监督费等（增加了工程监理费、安全监督费，但仍然后面写了个"等"）。

2. 我们再来看"或"字

《国家税务总局关于房地产开发企业土地增值税清算管理有关问题的通知》（国税发〔2006〕187 号）规定：属于多个房地产项目共同的成本费用，应按清算项目可售建筑面积占多个项目可售总建筑面积的比例或其他合理的方法，计算确定清算项目的扣除金额。

这里的"或"，是给了纳税人的选择权，既可以选择建筑面积法，也可以选择占地面积法，这是纳税人的权利，除非税务机关有明文规定，只能选择一种方法。

《国家税务总局关于印发房地产开发经营业务企业所得税处理办法的通知》（国税发〔2009〕31 号）第三十条，企业下列成本应按以下方法进行分配：

> （一）土地成本，一般按占地面积法进行分配。如果确需结合其他方法进行分配的，应商税务机关同意。
>
> 　土地开发同时连结房地产开发的，属于一次性取得土地分期开发房地产的情况，其土地开发成本经商税务机关同意后可先按土地整体预算成本进行分配，待土地整体开发完毕再行调整。
>
> （二）单独作为过渡性成本对象核算的公共配套设施开发成本，应按建筑面积法进行分配。
>
> （三）借款费用属于不同成本对象共同负担的，按直接成本法或按预算造价法进行分配。
>
> （四）其他成本项目的分配法由企业自行确定。

从上述内容可以看出，土地成本只能按占地面积法处理，但借款费用既可以按直接成本法，也可以按预算造价法，纳税人可以自己选择。

与"或"字差不多的还有"可"字，比如，《财政部 国家税务总局关于专项用途财政性资金企业所得税处理问题的通知》（财税〔2011〕70号）规定：

> 　一、企业从县级以上各级人民政府财政部门及其他部门取得的应计入收入总额的财政性资金，凡同时符合以下条件的，可以作为不征税收入，在计算应纳税所得额时从收入总额中减除：
>
> （一）企业能够提供规定资金专项用途的资金拨付文件；
>
> （二）财政部门或其他拨付资金的政府部门对该资金有专门的资金管理办法或具体管理要求；
>
> （三）企业对该资金以及以该资金发生的支出单独进行核算。

即使符合三项条件，企业也可以选择作为不征税收入或征税收入。

再比如《财政部 国家税务总局关于进一步明确全面推开营改增试点有关劳务派遣服务、收费公路通行费抵扣等政策的通知》（财税〔2016〕47号）规定，一般纳税人提供劳务派遣服务，可以按照《财政部 国家税务总局关于全面推开营业税改征增值税试点的通知》（财税〔2016〕36号）的有关规定，以取得的全部价款和价外费用为销售额，按照一般计税方法计算缴纳增值税；也可以选择差额纳税，以取得的全部价款和价外费用，扣除代用工单位支付给劳务派遣员工的工资、福利和为其办理社会保险及住房公积金后的余额为销售额，按照简易计税方法依 5% 的征收率计算缴纳增值税。

小规模纳税人提供劳务派遣服务，可以按照《财政部 国家税务总局关于全面推开营业税改征增值税试点的通知》（财税〔2016〕36 号）的有关规定，以取得的全部价款和价外费用为销售额，按照简易计税方法依 3% 的征收率计算缴纳增值税；也可以选择差额纳税，以取得的全部价款和价外费用，扣除代用工单位支付给劳务派遣员工的工资、福利和为其办理社会保险及住房公积金后的余额为销售额，按照简易计税方法依 5% 的征收率计算缴纳增值税。

这里需要注意，虽然可以选择简易计税方法，但根据《财政部 国家税务总局关于全面推开营业税改征增值税试点的通知》（财税〔2016〕36 号）第十八条规定，一般纳税人发生应税行为适用一般计税方法计税。一般纳税人发生财政部和国家税务总局规定的特定应税行为，可以选择适用简易计税方法计税，但一经选择，36 个月内不得变更。

3. 接下来我们来看"且"字

《财政部 国家税务总局关于个人所得税若干政策问题的通知》（财税字〔1994〕20 号）"……二、下列所得，暂免征收个人所得税：个人转让自用达 5 年以上、并且是唯一的家庭生活用房取得的所得。"

而这也就是二手房交易业内俗称的"满五唯一"，两者都要具备，其中"满五"是指房产证从出证开始计算，时间满 5 年或超过 5 年；"唯一"则是指业主在该省份内，登记在国土局系统里得只有这一套房子。通常情况下，房子满足"满五唯一"的条件即可减免房子的个税。

与"且"字意义相近的是"又"，《财政部 国家税务总局关于规范个人投资者个人所得税征收管理的通知》（财税〔2003〕158 号）规定：纳税年度内个人投资者从其投资企业（个人独资企业、合伙企业除外）借款，在该纳税年度终了后既不归还，又未用于企业生产经营的，其未归还的借款可视为企业对个人投资者的红利分配，依照"利息、股息、红利所得"项目计征个人所得税。

这里就要注意了，即使自然人股东从公司借款超过一年未还，同时还要注意另一个前提条件，是否同时未用于企业生产经营。打个比方，公司自然人股东从公司借款 100 万元用于前往多国考察公司潜在购并项目，则这种情况下就不宜定性为视同利息、股息、红利所得项目征收个人所得税。

4. 我们最后来看一下"和"字

《企业所得税法实施条例》第三十五条，企业依照国务院有关主管部门或者省级人民政府规定的范围和标准为职工缴纳的基本养老保险费、基本医疗保险费、失业保险费、工伤保险费、生育保险费等基本社会保险费和住房公积金，准予扣除。

大家注意到没有，在"基本养老保险费、基本医疗保险费、失业保险费、工伤保险费、生育保险费等基本社会保险费"后不是顿号，而是一个"和"字，为什么不使用顿号呢？

原因是住房公积金目前是市级统筹，同一个市是通用的。至于是否全省通用，各省的规定不一样。如《国务院关于修改〈住房公积金管理条例〉的决定》第十八条：职工和单位住房公积金的缴存比例均不得低于职工上一年度月平均工资的 5%；有条件的城市，可以适当提高缴存比例。具体缴存比例由住房公积金管理委员会拟订，经本级人民政府审核后，报省、自治区、直辖市人民政府批准。

也就是说住房公积金不存在国务院主管部门或者省级人民政府规定的范围和标准，既然如此，在基本社会保险费后面就不能用顿号，而只能用"和"，表明前面和后面是两段，后面的住房公积金只要符合所在市级的范围和标准即可准予扣除。

我们从另外一个文件再来印证，《财政部 国家税务总局关于住房公积金医疗保险金、养老保险金征收个人所得税问题的通知》（国税函发〔1997〕538 号）企业和个人按照国家或地方政府规定的比例提取并向指定金融机构实际缴付的住房公积金、医疗保险金、基本养老保险金，不计入个人当期的工资、薪金收入，免予征收个人所得税。超过国家或地方政府规定的比例缴付的住房公积金、医疗保险金、基本养老保险金，应将其超过部分并入个人当期的工资、薪金收入，计征个人所得税。

这个表述，将住房公积金、医疗保险金、基本养老保险金均用顿号连接，但其限定语却是国家或地方政府规定的比例，而地市级政府显然也是地方政府的层级，这里就没有用省级人民政府的表述，从而可见一斑。

检索备注

问：我公司是河南省的一般纳税人，2017年5月提供仓储服务时选择了简易计税方法。2020年1—7月受疫情影响收入较低，但公司最近计划购进大额设备，问我公司2020年8月对仓储服务能否选择适用一般计税？

答：《财政部 国家税务总局关于全面推开营业税改征增值税试点的通知》（财税〔2016〕36号）附件1《营业税改征增值税试点实施办法》第十八条规定，一般纳税人发生财政部和国家税务总局规定的特定应税行为，可以选择适用简易计税方法计税，但一经选择，36个月内不得变更。附件2《营业税改征增值税试点有关事项的规定》第一条第（六）项第3点规定，一般纳税人发生仓储服务可以选择适用简易计税方法计税。

国家税务总局河南省税务局2020年7月27日对问题"一般纳税人发生特定应税行为选择简易计税方法，是否必须在满第36个月当月或满36个月次月（37个月）决定往后是选择一般计税还是简易计税，如选择简易计税第40个月后，是否能在第41个月选择一般计税，还是需要再满一次36个月的周期才能选择一般计税？"的答复如下：根据《财政部 国家税务总局关于全面推开营业税改征增值税试点的通知》（财税〔2016〕36号）文件规定，第十八条 一般纳税人发生应税行为适用一般计税方法计税。一般纳税人发生财政部和国家税务总局规定的特定应税行为，可以选择适用简易计税方法计税，但一经选择，36个月内不得变更。因此，根据您的描述，如果您属于文件规定的特定应税行为，选择了简易计税，则36个月内不得变更，因此，36个月为法定最短期限。36个月后，您是选择简易计税还是一般计税，需要确定您是否符合文件规定的特定应税行为，如果符合这些应税行为，则可以继续选择简易计税，如果不符合，则需要按照一般计税方法计算缴纳增值税。若您在选择简易计税第40个月后，选择按照一般计税方法计税，不需要再等待36个月，可以直接选择一般计税。

国家税务总局河南省税务局2020年7月28日对问题"一般纳税人6月发生特定应税项目，在6月选择适用简易计税方法计税，36个月内不得变更。简易计税满36个月，'36个月'的起始时间是指适用简易计税的6月所属期还是

7月申报期？"的答复如下：一般纳税人在6月选择适用简易计税方法计税，"36个月"的起始时间即为适用简易计税的6月所属期。

综上，由于你公司2017年5月仓储服务选择了简易计税方法，36个月内不得变更，即在2017年5月至2020年4月期间提供该业务都必须适用简易计税方法，36个月为法定最短不能变更计税方法的期限，因此，你公司可在2020年5月起可以重新选择计税方法，2020年8月你公司提供仓储服务时，可以适用一般计税方法，无须再等待36个月。

中　篇

掌握税法与相关法律的渊源：精准解决疑难业务

苏轼大文豪写过一首诗《题西林壁》："横看成岭侧成峰，远近高低各不同。不识庐山真面目，只缘身在此山中。"这首诗告诉我们财务人员，学好税法千万不能故步自封，局限在会计与税法的领域，理解税法更要提倡博观约取的精神。何谓博观约取？意思就是广博读书而简约审慎地取用，广泛地阅览，扼要地选取。比如，我是建筑企业财务人员，那就必须要学习涉及建筑业的行业知识、法律法规，这样才能更深入地学习税法。其实制定具体税法的人，也需要考虑税法与相关法律的协调，而不是闭门造车。我们可以从很多的案例中看到相关法律对税法的深刻影响。

▶▶ 切忌望文生义，细究文件原意
关键法律：人力资源＋劳务派遣

案例

《财政部 国家税务总局关于全面推开营业税改征增值税试点的通知》（财税〔2016〕36号）关于税目界定的规定中，其中的商务辅助服务包括企业管理服务、经纪代理服务、人力资源服务、安全保护服务。而经纪代理服务又细分为各类经纪、中介、代理服务，包括金融代理、知识产权代理、货物运输代理、代理报关、法律代理、房地产中介、职业中介、婚姻中介、代理记账、拍卖等。人力资源服务则细分为提供公共就业、劳务派遣、人才委托招聘、劳动力外包等服务的业务活动。而《财政部 国家税务总局关于进一步明确全面推开营改增试点有关劳务派遣服务、收费公路通行费抵扣等政策的通知》（财税〔2016〕47号）则规定纳税人提供人力资源外包服务，按照经纪代理服务缴纳增值税。

纳闷了，人力资源外包服务为什么是经纪代理服务而不是人力资源服务呢？为什么多了个外包，子税目就不一样了？

先看法律条文的规定：

这里我们借用《企业会计准则》关于主要责任人与代理人的说法来阐释。

《企业会计准则第14号——收入》（财会〔2017〕22号）第三十四条，企业应当根据其在向客户转让商品前是否拥有对该商品的控制权，来判断其从事交易时的身份是主要责任人还是代理人。企业在向客户转让商品前能够控制该商品的，该企业为主要责任人，应当按照已收或应收对价总额确认收入；否则，该企业为代理人，应当按照预期有权收取的佣金或手续费的金额确认收入，该金额应当按照已收或应收对价总额扣除应支付给其他相关方的价款后的净额，或者按照既定的佣金金额或比例等确定。

其实税法中的经纪代理服务提供商相当于代理人，而人力资源服务提供商相当于主要责任人，我们再继续寻找相关关联法律法规来分析。

根据《劳务派遣暂行规定》（人力资源和社会保障部令 2014 年第 22 号）第五条，劳务派遣单位应当依法与被派遣劳动者订立两年以上的固定期限书面劳动合同。……第八条，劳务派遣单位应当对被派遣劳动者履行下列义务：

（一）如实告知被派遣劳动者劳动合同法第八条规定的事项、应遵守的规章制度以及劳务派遣协议的内容；

（二）建立培训制度，对被派遣劳动者进行上岗知识、安全教育培训；

（三）按照国家规定和劳务派遣协议约定，依法支付被派遣劳动者的劳动报酬和相关待遇；

（四）按照国家规定和劳务派遣协议约定，依法为被派遣劳动者缴纳社会保险费，并办理社会保险相关手续；

（五）督促用工单位依法为被派遣劳动者提供劳动保护和劳动安全卫生条件；

（六）依法出具解除或者终止劳动合同的证明；

（七）协助处理被派遣劳动者与用工单位的纠纷；

（八）法律、法规和规章规定的其他事项。

而税收规范性文件《财政部 国家税务总局关于进一步明确全面推开营改增试点有关劳务派遣服务、收费公路通行费抵扣等政策的通知》（财税〔2016〕47 号）规定：劳务派遣服务，是指劳务派遣公司为了满足用工单位对于各类灵活用工的需求，将员工派遣至用工单位，接受用工单位管理并为其工作的服务。

从上述表述可见，税法规定来源于《劳务派遣暂行规定》，由于这些劳务派遣员工属于劳务派遣公司的员工，劳务派遣公司将上述人员派遣到用工单位，是劳务派遣公司与用工单位签订劳务合同，并向用工单位开具发票收取款项，因此劳务派遣公司是主要责任人的角色，其收取的用工单位的款项即为其提供劳务派遣服务的收入，而其发放给这些员工的工资、福利、社会保险、公积金属于劳务派遣公司的成本，只不过由于上述成本无法取得增值税进项税额抵扣，为促进劳动就业，国家出台"财税〔2016〕47号"文件，规定劳务派遣公司可以差额缴纳增值税，比如一般纳税人提供劳务派遣服务，可以按照《财政部 国家税务总局关于全面推开营业税改征增值税试点的通知》（财税〔2016〕36号）的有关规定，以取得的全部价款和价外费用为销售额，按照一般计税方法计算缴纳增值税；也可以选择差额纳税，以取得的全部价款和价外费用，扣除代用工单位支付给劳务派遣员工的工资、福利和为其办理社会保险及住房公积金后的余额为销售额，按照简易计税方法依5%的征收率计算缴纳增值税。选择差额纳税的纳税人，向用工单位收取用于支付给劳务派遣员工工资、福利和为其办理社会保险及住房公积金的费用，不得开具增值税专用发票，可以开具普通发票。

例：一般纳税人甲劳务派遣企业向用工单位收取105万元含税收入，发放劳务派遣员工工资、社会保险、公积金94.5万元，劳务派遣企业选择差额计税方法，则在取得收入时，会计处理如下：

借：银行存款   1 050 000

    贷：主营业务收入   1 000 000

        应交税费——简易计税   50 000

在支付成本时。

借：主营业务成本   900 000

    应交税费——简易计税   （945 000 ÷ 1.05 × 5%）45 000

    贷：银行存款   945 000

次月缴纳增值税时。

借：应交税费——简易计税   50 000

    贷：银行存款   50 000

在开具发票时，如果用工单位索要增值税专用发票，则需要开具两张发票：一张增值税专用发票，价税合计10.5万元，注明税额0.5万元；另一张普通发票94.5万元，合计总额105万元。

我们再来看人力资源服务的定义，人力资源服务（Human Resources Outsourcing，简称HRO）是一种人力资源服务产品，是企业根据需要将某一项或几项人力资源管理工作流程或管理职能外包出去，由第三方专业的人力资源外包服务机构或公司进行管理，以降低经营成本，实现企业效益的最大化。外包内容包括：人力资源外包，人力资源管理外包，薪酬外包，薪酬管理外包，薪资外包，福利外包，薪酬福利外包，工资外包，社保外包，社保代缴，个税代缴，人事外包，人才外包等。

从定义中即可看出，人力资源外包只是将人力资源管理职能外包出去，人员却仍是用工单位的人员，相当于本单位因为规模小，没有人力资源管理部门，则上述服务外包出去，因此"财税〔2016〕47号"规定，纳税人提供人力资源外包服务，按照经纪代理服务缴纳增值税。其销售额不包括受客户单位委托代为向客户单位员工发放的工资和代理缴纳的社会保险、住房公积金。向委托方收取并代为发放的工资和代理缴纳的社会保险、住房公积金，不得开具增值税专用发票，可以开具普通发票。一般纳税人提供人力资源外包服务，可以选择适用简易计税方法，按照5%的征收率计算缴纳增值税。

正因为这些员工仍是接受服务单位的员工，而不是人力资源外包公司的员工，所以人力资源外包公司收取的款项中是不包括受客户单位委托代为向客户单位员工发放的工资和代理缴纳的社会保险、住房公积金。这些款项属于代收代付款项，除此之外的款项才是人力资源外包服务单位的销售额，也正因为如此，人力资源外包被纳入了经纪代理服务。

例如，乙人力资源外包企业为一般纳税人，向用工单位收取105万元收入，代为发放给用工单位员工工资、社会保险、公积金94.5万元。

则收取款项时，账务处理如下。

借：银行存款　　　　　　　　　　　　　　　　　　　1 050 000
　　贷：其他应付款　　　　　　　　　　　　　　　　　945 000
　　　　主营业务收入　　　　　　　　　　　　　　　　100 000
　　　　应交税费——简易计税　　　　　　　　　　　　　5 000

代为缴纳时，账务处理如下。

借：其他应付款　　　　　　　　　　　　　　　　　　　945 000
　　贷：银行存款　　　　　　　　　　　　　　　　　　945 000

其收入为（105 − 94.5）÷（1 + 5%）= 10（万元），应纳增值税按简易计税办法计算，即10×5% = 0.5（万元）。如果用工单位索取增值税专用发票的话，只能开具两张发票：一张为人力资源外包服务的增值税专用发票，价款10万元，税款0.5万元；另一张本质上是代收代付的增值税普通发票94.5万元，这张发票作为用工单位应付职工薪酬的合法原始凭证，因为用工单位形式上没有发放给本单位员工的工资、社会保险、公积金，也就没有员工的签收单据，所以需要开具普通发票作为上述成本项目列支的合法凭证。

这里面又可以关联到另一个税法规范性文件，即《企业所得税税前扣除凭证管理办法》（国家税务总局公告 2018 年第 28 号）第十条规定，企业在境内发生的支出项目不属于应税项目的，对方为单位的，以对方开具的发票以外的其他外部凭证作为税前扣除凭证；对方为个人的，以内部凭证作为税前扣除凭证。企业在境内发生的支出项目虽不属于应税项目，但按税务总局规定可以开具发票的，可以发票作为税前扣除凭证。

即用工单位取得的这 94.5 万元的普通发票本质上是自己单位负担的，不属于应征增值税项目的支出，税务总局既然规定可以开具发票，则上述发票按工资、社会保险、公积金扣除也是可以的。

▶▶ 字同义不同，范畴不相容

关联法律：《中华人民共和国建筑法》

案例

> 某劳务公司与造船公司签订合同，造船公司提供设备，由劳务公司进行安装，则上述收取的安装费用的增值税税目是什么呢？

先看法律条文的规定：

《中华人民共和国建筑法》（以下简称《建筑法》）规定，建筑活动，是指各类房屋建筑及其附属设施的建造和与其配套的线路、管道、设备的安装活动。

《建筑工程施工许可管理办法》规定，在中华人民共和国境内从事各类房屋建筑及其附属设施的建造、装修装饰和与其配套的线路、管道、设备的安装，以及城镇市政基础设施工程的施工，建设单位在开工前应当依照本办法的规定，向工程所在地的县级以上地方人民政府住房城乡建设主管部门申请领取施工许可证。

从上述两个专门针对施工领域的法律法规文件可以发现，看关键词"与其"，毫无疑义的是，这个"其"指的是"各类房屋建筑及其附属设施"，所谓的安装必须是与房屋建筑配套的安装，而船舶并不属于房屋建筑，那么与船舶这种非房屋建筑配套的设备的安装是建筑业税目中的安装吗？让我们来看看税法对安装的定义。《财政部 国家税务总局关于全面推开营业税改征增值税试点的通知》（财税〔2016〕36号）对建筑服务定义为：建筑服务，是指各类建筑物、构筑物及其附属设施的建造、修缮、装饰，线路、管道、设备、设施等的安装以及其他工程作业的业务活动，包括工程服务、安装服务、修缮服务、装饰服务和其他建筑服务。

不难发现在装饰与线路之间的一个","的重大歧异，《建筑法》强调的安装是与房屋建筑配套的安装，而"财税〔2016〕36号"文件在装饰和线路之间用了一个"，"隔开，显见在税法上安装的定义并没有强调与房屋建筑配套，再看"财税〔2016〕36 号"对建筑服务子税目工程服务的定义，是指新建、改建各种建筑物、构筑物的工程作业，包括与建筑物相连的各种设备或者支柱、操作平台的安装或者装设工程作业，原来与建筑物相连的设备安装被放在了工程服务而不是安装服务。

"财税〔2016〕36 号"还有这么一条：固定电话、有线电视、宽带、水、电、燃气、暖气等经营者向用户收取的安装费、初装费、开户费、扩容费以及类似收费，按照安装服务缴纳增值税。有经验的人都知道建筑物在建筑施工阶段就将固定电话、有线电视、宽带、水、电、燃气、暖气等接口建好了，电信、移动、燃气公司等运营商只要将线路接口接上即可配置相应设备提供服务，这个安装费、初装费之类的应税行为其实和建筑物、构筑物八竿子打不着。

因此可以得出一个结论了，即"营改增"的建筑服务范畴要大于《建筑法》的建筑活动范畴，很多安装工程依照《建筑法》不可能有建筑工程施工许可证，但仍属于"营改增"试点纳税人的建筑税目，适用 9% 的税率或 3% 的征收率。

所以提醒广大纳税人，同为安装服务，但是增值税与《建筑法》的定义并不相容，不同的语境下是有不同的含义的。

▶▶ 合同约定违约金，税收处理不同行

关联法律：《中华人民共和国民法典》（合同篇）

案例

老师您好，关于签订合同中频频出现的违约金，在税收处理上有什么具体的说法吗？

先看法律条文的规定：

《中华人民共和国民法典》第三编第一分编第八章专门是违约责任一章，有兴趣的朋友可以认真学习，我们来重点谈谈违约金。

违约金的定义，当事人完全不履行或不适当履行债务时，必须按约定给付对方一定数额的金钱或者金钱以外的其他财产。违约金是合同经济方式的一种，也是对违约的一种经济制裁。

1. 违约金的标准依法定或双方在合同中书面约定

违约金有两种：惩罚性违约金和补偿性违约金。

（1）惩罚性违约金，其作用全在惩罚。如果对方因违约而遭受财产损失，则违约一方除支付违约金外，还应另行赔偿对方的损失。

（2）补偿性违约金，是对合同一方当事人因他方违约可能遭受的财产损失的一种预先估计，给付了违约金，即免除了违约一方赔偿对方所遭受的财产损失的责任，即使损失大于违约金，亦不再补偿。《中华人民共和国民法典》第585条规定：当事人可以约定一方违约时应当根据违约情况向对方支付一定数额的违约金，也可以约定因违约产生的损失赔偿额的计算方法。

2. 违约金按履行与否进行的分类

（1）合同不履行的违约金。

合同不履行的违约金是指当事人没有履行主债务应当支付的违约金，这种违约金一般是按合同标的额的一定比例计算。当合同部分未履行时，按未履行的部分计算。

（2）逾期履行的违约金。

逾期履行，是当事人迟延给付主债务，逾期履行的违约金一般是按迟延的日期（天数等）计算的违约金。逾期履行有逾期付款和逾期交付标的物、逾期交付工作成果等。逾期交付标的物应当支付的违约金，按逾期付款的违约金执行。逾期履行也是履行，因此，不履行违约金与逾期履行违约金不能并用。

（3）瑕疵履行的违约金。

瑕疵履行的违约金，是指当事人履行的质量不符合要求而约定支付的违约金。瑕疵履行的违约金不能与实际履行并用，因为被违约人接受了履行，并从违约金中得到了损失的补偿。

如何判定违约金是否涉及增值税了？分下面几种情况分析。

1. 卖方履约，买方未履约支付的违约金

根据《增值税暂行条例实施细则》第十二条：条例第六条第一款所称价外费用，包括价外向购买方收取的手续费、补贴、基金、集资费、返还利润、奖励费、违约金、滞纳金、延期付款利息、赔偿金、代收款项、代垫款项、包装费、包装物租金、储备费、优质费、运输装卸费以及其他各种性质的价外收费。

依据上述文件这种违约金属于价外费用，引用陕西国税的文件说明。《陕西省国家税务局关于对电力企业收取的滞纳金及罚款征收增值税的通知》（陕国税发〔1997〕233 号）：电力企业对电费逾期付款加收滞纳金是售电过程中收取的价外费用；违章用电罚款是对违章用电行为的一种处罚性收入（补收的电费及罚款）。根据《增值税暂行条例》第六条："销售额为纳税人销售货物或者应税劳务向购买方收取的全部价款和价外费用"及其实施细则第十二条："价外费用是指价外向购买方收取的手续费、补贴、基金、集资费、返还利润、奖励费、违约金、滞纳金、延期付款利息、赔偿金、代收款项、代垫款项、包装费、包装物租金、储备费、优质费、运输装卸费及其他各种性质的价外收费"的规定，电力企业的上述收入应一并计入电力销售额征收增值税。

2. 卖方履约，但不符合规定向买方支付的违约金

比如，卖方产品有瑕疵，那么可依据《国家税务总局关于红字增值税发票开具有关问题的公告》（国家税务总局公告 2016 年第 47 号）：增值税一般纳税人开具增值税专用发票后，发生销货退回、开票有误、应税服务中止等情形但不符合发票作废条件，或者因销货部分退回及发生销售折让，需要开具红字专用发票。

再比如，卖方产品也无瑕疵，但卖方未按期送货导致买方原材料中断推迟生产，那么这种情况下买方收取的违约金就不宜开具红字，而应以收据的形式收取。

这里可以引用一个精神不灭的重庆地税文件来证明，根据《重庆市地方税务局关于赔偿租赁户装潢费是否征收营业税的批复》（渝地税函〔2002〕158 号）：鉴于房屋租赁中，出租方因合同到期收回或因故提前收回房屋，经双方协商，由出租方支付给原承租方的对其房屋装修费用的赔偿金属于经济补偿性质，不涉及营业税应税劳务。经研究，对该赔偿金不征收营业税。此即出租方未适当履约而支付的违约金不需要开具红字发票而以收据代替的例证。

3. 卖方不履约或买方不履约，合同未实际执行

比如卖方未卖货，向买方支付的违约金；或买方不付款，卖方因此不发货，买方向卖方支付的违约金，由于未发生销售货物、劳务、服务、无形资产、不动产的行为，不属于增值税应税行为，无须开具发票。

►► 房子就是不动产？细究其中所以然
关键法律：不动产管理法律

案例

一家企业最近买了钢结构厂房，安装完毕后作为固定资产入账，主管税务机关纳税评估发现固定资产不动产增加后，现场核实了解详情后要求企业就购买的钢结构厂房价款缴纳契税。

先看法律条文的规定：

《中华人民共和国契税法》第四条　契税的计税依据：（一）土地使用权出让、出售、房屋买卖，房屋权属转移合同确定的成交价格，包含应交付的货币以及实物、其他经济利益对应的价款；而房屋的买卖必定伴随着土地使用权属的变更，因此成交价格应包括房屋及土地的价格。

比如，《财政部 国家税务总局关于全面推开营业税改征增值税试点的通知》（财税〔2016〕36号）规定，转让建筑物有限产权或者永久使用权的，转让在建的建筑物或者构筑物所有权的，以及在转让建筑物或者构筑物时一并转让其所占土地的使用权的，按照销售不动产缴纳增值税。

再比如，《中华人民共和国城市房地产管理法》第四十二条规定，房地产转让时，土地使用权出让合同载明的权利、义务随之转移。所以《不动产登记暂行条例》从2015年3月1日起施行后，包括集体土地、房屋建筑所有权等在内的十类不动产将在全国范围内进行统一登记。"房产证"将逐渐换发成"不动产证"。原本，购房者买房后办理产权证，需要办理房屋所有权证和土地使用证。不动产登记开始后，房屋所有权证和土地使用证合二为一，统一登记到不动产权利证书上，也就是说，两证变成一证。

好的，问题清晰多了，企业只是买了钢结构厂房，而土地仍然是企业的，土地使用权归属并没有变化，而钢结构厂房又是个什么性质呢？

《国家税务总局关于进一步明确营改增有关征管问题的公告》（国家税务总局公告 2017 年第 11 号）规定：纳税人销售活动板房、机器设备、钢结构件等自产货物的同时提供建筑、安装服务，不属于《营业税改征增值税试点实施办法》（财税〔2016〕36 号文件印发）第四十条规定的混合销售，应分别核算货物和建筑服务的销售额，分别适用不同的税率或者征收率。

很明显，钢结构厂房属于货物，开具的是 13% 税率的增值税专用发票，商品品名为货物而非不动产，企业虽然以固定资产入账，但土地使用权并没有转移，购入的又是货物，哪来的房屋转移，更何谈征收契税呢？

▶▶ 政府返还冲减成本？土地出让追本溯源

关联法律：土地出让法律法规

案例

> 　　某地产公司通过出让拍得到一宗土地，价款10亿元，计入"开发成本——土地使用权"科目，后当地政府以财政返还方式返还，1亿元给予该公司。该公司按政府补助性质计入"营业外收入"科目，在土地增值税项目清算时，主管税务机关拿出某省的税收规范性文件，与企业的实际处理发生了争议，该文件有下述表述"纳税人为取得土地使用权所支付的地价款，在计算土地增值税时，应以纳税人实际支付土地出让金（包括后期补缴的土地出让金），减去因受让该宗土地政府以各种形式支付给纳税人的经济利益后予以确认。"据此，要求该公司项目土地增值税清算的土地成本按10亿元减去政府支付给公司的1亿元即9亿元予以确认。

　　先看法律条文的规定：

　　《招标拍卖挂牌出让国有建设用地使用权规定》（国土资源部令第39号）第十条：市、县人民政府国土资源行政主管部门应当根据土地估价结果和政府产业政策综合确定标底或者底价。标底或者底价不得低于国家规定的最低价标准。确定招标标底，拍卖和挂牌的起叫价、起始价、底价，投标、竞买保证金，应当实行集体决策。招标标底和拍卖挂牌的底价，在招标开标前和拍卖挂牌出让活动结束之前应当保密。

> 　　第十六条　竞买人的最高应价或者报价未达到底价时，主持人应当终止拍卖。拍卖主持人在拍卖中可以根据竞买人竞价情况调整拍卖增价幅度。

第十九条　挂牌截止应当由挂牌主持人主持确定。挂牌期限届满，挂牌主持人现场宣布最高报价及其报价者，并询问竞买人是否愿意继续竞价。有竞买人表示愿意继续竞价的，挂牌出让转入现场竞价，通过现场竞价确定竞得人。挂牌主持人连续三次报出最高挂牌价格，没有竞买人表示愿意继续竞价的，按照下列规定确定是否成交：

（一）在挂牌期限内只有一个竞买人报价，且报价不低于底价，并符合其他条件的，挂牌成交；

（二）在挂牌期限内有两个或者两个以上的竞买人报价的，出价最高者为竞得人；报价相同的，先提交报价单者为竞得人，但报价低于底价者除外；

（三）在挂牌期限内无应价者或者竞买人的报价均低于底价或者均不符合其他条件的，挂牌不成交。

综上所述，国有建设用地使用权的招标拍卖挂牌是严禁低于底价成交的，采取高于底价成交，事后给予返还这种变相低于底价的方式也是被严厉禁止的，《财政部　国土资源部　中国人民银行关于印发国有土地使用权出让收支管理办法的通知》（财综〔2006〕68号）第十条：任何地区、部门和单位都不得以"招商引资""旧城改造""国有企业改制"等各种名义减免土地出让收入，实行"零地价"，甚至"负地价"，或者以土地换项目、先征后返、补贴等形式变相减免土地出让收入；也不得违反规定，通过签订协议等方式，将应缴地方国库的土地出让收入，由国有土地使用权受让人直接将征地和拆迁补偿费支付给村集体经济组织或农民等。……第三十五条：对违反规定，擅自减免、截留、挤占、挪用应缴国库的土地出让收入，不执行国家统一规定的会计、政府采购等制度的，要严格按照《中华人民共和国土地管理法》、《中华人民共和国会计法》、《中华人民共和国审计法》、《中华人民共和国政府采购法》、《财政违法行为处罚处分条例》（国务院令第427号）和《金融违法行为处罚办法》（国务院令第260号）等有关法律法规规定进行处理，并依法追究有关责任人的责任。触犯《中华人民共和国刑法》的，要依法追究有关人员的刑事责任。

注意关键字"因"，有因才有果，即支付给纳税人的经济利益必须是与受让该宗土地有关，但试想，有几个政府敢于堂而皇之以土地返还款的方式返还给企业呢？如果税务机关证明不了企业收到的政府返还款与受让该宗土地有关，即证明不了"因"，何来的将 10 亿元土地出让金扣除 1 亿元的"果"呢？

我们设想，该地产公司和同在该市的一商贸企业均根据该市的企业同一奖励政策获得了政府补助，难道说商贸企业收到的奖励款与土地无关，仅因为地产公司的经营范围就认定收到的奖励款与土地有关吗？显然逻辑上是不通的。

其实，强调必须认定为土地返还款的各省关于土地增值税的文件还有很多，不妨列举如下：

《安徽省税务局关于修改安徽省土地增值税清算管理办法的公告》（安徽省税务局公告 2018 年第 21 号）第三十八条：取得土地使用权所支付的金额，是指纳税人为取得土地使用权所支付的地价款和按国家统一规定交纳的有关费用。其中，取得土地使用权所支付的地价款是指纳税人依据有关土地转让、出让合同、协议及其补充协议以货币或者其他形式支付的款项。依据有关土地转让、出让合同、协议及其补充协议，政府或有关单位、部门以扶持、奖励、补助、改制或其他形式返还、支付、拨付给纳税人或其控股方、关联方的金额应从取得土地使用权所支付的金额中剔除。

《黑龙江省地方税务局关于修改土地增值税有关规定的公告》（黑龙江省地方税务局公告 2017 年第 10 号）将 1 号公告第十一条修改为："对于房地产开发企业从政府、财政等部门取得的财政补贴、奖励、土地出让金返还、税收返还等财政补贴性收入，在计征土地增值税时，凡是明确相关款项用途的，直接冲减相关扣除项目金额，如土地出让金返还冲减取得土地使用权支付的金额等。"

细细品尝，都是强调了与土地直接挂钩的返还，因此在土地增值税清算实操中，一定要分清返还的性质，以免误伤。

▶▶ 财政拨款看性质，性质不同税相异
关联法律：政府采购

案例

> 我厂是污水处理公司，为增值税一般纳税人，系政府BOT建设项目。在处理生活污水过程中产生污泥送至污泥处置单位进行无害化处理，污泥处置单位每月开具增值税专用发票给我厂，我厂每月认证抵扣。到每年年底，财政局给予我厂污泥处置费全年全额补贴。请问我厂收取财政局污泥处置补贴费是否需要申报缴纳增值税？

先看法律条文的规定：

通常讲，企业拿到政府的财政补贴都会作为政府补助处理，但是政府财政给予的资金，却未必是政府补助。比如本案例，本质上是政府采购。我们先来学习政府采购的 BOT 形式。

BOT（build — operate — transfer）即建设—经营—转让，是私营企业参与基础设施建设，向社会提供公共服务的一种方式，也是指政府部门就某个基础设施项目与私人企业（项目公司）签订特许权协议，授予签约方的私人企业（包括外国企业）来承担该项目的投资、融资、建设和维护。在协议规定的特许期限内，许可其融资建设和经营特定的公用基础设施，并准许其通过向用户收取费用或出售产品以清偿贷款，回收投资并赚取利润。政府对这一基础设施有监督权，调控权。特许期满，签约方的私人企业将该基础设施无偿或有偿移交给政府部门。

实践中，随着政府采购范围的不断扩展，BOT 政府采购项目也不断增多。项目主要以市县级工程采购为主，采购方式主要为公开招标。此外，部分市县 BOT 项目咨询、框架协议编制等服务类采购以竞争性谈判为主要采购方式。比如，安

徽省马鞍山市生活垃圾焚烧发电厂 BOT 特许经营项目咨询服务采购组织竞争性谈判、广东省中山市垃圾转运站 BOT 特许经营权框架协议编制采购项目。

从分布情况来看，BOT 项目主要集中在中东部较为发达地区，涉及污水处理、垃圾处理环保领域，桥梁建设、公路建设、轨道交通、地下管网等公共基础设施建设领域，以及公租房建设、驾照考场设备安装、医院等地空调设备及安装、学校供热系统建设运营、城市公园改造、广告牌建设经营、工业园区 LED 路灯等民生采购领域。

归结到本案例，居民的生活污水处理本来就应当是政府来处理，为居民提供公共服务，但从产业化方面考虑，对新建污水处理厂项目采用了 BOT 投融资方式。它是一种"交易双赢"的思路：污水处理是政府的事，是政府的责权，但政府应当通过市场化的方式提高污水处理的效率，让社会资本建污水处理厂，尔后提供污水处理劳务，其中的生活污水处理属于政府的公共服务，由政府直接向污水处理厂采购，以补偿私人企业的成本并使其有盈利。

由此，污泥处置单位向污水处理厂开具增值税专用发票，而污水处理厂再向政府开具增值税普通发票收取政府采购价款。关于税率问题，最近的《财政部 国家税务总局关于二手车经销有关增值税政策的公告》（财政部 税务总局公告 2020 年第 9 号）规定，纳税人受托对垃圾、污泥、污水、废气等废弃物进行专业化处理，即运用填埋、焚烧、净化、制肥等方式，对废弃物进行减量化、资源化和无害化处理处置，按照以下规定适用增值税税率：

（一）采取填埋、焚烧等方式进行专业化处理后未产生货物的，受托方属于提供《销售服务、无形资产、不动产注释》（财税〔2016〕36 号文件印发）"现代服务"中的"专业技术服务"，其收取的处理费用适用 6% 的增值税税率。

（二）专业化处理后产生货物，且货物归属委托方的，受托方属于提供"加工劳务"，其收取的处理费用适用 13% 的增值税税率。

（三）专业化处理后产生货物，且货物归属受托方的，受托方属于提供"专业技术服务"，其收取的处理费用适用 6% 的增值税税率。受托方将产生的货物用于销售时，适用货物的增值税税率。

结合上述政策，污水处理厂提供的是专业技术服务，开具 6% 的税率，污泥处置属于该项专业技术服务的成本，该项业务所产生的增值税，符合条件的，纳税人可以依据《财政部　国家税务总局关于印发资源综合利用产品和劳务增值税优惠目录的通知》（财税〔2015〕78号）规定的污水处理劳务可以享受增值税即征即退70%的优惠政策。

▶▶ 收地免增税，收房不免税

关联法律：土地房产管理的法律法规

案例

看到这么一则政策解答。

问：一般纳税人的国有土地使用权被政府收回时，其取得的建筑物、构筑物和机器设备的补偿收入如何征收增值税？

答：纳税人将国有土地使用权交由土地收购储备中心收储，取得的建筑物、构筑物和机器设备的补偿收入征收增值税，取得的其他补偿收入免征增值税。

先看法律条文的规定：

《国土资源部 财政部 中国人民银行关于印发土地储备管理办法的通知》（国土资发〔2007〕277号）第十条 下列土地可以纳入土地储备范围：

（一）依法收回的国有土地；

（二）收购的土地；

（三）行使优先购买权取得的土地；

（四）已办理农用地转用、土地征收批准手续的土地；

（五）其他依法取得的土地。

其中，因实施城市规划进行旧城区改建需要调整使用土地的，应由国土资源管理部门报经有批准权的人民政府批准，依法对土地使用权人给予补偿后，收回土地使用权。对政府有偿收回的土地，由土地登记机关办理注销土地登记手续后纳入土地储备。

上述明确的是依法收回的国有土地，而对收回国有土地的增值税政策是明确的，《财政部 国家税务总局关于全面推开营业税改征增值税试点的通知》（财税〔2016〕36号）规定：土地所有者出让土地使用权和土地使用者将土地使用权归还给土地所有者免征增值税。

之所以免征增值税，是来源《中华人民共和国土地管理法》第二条的授权规定，国家为了公共利益的需要，可以依法对土地实行征收或者征用并给予补偿。

行政征收机关实施行政征收行为，实质上是履行国家赋予的征收权，这种权利具有强制他人服从的效力。因此，实施行政征收行为，不需要征得相对人的同意，甚至可以在违背相对人意志的情况下进行。因此行政被征收人取得的收入不宜征收增值税，因为其并不属于市场经济行为。

如果就字解字，只有土地使用权归还给土地所有者收到的补偿款免征增值税，自然就可以得出非土地补偿款应当征收增值税的结论，但这种形而上学是要不得的，《中华人民共和国城市房地产管理法》第四十二条规定，房地产转让时，土地使用权出让合同载明的权利、义务随之转移。《中华人民共和国土地管理法》第四十八条规定，征收土地应当依法及时足额支付土地补偿费、安置补助费以及农村村民住宅、其他地上附着物和青苗等的补偿费用，并安排被征地农民的社会保障费用。

房子是离不开地的，征收土地必定同时要征收地上的建筑物、构筑物与土地附着物，我们不妨来看下"营改增"之前营业税对收回土地的政策规定，

最早的是《营业税税目注释（试行稿）》（国税发〔1993〕149号）的规定，土地使用者将土地使用权归还给土地所有者的行为，不征收营业税。

上文也只是提到土地使用权，而未提到地上不动产与附着物，到了《国家税务总局关于单位和个人土地被国家征用取得土地及地上附着物补偿费有关营业税问题的批复》（国税函〔2007〕969号），画风一转，国家因公共利益或城市建设规划需要收回土地使用权，对于使用国有土地的单位和个人来说是将土地使用权归还土地所有者。根据《营业税税目注释（试行稿）》（国税发〔1993〕149号）的规定，土地使用者将土地使用权归还给土地所有者的行为，不征收营业税。因此，对国家因公共利益或城市规划需要而收回单位和个人所拥有的土地使用权，并按照《中华人民共和国土地管理法》规定标准支付给单位和个人的土地及地上附着物（包括不动产）的补偿费，不征收营业税。

这就将土地及地上不动产的补偿费明确为全部不征收营业税了，而"营改增"是继承营业税的优惠衣钵，怎么可能营业税时代不动产补偿不征税，到了增值税时代，不动产里的土地使用权免征，厂房等建筑物构筑物反而要征收？岂非咄咄怪事。

在本书写作过程中，《财政部 税务总局关于明确无偿转让股票等增值税政策的公告》（财政部、国家税务总局公告 2020 年第 40 号）作出了最新的规范，土地所有者依法征收土地，并向土地使用者支付土地及其相关有形动产、不动产补偿费的行为，属于《营业税改征增值税试点过渡政策的规定》（财税〔2016〕36 号印发）第一条第（三十七）项规定的土地使用者将土地使用权归还给土地所有者的情形。

该规范性文件终于明确了，不仅土地补偿款，相关的有形动产、不动产补偿款均享受免征增值税的税收优惠待遇。

►► 条条大路通罗马，奈何不悔撞南墙
关联法律：合同法

> **案例**
>
> A公司系卖方，销售货物给B公司，定价124.3万元（含增值税，不含税就是124.3除以1.13等于110万元），合同条款约定送货上门，因此A公司找的是某铁路运输公司运货，结果A公司付给铁路运输公司10.9万元（含增值税，不含税就是10.9除以1.09等于10万元），但铁路运输公司居然把增值税专用发票开给了B公司。B公司说我没付钱，拿这个票有没有问题啊？想把票退给铁路运输公司，让铁路运输公司红冲后重新把票开给A公司，但铁路运输公司挺强硬，不同意。怎么办？

先看法律条文的规定：

俗话说条条大路通罗马，千万别不撞南墙不回头。

《中华人民共和国民法典》第543条：合同变更条件，当事人协商一致，可以变更合同。

因此此前A公司和B公司签订的送货上门合同在当事人A和B协商一致情况下是可以变更的。怎么变更，再来看第六百零三条：交付的地点，出卖人应当按照约定的地点交付标的物。当事人没有约定交付地点或者约定不明确，适用下列规定：

（一）标的物需要运输的，出卖人应当将标的物交付给第一承运人以运交给买受人；

（二）标的物不需要运输，出卖人和买受人订立合同时知道标的物在某一地点的，出卖人应当在该地点交付标的物；不知道标的物在某一地点的，应当在出卖人订立合同时的营业地交付标的物。

那么好办，此前 A 公司和 B 公司签订的是标的物需要运输的条款，由 A 公司将标的物交给铁路运输公司运给 B 公司，现在合同变更为标的物不需要运输，由 B 公司委托铁路运输公司上门提货。

（1）由于 A 公司不负担运输成本，自然原来收取 B 公司的对价就要高了，因此在原先开具的 13% 税率增值税专用发票基础上就要开具红字发票冲销多要的价款。

此前收取全额价款时。

借：银行存款	1 243 000
贷：主营业务收入	1 100 000
应交税费——应交增值税（销项税额）	143 000

预付给铁路运输公司的款项。

借：应收账款——铁路运输公司	109 000
贷：银行存款	109 000

原计划取得运输成本不含税 10 万元的，现在取不了，那就开具红字发票含增值税 11.3 万元来冲减收入，即：

借：主营业务收入	100 000
应交税费——应交增值税（销项税额）	13 000
贷：应付账款——B 公司	113 000

（2）对于 B 公司而言，此前账务处理如下。

借：库存商品	1 100 000
应交税费——应交增值税（进项税额）	143 000
贷：银行存款	1 243 000

取得铁路运输公司开具的运费增值税专用发票，账务处理如下。

借：库存商品	100 000
应交税费——应交增值税（进项税额）	9 000
贷：应付账款——铁路运输公司	109 000

取得 A 公司开具的红字增值税专用发票后，账务处理如下。

借：应收账款——A 公司	113 000
贷：库存商品	100 000
应交税费——应交增值税（进项税额转出）	13 000

（3）对于铁路运输公司而言，收到 A 公司预付款时。

借：银行存款　　　　　　　　　　　　　　　　　　　　　　　　109 000

　　贷：应付账款——A 公司　　　　　　　　　　　　　　　　　109 000

但是开具发票给了 B 公司，账务处理如下。

借：应收账款——B 公司　　　　　　　　　　　　　　　　　　　109 000

　　贷：主营业务收入　　　　　　　　　　　　　　　　　　　　100 000

　　　　应交税费——应交增值税（销项税额）　　　　　　　　　　9 000

三方陷入了三角债的漩涡，三方坐下来商议后予以结平。

B 公司欠铁路运输公司 10.9 万元，铁路运输公司欠 A 公司 10.9 万元，则 B 公司的欠债转让给 A 公司，即 B 公司欠 A 公司 10.9 万元，但 A 公司又欠 B 公司货款 11.3 万元，因此 A 公司将余额 0.4 万元转给 B 公司，即：

借：应付账款——B 公司　　　　　　　　　　　　　　　　　　　113 000

　　贷：银行存款　　　　　　　　　　　　　　　　　　　　　　4 000

　　　　应收账款——B 公司　　　　　　　　　　　　　　　　　109 000

至于 B 公司，同样如此，账务处理如下。

借：银行存款　　　　　　　　　　　　　　　　　　　　　　　　4 000

　　应付账款——A 公司　　　　　　　　　　　　　　　　　　　109 000

　　贷：应收账款——A 公司　　　　　　　　　　　　　　　　　113 000

问题圆满得以解决！

►► 不要想当然，福利乱关联
关联法律：会计法律法规的规定

某一般纳税人公司向某人寿保险公司投保，给全体员工交付补充养老保险，并取得了人寿保险公司开具的增值税专用发票，则增值税专用发票上注明的进项税额是否可以抵扣？

先看法律条文的规定：

《财政部 国家税务总局关于全面推开营业税改征增值税试点的通知》（财税〔2016〕36号）：下列项目的进项税额不得从销项税额中抵扣：

（一）用于简易计税方法计税项目、免征增值税项目、集体福利或者个人消费的购进货物、加工修理修配劳务、服务、无形资产和不动产。

问题出现了，补充养老保险服务是不是集体福利？如果是，不能抵扣；如果不是，按照"法不禁止即可"为原则，可以抵扣。

首先来看看会计的规定。《企业会计准则》规定：国务院有关部门、省、自治区、直辖市人民政府或经批准的企业年金计划规定了计提基础和计提比例的职工薪酬项目，企业应当按照规定的计提标准，计量企业承担的职工薪酬义务和计入成本费用的职工薪酬。可见年金（即补充养老保险）范畴上属于职工薪酬中和工资、职工福利费、工会经费、职工教育经费、社会保险费并列的单独项目，并不从属于职工福利费。

《财政部关于企业加强职工福利费财务管理的通知》（财企〔2009〕242号）规

定，企业职工福利费是指企业为职工提供的除职工工资、奖金、津贴，纳入工资总额管理的补贴、职工教育经费、社会保险费和补充养老保险费（年金）、补充医疗保险费及住房公积金以外的福利待遇支出，包括发放给职工或为职工支付的以下各项现金补贴和非货币性集体福利。

从上述"除……以外的福利待遇支出"可以发现，补充养老保险费不属于职工福利费。

我们再来看税收层面，《企业所得税法实施条例》将补充医疗保险放在了第三十五条：企业为投资者或者职工支付的补充养老保险费、补充医疗保险费，在国务院财政、税务主管部门规定的范围和标准内，准予扣除。而将职工福利费放在了第四十条：企业发生的职工福利费支出，不超过工资薪金总额 14% 的部分，准予扣除。

企业所得税年度汇算清缴申报表附表 A105050 将补充养老保险单列也说明了问题，见下表。

A105050 　　　　　　　　　　　　　　　职工薪酬支出及纳税调整明细表

行次	项　　目	账载金额	实际发生额	税收规定扣除率	以前年度累计结转扣除额	税收金额	纳税调整金额	累计结转以后年度扣除额
		1	2	3	4	5	6 (1-5)	7 (1+4-5)
1	一、工资薪金支出			*	*			*
2	其中：股权激励			*	*			*
3	二、职工福利费支出							*
4	三、职工教育经费支出			*				
5	其中：按税收规定比例扣除的职工教育经费							
6	按税收规定全额扣除的职工培训费用							
7	四、工会经费支出					*		*
8	五、各类基本社会保障性缴款			*	*			*
9	六、住房公积金							
10	七、补充养老保险							
11	八、补充医疗保险							*
12	九、其他			*	*			*
13	合计（1+3+4+7+8+9+10+11+12）			*	*			*

《国家税务总局办公厅关于强化部分总局定点联系企业共性税收风险问题整改工作的通知》（税总办函〔2014〕652 号）规定，企业应将补充医疗保险、补充养老保险、各项福利等计入工资、薪金所得，扣缴个人所得税。

无论是国务院颁布的《企业所得税法实施条例》，还是国家税务总局的税总办函〔2014〕652号，也均是把补充医疗保险和职工福利费分而列之的。

综上，补充养老保险并不属于集体福利，自然是可以抵扣其增值税进项税额的。我们不能想当然地认为补充养老保险属于为职工发放的福利而不假思索地予以进项税额转出。

▶▶ 不是我不缴，人家不愿缴
关联法律：年金管理办法

案例

某法人企业制定《企业年金办法》，但只为部分员工办理了企业年金。则上述法人企业缴纳的企业年金单位缴费部分是否可以在企业所得税税前扣除呢？

先看法律条文的规定：

《企业所得税法实施条例》将补充医疗保险放在了第三十五条：企业为投资者或者职工支付的补充养老保险费、补充医疗保险费，在国务院财政、税务主管部门规定的范围和标准内，准予扣除。

《财政部 国家税务总局关于补充养老保险费补充医疗保险费有关企业所得税政策问题的通知》（财税〔2009〕27号）规定，自2008年1月1日起，企业根据国家有关政策规定，为在本企业任职或者受雇的全体员工支付的补充养老保险费、补充医疗保险费，分别在不超过职工工资总额5%标准内的部分，在计算应纳税所得额时准予扣除；超过的部分，不予扣除。

注意上述规范性文件的关键词，"全体员工"，既然只为部分员工支付补充养老保险费，则违背了上述文件的强制要求，是不是就必须全额调增呢？

不然！理解税法条文同时，更应当关注上述规范性文件所阐述的"根据国家有关政策规定"。我们来查找政策规定，再作论断不迟。

《企业年金办法》（人力资源和社会保障部 财政部令第36号）第二条：本办法所称企业年金，是指企业及其职工在依法参加基本养老保险的基础上，自主建立的补充养老保险制度。国家鼓励企业建立企业年金。建立企业年金，应当按照本办法执行。……第七条：建立企业年金，企业应当与职工一方通过集体协商确定，并制定企业年金方案。企业年金方案应当提交职工代表大会或者全体职工讨论通过。

可见，基本养老保险依据的是《中华人民共和国社会保险法》，是行政强制要缴纳的，而补充养老保险并不是法律强制，而是企业与职工通过集体协商确定并自主建立的，那么如果职工不愿意参保，企业是没有法律依据可以强制职工参与的。

那么个别员工不愿意参加年金计划，就不能理解为企业没有为全体员工支付，从而不允许企业缴费部分在企业所得税前限额扣除，否则就会出现因为职工个人的原因把板子打在了企业的身上。

"北京市税务局 2019 年企业所得税汇算清缴指引"就给出明确的答案。

> 案例：企业在费用中列支企业年金 239 万元（未超过职工工资总额 5% 标准）。经了解，企业员工总人数 680 人，自愿参加企业年金人员 471 人，部分人员不愿意交纳年金，即企业本年总共缴纳的 239 万元是部分人员年金。据企业反映，该企业根据集团的批复，集团要求加入企业年金计划职工需要填写个人申请并签字，不提交申请签字的视同个人不同意参加企业年金。由于企业年金涉及个人缴费部分，必须征得个人同意，部分人主动放弃参加企业年金，并不是企业区别对待，并非不给全体人员缴纳年金。
>
> 答："财税〔2009〕27 号"规定企业为全体员工支付的补充养老保险费可以扣除，体现了政策的普惠性，对于仅给部分特定人群缴纳补充养老保险费不给予政策支持。因此对于企业按照社保部门规定缴纳的年金，只要体现普惠性就符合政策本义，可以按照"财税〔2009〕27 号"的规定税前扣除。
>
> 问：对于体现普惠性的补充养老和补充医疗，在计算扣除限额时是以全体员工税收口径的工资薪金总额作为计算基数，还是以实际参加补充养老和补充医疗人员的工资薪金总额作为计算基数？
>
> 答：以实际参加补充养老和补充医疗人员的工资薪金总额作为计算基数。

▶▶ 保险覆盖分设体系，税法规定源泉细缕
关联法律：保险法律法规

案例

老师您好，能为我梳理有关各类保险在税法上的规定吗？

先看法律条文的规定：

"党的十九大报告"中明确提出，按照兜底线、织密网、建机制的要求，全面建成覆盖全民、城乡统筹、权责清晰、保障适度、可持续的多层次社会保障体系。全面建成多层次社会保障体系，就是要在保障项目上，坚持以社会保险为主体，社会救助保底层，积极完善社会福利、慈善事业、优抚安置等制度；在组织方式上，坚持以政府为主体，积极发挥市场作用，促进社会保险与补充保险、商业保险相衔接。要积极构建基本养老保险、职业（企业）年金与个人储蓄性养老保险、商业保险相衔接的养老保险体系，协同推进基本医疗保险、大病保险、补充医疗保险、商业健康保险发展，在保基本基础上满足人民群众多样化多层次的保障需求。

我们来看看《企业所得税法实施条例》的表述：

第三十五条　企业依照国务院有关主管部门或者省级人民政府规定的范围和标准为职工缴纳的基本养老保险费、基本医疗保险费、失业保险费、工伤保险费、生育保险费等基本社会保险费和住房公积金，准予扣除。

企业为投资者或者职工支付的补充养老保险费、补充医疗保险费，在国务院财政、税务主管部门规定的范围和标准内，准予扣除。

第三十六条　除企业依照国家有关规定为特殊工种职工支付的人身安全保险费和国务院财政、税务主管部门规定可以扣除的其他商业保险费外，企业为

> 投资者或者职工支付的商业保险费，不得扣除。
>
> 第四十六条　企业参加财产保险，按照规定缴纳的保险费，准予扣除。

上述第三十五条、三十六条、四十六条是并列关系，意味着三十五条讲的是社会保险与补充保险，而第三十六条和第四十六条是商业保险。

社会保险适用的是《中华人民共和国社会保险法》，具有强制性。《中华人民共和国社会保险法》第八十六条规定，用人单位未按时足额缴纳社会保险费的，由社会保险费征收机构责令限期缴纳或者补足，并自欠缴之日起，按日加收万分之五的滞纳金；逾期仍不缴纳的，由有关行政部门处欠缴数额一倍以上三倍以下的罚款。

而企业补充保险介于社会保险与商业保险之间，位于多层次保险体系的第二层。第一层基本社会保险用于保障职工基本生活、医疗等需要，由政府强制执行，覆盖全社会，属于社会保险范畴；而第二层企业补充保险则是为了提高生活的质量，由企业和个人自愿参加，是对第一层社会保险的补充。

因此，社会保险的征管职能目前是移交税务机关来执行，而补充保险则由企业及员工自行决定。比如，补充保险中的企业年金（补充养老保险），《企业年金办法》（人力资源和社会保障部、财政部令第36号）第五条规定，企业和职工建立企业年金，应当确定企业年金受托人，由企业代表委托人与受托人签订受托管理合同。受托人可以是符合国家规定的法人受托机构，也可以是企业按照国家有关规定成立的企业年金理事会。

目前，符合社会保险费只要实际缴纳并取得合法凭证均可以全额在税前扣除，但对于建立在企业与员工自愿基础上的补充保险，则出于我国仍处于发展中国家阶段，本着勤俭治国的精神，不让过高的福利侵蚀税基的目的，对补充保险给予了一定的限额，《财政部 国家税务总局关于补充养老保险费补充医疗保险费有关企业所得税政策问题的通知》（财税〔2009〕27号）规定，自2008年1月1日起，企业根据国家有关政策规定，为在本企业任职或者受雇的全体员工支付的补充养老保险费、补充医疗保险费，分别在不超过职工工资总额5%标准内的部分，在计算应纳税所得额时准予扣除；超过的部分，不予扣除。

我们再来看第三十六条和第四十六条的关系，根据《中华人民共和国保险法》第十二条，人身保险的投保人在保险合同订立时，对被保险人应当具有保险利益。

财产保险的被保险人在保险事故发生时，对保险标的应当具有保险利益。人身保险是以人的寿命和身体为保险标的的保险。财产保险是以财产及其有关利益为保险标的的保险。被保险人是指其财产或者人身受保险合同保障，享有保险金请求权的人。投保人可以为被保险人。保险利益是指投保人或者被保险人对保险标的具有的法律上承认的利益。

可见商业保险包括两种：即人身保险与财产保险，既然《企业所得税法实施条例》第四十六条明确财产保险可以据实扣除，则反推第三十六条应当指的是人身保险。

此前有个别地方对于雇主责任险、公众责任险望文生义。比如某省国家税务局的《2013年企业所得税若干政策问题解答》：企业缴纳的雇主责任险和公众责任险是否可以税前扣除？

答：根据《企业所得税法实施条例》第三十六条规定，除企业依照国家有关规定为特殊工种职工支付的人身安全保险费和国务院财政、税务主管部门规定可以扣除的其他商业保险费外，企业为投资者或者职工支付的商业保险费，不得扣除。雇主责任险虽非直接支付给员工，但是属于为被保险人雇用的员工在受雇的过程中，从事与被保险人经营业务有关的工作而受意外，或与业务有关的国家规定的职业性疾病所致伤、致残或死亡负责赔偿的一种保险，因此该险种应属于商业保险，不能在税前扣除。公众责任险与雇主责任险具有相同性质，属于商业保险，不能在税前扣除。

其实，如果我们认真看《中华人民共和国保险法》第九十五条保险公司的业务范围：

（一）人身保险业务，包括人寿保险、健康保险、意外伤害保险等保险业务；

（二）财产保险业务，包括财产损失保险、责任保险、信用保险、保证保险等保险业务；

（三）国务院保险监督管理机构批准的与保险有关的其他业务。保险人不得兼营人身保险业务和财产保险业务。但是，经营财产保险业务的保险公司经国务院保险监督管理机构批准，可以经营短期健康保险业务和意外伤害保险业务。保险公司应当在国务院保险监督管理机构依法批准的业务范围内从事保险经营活动。

可见，责任保险是明确列举在财产保险业务范围内的，既然《企业所得税法实施条例》第四十六条明确可以据实扣除，当然各类责任保险也可以扣除了。但是直到 2018 年 10 月，《国家税务总局关于责任保险费企业所得税税前扣除有关问题的公告》（国家税务总局公告 2018 年第 52 号）规定：根据《企业所得税法》和《企业所得税法实施条例》有关规定，现就雇主责任险、公众责任险等责任保险有关税务处理问题公告如下：企业参加雇主责任险、公众责任险等责任保险，按照规定缴纳的保险费，准予在企业所得税税前扣除。

在《国家税务总局关于责任保险费企业所得税税前扣除有关问题的公告》（以下简称《公告》）的解读中，也释明文件出台的来龙去脉，其中重点提及了关联法律《中华人民共和国保险法》，解读原文：雇主责任险、公众责任险等责任保险是参加责任保险的企业出现保单中所列明的事故，需对第三者如损害赔偿责任时，由承保人代其履行赔偿责任的一种保险。由于企业参加雇主责任险、公众责任险等责任保险缴纳的保险费支出是企业实际发生的，《中华人民共和国保险法》也规定财产保险业务包括责任保险，为此，根据《中华人民共和国企业所得税法》及其实施条例有关规定，《公告》明确，企业参加雇主责任险、公众责任险等责任保险，按照规定缴纳的保险费，准予在企业所得税前扣除。

在分析了第三十五条和第四十六条之后，第三十六条就比较好理解了，其实指的是商业保险中的人身保险，原则上不得扣除，只有两个例外：一个是企业依照国家有关规定为特殊工种职工支付的人身安全保险费，原中华人民共和国劳动和社会保障部将从事井下、高空、高温、特重体力劳动或其他有害身体健康的工种定为特殊工种，并明确特殊工种的范围由各行业主管部门确定（特殊工种不是一个正式的概念，只是约定俗成的叫法。所以，标准或法规对它没有正式的定义）；另一个是国务院财政、税务主管部门规定可以扣除的其他商业保险费外，目前只有《国家税务总局关于企业所得税有关问题的公告》（国家税务总局公告 2016 年第 80 号）规定，企业职工因公出差乘坐交通工具发生的人身意外保险费支出，准予企业在计算应纳税所得额时扣除。

相较于企业所得税对多层次保险业态区别有别的态度，对个人所得税规定如出一辙。

1. 社会保险层面

《财政部 国家税务总局关于基本养老保险费基本医疗保险费失业保险费住房

公积金有关个人所得税政策的通知》（财税〔2006〕10号）规定企事业单位按照国家或省（自治区、直辖市）人民政府规定的缴费比例或办法实际缴付的基本养老保险费、基本医疗保险费和失业保险费，免征个人所得税；个人按照国家或省（自治区、直辖市）人民政府规定的缴费比例或办法实际缴付的基本养老保险费、基本医疗保险费和失业保险费，允许在个人应纳税所得额中扣除。

2. 补充保险层面

《财政部 人力资源社会保障部 国家税务总局关于企业年金 职业年金个人所得税有关问题的通知》（财税〔2013〕103号）规定如下：

一、企业年金和职业年金缴费的个人所得税处理

1. 企业和事业单位（以下统称单位）根据国家有关政策规定的办法和标准，为在本单位任职或者受雇的全体职工缴付的企业年金或职业年金（以下统称"年金"）单位缴费部分，在计入个人账户时，个人暂不缴纳个人所得税。

2. 个人根据国家有关政策规定缴付的年金个人缴费部分，在不超过本人缴费工资计税基数的4%标准内的部分，暂从个人当期的应纳税所得额中扣除。

3. 超过本通知第一条第1项和第2项规定的标准缴付的年金单位缴费和个人缴费部分，应并入个人当期的工资、薪金所得，依法计征个人所得税。税款由建立年金的单位代扣代缴，并向主管税务机关申报解缴。

4. 企业年金个人缴费工资计税基数为本人上一年度月平均工资。月平均工资按国家统计局规定列入工资总额统计的项目计算。月平均工资超过职工工作地所在设区城市上一年度职工月平均工资300%以上的部分，不计入个人缴费工资计税基数。

职业年金个人缴费工资计税基数为职工岗位工资和薪级工资之和。职工岗位工资和薪级工资之和超过职工工作地所在设区城市上一年度职工月平均工资300%以上的部分，不计入个人缴费工资计税基数。

二、年金基金投资运营收益的个人所得税处理

年金基金投资运营收益分配计入个人账户时，个人暂不缴纳个人所得税。

---

3. 商业保险层面

《财政部 税务总局 人力资源社会保障部 中国银行保险监督管理委员会 证监

会关于开展个人税收递延型商业养老保险试点的通知》（财税〔2018〕22号）规定，对试点地区个人通过个人商业养老资金账户购买符合规定的商业养老保险产品的支出，允许在一定标准内税前扣除；计入个人商业养老资金账户的投资收益，暂不征收个人所得税；个人领取商业养老金时再征收个人所得税。

但是其他的商业保险就没有这么幸运了，《国家税务总局关于单位为员工支付有关保险缴纳个人所得税问题的批复》（国税函〔2005〕318号）依据《中华人民共和国个人所得税法》及有关规定，对企业为员工支付各项免税之外的保险金，应在企业向保险公司缴付时（即该保险落到被保险人的保险账户）并入员工当期的工资收入，按"工资、薪金所得"项目计征个人所得税，税款由企业负责代扣代缴。

▶▶ 送股转股意义不同，计税依据影响至重
关联法律：除息、除权

假定我公司购入上市公司初始股份数量是10万元股，价格是6.52元，前年发生了十送十转十，现在股份数量是30万股，售价是12元。增值税计算：

转让价＝30万股×12元＝360万元；成本价如何计算呢？是10万股×6.52＝65.2万元，还是30万股×（12－6.52）＝164.40万元？

成本价的确定关乎增值税的计算，《营业税改征增值税试点过渡政策的规定》（财税〔2016〕36号）规定，金融商品转让，按照卖出价扣除买入价后的余额为销售额。那么上述上市公司股票转让的增值额294.80万元（360万元－65.2万元）还是195.60万元（360万元－164.40万元）？

先看法律条文的规定：

除权、除息是上市公司以股票股利分配给股东，也就是公司的盈余转为增资或进行配股时，就要对股价进行除权（XR），XR 是 exclude（除去）right（权利）的简写。上市公司将盈余以现金分配给股东，股价就要除息（XD），XD 是 exclude（除去）dividend（利息）的简写。除权、除息日购入该公司股票的股东则不可以享有本次分红派息或配股。

根据《企业会计准则——长期股权投资》规定：投资企业收到股票股利时，并没有增加资产或所有者权益，持股比例也没有增加。虽然所收到的股票有市价，但这种市价已存在于原有的股票市值中。在除权日，由于派发股票股利而使开盘价格降低，即使以后市价有可能回升，但在股票未出售前，属于未实现的增值。根据收益实现原则，不能将股票股利确认为收益。因此，投资企业收到股票股利时，

不作会计处理，只需在备查簿中登记所增加的股数。

同样道理，资本公积转增股本转股情况对于投资企业而言也没有带来资产的增加，只是股票变为 30 万股，单位成本由 6.52 元除以 3 转化为 2.17 元而已，总成本并没有任何变动，仍然是 65.2 万元，将来以除权后的除权价 12 元每股转让，买卖金融商品的差额为 294.90 万元［30 万股 ×（12 − 2.17）］，也即收入 360 万元，成本仍是 65.2 万元，增值额 294.90 万元。

我们还可以用复权价来解释，股票上有除权价和复权价之说，复权就是对股价和成交量进行权息修复，按照股票的实际涨跌绘制股价走势图，并把成交量调整为相同的股本口径。30 万元股的除权价是 12 元，对应的 10 万元股的复权价就是 36 元，按复权价计算转让全部 10 万股的增值额 = 10 万股 ×（36 − 6.52）= 294.80 万元，结果一样。

总之，在转让上市公司股票时，一定要保证转让数量一致。如果按照 30 万股 ×（12 − 6.52）= 164.40（万元），就会出现 30 万股对应的是 10 万股的单位成本，口径明显不一致。

关联链接：《营业税改征增值税试点过渡政策的规定》（财税〔2016〕36 号）规定，个人从事金融商品转让业务免征增值税。

某股份有限公司（非上市）有两名股东：一名为法人股东，另一名为自然人股东，各自出资 200 万元，分别持有 100 万元股。每股面值 1 元，计入"资本公积——股本溢价"200 万元。2020 年 4 月，股份有限公司决议"10 送 10 转 10 股"，会计分录如下：

借：利润分配——未分配利润	2 000 000
资本公积——股本溢价	2 000 000
贷：股本——法人股东	2 000 000
股本——自然人股东	2 000 000

（1）个人所得税处理。

《国家税务总局关于印发征收个人所得税若干问题的规定的通知》（国税发〔1994〕089 号）第十一条，关于派发红股的征税问题规定如下：

股份制企业在分配股息、红利时，以股票形式向股东个人支付应得的股息、红利（即派发红利），应以派发红股的股票票面金额为收入额，按利息、股息、红利项目计征个人所得税。

因此，自然人股东分回的股票股利 100 万元应按 20% 由某股份有限公司作为扣缴义务人代扣代缴个人所得税 20 万元。

《国家税务总局关于股份制企业转增股本和派发红股征免个人所得税的通知》（国税发〔1997〕198 号）规定：股份制企业用资本公积金转增股本不属于股息、红利性质的分配，对个人取得的转增股本数额，不作为个人所得，不征收个人所得税。《国家税务总局关于原城市信用社在转制为城市合作银行过程中个人股增值所得应纳个人所得税的批复》（国税函〔1998〕289 号）规定："资本公积金"是指股份制企业股票溢价发行收入所形成的资本公积金。而与此不相符合的其他资本公积金分配个人所得部分，应当依法征收个人所得税。

因此，自然人股东转股部分不征收个人所得税。综上所述，该自然人股东计税基础为原 200 万元加上扣缴个税后的股票股利 100 万元，合计 300 万元股，计税基础为 300 万元。

（2）企业所得税处理。

《国家税务总局关于贯彻落实企业所得税法若干税收问题的通知》（国税函〔2010〕79 号）第四条，关于股息、红利等权益性投资收益收入确认问题的规定：

企业权益性投资取得股息、红利等收入，应以被投资企业股东会或股东大会作出利润分配或转股决定的日期，确定收入的实现。

被投资企业将股权（票）溢价所形成的资本公积转为股本的，不作为投资方企业的股息、红利收入，投资方企业也不得增加该项长期投资的计税基础。

虽然法人股东不需要作出任何会计处理，但是股票股利 100 万元在企业所得税上视同先分红再投资，因此先调增投资收益 100 万元。

根据《中华人民共和国企业所得税法》第二十六条，企业的下列收入为免税收入：……（二）符合条件的居民企业之间的股息、红利等权益性投资收益；《企业所得税法实施条例》第八十三条，《企业所得税法》第二十六条第（二）项所称符合条件的居民企业之间的股息、红利等权益性投资收益，是指居民企业直接投资于其他居民企业取得的投资收益。《企业所得税法》第二十六条第（二）项和第（三）项所称股息、红利等权益性投资收益，不包括连续持有居民企业公开发行并上市流通的股票不足 12 个月取得的投资收益。

因此，上述 100 万元可以享受免征企业所得税的税收优惠，再予以纳税调减。而转股则不确认收益，也不增加计税基础，不做纳税调整。

综上所述，法人股东计税基础为原 200 万元加上分回的股息红利 100 万元，合计 300 万元股，计税基础为 300 万元。

▶▶ 合理利用会计规则，减少个税支出
关联法律：企业会计准则

案例

甲企业三个自然人股东，总股本100万元，A股东占总股本的40%，A准备进行股权转让。转让当日，甲企业盈余公积50万元，未分配利润100万元。甲企业有对外投资1 000万元，占被投资方的50%比例，被投资方在股权转让日未分配利润为—300万元（即亏损300万元），问A股东股权转让所得如何计算？

先看法律法规的规定：

《国家税务总局关于发布股权转让所得个人所得税管理办法（试行）》的公告（国家税务总局公告2014年第67号）第十二条规定，符合下列情形之一，视为股权转让收入明显偏低：

（一）申报的股权转让收入低于股权对应的净资产份额的。其中，被投资企业拥有土地使用权、房屋、房地产企业未销售房产、知识产权、探矿权、采矿权、股权等资产的，申报的股权转让收入低于股权对应的净资产公允价值份额的；

……

我们假设不考虑甲企业拥有土地使用权、房屋、房地产企业未销售房产、知识产权、探矿权、采矿权、股权等资产，则股权对应的净资产份额就是250万元（股本100万元＋未分配利润100万元＋盈余公积50万元），对应A自然人股东40%的股权，净资产就是100万元。因此，若想不被视为股权转让收入明显偏低，则A

自然人股东的股权转让收入就不能低于 100 万元，减去股权原值 40 万元，股权转让所得额就是 60 万元，需要按 20% 的税率申报缴纳个人所得税 12 万元。

但是，我们注意到"国家税务总局 2014 年第 67 号公告"的国家税务总局官方解读中有这句关键的话：净资产主要依据被投资企业会计报表计算确定。对于土地使用权、房屋、房地产企业未销售房产、知识产权、探矿权、采矿权、股权等资产占比超过 20% 的企业，其以上资产需要按照评估后的市场价格确定。评估有关资产时，由纳税人选择有资质的中介机构，同时，为了减少纳税人资产评估方面的支出，对 6 个月内多次发生股权转让的情况，给予了简化处理，对净资产未发生重大变动的，可参照上一次的评估情况。

也就是说，个人转让股权，税务机关的评判原则有两个：一是如果账面有土地使用权、房屋、房地产企业未销售房产、知识产权、探矿权、采矿权、股权等资产，由于这些资产的公允价值可能远超过其账面价值，因此占比超过 20% 的企业，以上资产需要按照评估后的市场价格确定。但是为不影响股权转让这一市场行为的顺利进行，除此之外的转让股权情形，原则上判断股权转让收入是否明显偏低就是看是否低于被投资企业会计报表反映的净资产，因为如果不作上述规定，自然人转让股权就要评估，将极大增加税企双方的征纳成本，得不偿失。

既然净资产主要依据的是会计制度，那我们来看最新的《企业会计准则第 2 号——长期股权投资》，采用成本法核算的长期股权投资应当按照初始投资成本计价。追加或收回投资应当调整长期股权投资的成本。被投资单位宣告分派的现金股利或利润，应当确认为当期投资收益。

显然，如果甲公司对长期股权投资采用成本法，则被投资方单位账面净亏损 300 万元是无须会计处理的，这样甲公司的净资产就只有股本 100 万元加上未分配利润 100 万元再加上盈余公积 50 万元，合计 250 万元。

但如果甲公司采用的是权益法，由于被投资企业只有两个股东，各占 50% 的占股比例，投资方与其他合营方一同对被投资单位实施共同控制且对被投资单位净资产享有权利的权益性投资，即对合营企业投资。共同控制，是指按照相关约定对某项安排所共有的控制，并且该安排的相关活动必须经过分享控制权的参与方一致同意后才能决策。

那么，甲公司完全可以采取权益法进行核算，我们来看权益法如何核算：

资产负债表日，企业应按被投资单位实现的净利润（以取得投资时被投资单位可辨认净资产的公允价值为基础计算）中企业享有的份额，借记本科目（损益调整），贷记"投资收益"科目。被投资单位发生净亏损做相反的会计分录，但以本科目的账面价值减记至零为限；还需承担的投资损失，应将其他实质上构成对被投资单位净投资的"长期应收款"等的账面价值减记至零为限；除按照以上步骤已确认的损失外，按照投资合同或协议约定将承担的损失，确认为预计负债。除上述情况仍未确认的应分担被投资单位的损失，应在账外备查登记。发生亏损的被投资单位以后实现净利润的，应按与上述相反的顺序进行处理。

我们简化处理后，甲公司应作会计处理如下：

借：投资收益 1 500 000

　　贷：长期股权投资——损益调整 1 500 000

好了，如果做了这个分录，由于资产负债表左边的资产减少 150 万元，右边的负债未变动，则净资产自动减少 150 万元，此时净资产就为股本 100 万元。

A 自然人持有 40% 股份，其对应的股权转让收入也就是 40 万元，则与股权原值 40 万元相等，不需要缴纳个人所得税。

只要会计人员针对实际情况多想想，其实 A 股东卖这个股权，也卖不了 100 万元，但如果会计不按照权益法核算，就至少要按 100 万元确认股权转让收入，可见学习税法的同时，要关联到其他有关法律法规有多么重要。

▶▶ 冤有头来债有主，谁家赔偿谁来付

关联法律：劳动合同法

案例

　　A企业需要高精尖人才，通过各种手段从B企业那边挖角，成功挖到了某高级专家。B企业深为不满，经三方协商，由A企业支付给B企业300万元作为补偿，同时给予高级专家200万元的安家费，则税收层面如何处理？A企业将200万元安家费作为应付职工薪酬处理，将300万元赔偿款以附白条方式在营业外支出中处理。

　　分析上述案例之前，我们先看篇报道：郑州市中级人民法院公开审理了一起由飞行员跳槽引发的巨额索赔案，航空公司向跳槽的飞行员索赔人民币813万元。

　　事件经过如下：

　　高飞（化名）曾是我国空军的一名飞行员，退伍后，于1993年到原中原航空公司从事飞行工作。

　　南方航空公司（以下简称"南航"）联合重组后，高飞于2000年到南航任飞行中队长、教员，是飞行员中的最高级别。

　　同年，高飞与南航签订了一份无固定期限的劳动合同。合同约定，如高飞未满服务年限离开公司，必须支付公司相关培训费用、违约金及其他损失。

　　2006年3月31日，已在南航工作了近6年的高飞，向南航河南分公司辞职被拒。

　　2006年5月1日，高飞在提出辞职申请30天后开始拒绝上岗。随后，南航河南分公司向公司所在的新郑市人民法院提起诉讼，要求高飞赔偿公司培训费、违约金及其他损失，共计人民币813万元。

　　2007年1月29日，新郑市人民法院判令被告高飞赔偿原告航空公司203万元。

接到判决后，南航表示，203万元远远不够培养一个飞行员所需的费用，并当即上诉到郑州市中级人民法院。

南航委托代理人称，飞行员辞职后，公司很难找到合适的替代人选，需要花费巨额资金重新培养飞行员。考虑到高飞正处在资历和经验最佳的飞行黄金阶段，因此，公司要求813万元的赔偿。

高飞在法庭上辩称，自己是从部队出来的成熟飞行员，在离开空军时，已是一名合格的机长，并不是上诉人培养出来的。因此，上诉人的巨额赔偿要求没有依据。

以下是《中华人民共和国劳动合同法》的规定。

《中华人民共和国劳动合同法》第三十九条 劳动者有下列情形之一的，用人单位可以解除劳动合同：

（一）在试用期间被证明不符合录用条件的；

（二）严重违反用人单位的规章制度的；

（三）严重失职，营私舞弊，给用人单位造成重大损害的；

（四）劳动者同时与其他用人单位建立劳动关系，对完成本单位的工作任务造成严重影响，或者经用人单位提出，拒不改正的；

（五）因本法第二十六条 第一款第一项规定的情形致使劳动合同无效的；

（六）被依法追究刑事责任的。

《中华人民共和国劳动合同法实施条例》第十九条规定，有下列情形之一的，依照劳动合同法规定的条件、程序，用人单位可以与劳动者解除固定期限劳动合同、无固定期限劳动合同或者以完成一定工作任务为期限的劳动合同：

（一）用人单位与劳动者协商一致的；

（二）劳动者在试用期间被证明不符合录用条件的；

（三）劳动者严重违反用人单位的规章制度的；

（四）劳动者严重失职，营私舞弊，给用人单位造成重大损害的；

（五）劳动者同时与其他用人单位建立劳动关系，对完成本单位的工作任务造成严重影响，或者经用人单位提出，拒不改正的；

（六）劳动者以欺诈、胁迫的手段或者乘人之危，使用人单位在违背真实意思的情况下订立或者变更劳动合同的；

（七）劳动者被依法追究刑事责任的；

（八）劳动者患病或者非因工负伤，在规定的医疗期满后不能从事原工作，也不能从事由用人单位另行安排的工作的；

（九）劳动者不能胜任工作，经过培训或者调整工作岗位，仍不能胜任工作的；

（十）劳动合同订立时所依据的客观情况发生重大变化，致使劳动合同无法履行，经用人单位与劳动者协商，未能就变更劳动合同内容达成协议的；

（十一）用人单位依照企业破产法规定进行重整的；

（十二）用人单位生产经营发生严重困难的；

（十三）企业转产、重大技术革新或者经营方式调整，经变更劳动合同后，仍需裁减人员的；

（十四）其他因劳动合同订立时所依据的客观经济情况发生重大变化，致使劳动合同无法履行的。

第二十六条　用人单位与劳动者约定了服务期，劳动者依照劳动合同法第三十八条的规定解除劳动合同的，不属于违反服务期的约定，用人单位不得要求劳动者支付违约金。有下列情形之一，用人单位与劳动者解除约定服务期的劳动合同的，劳动者应当按照劳动合同的约定向用人单位支付违约金：

（一）劳动者严重违反用人单位的规章制度的；

（二）劳动者严重失职，营私舞弊，给用人单位造成重大损害的；

（三）劳动者同时与其他用人单位建立劳动关系，对完成本单位的工作任务造成严重影响，或者经用人单位提出，拒不改正的；

（四）劳动者以欺诈、胁迫的手段或者乘人之危，使用人单位在违背真实意思的情况下订立或者变更劳动合同的；

（五）劳动者被依法追究刑事责任的。

通过上述案例分析，大家明白了吧，A企业付给B企业的300万元，实际上是替专家代付的违约金，也就是说A企业付给专家500万元，由于专家要赔付原任职单位B企业，因此将其中300万元转付给B企业，那么A企业支付的这500万元实际上是A企业给专家的所谓安家费，属于工资薪金所得，不需要开具发票。

　　《国家税务总局关于企业工资薪金及职工福利费扣除问题的通知》（国税函〔2009〕3号）规定如下。

　　一、关于合理工资薪金问题的规定如下：

　　《实施条例》第三十四条所称的"合理工资薪金"，是指企业按照股东大会、董事会、薪酬委员会或相关管理机构制订的工资薪金制度规定实际发放给员工的工资薪金。税务机关在对工资薪金进行合理性确认时，可按以下原则掌握：

　　（一）企业制订了较为规范的员工工资薪金制度；

　　（二）企业所制订的工资薪金制度符合行业及地区水平；

　　（三）企业在一定时期所发放的工资薪金是相对固定的，工资薪金的调整是有序进行的；

　　（四）企业对实际发放的工资薪金，已依法履行了代扣代缴个人所得税义务。

　　（五）有关工资薪金的安排，不以减少或逃避税款为目的；

　　二、关于工资薪金总额问题

　　《实施条例》第四十、四十一、四十二条所称的"工资薪金总额"，是指企业按照本通知第一条规定实际发放的工资薪金总和，不包括企业的职工福利费、职工教育经费、工会经费以及养老保险费、医疗保险费、失业保险费、工伤保险费、生育保险费等社会保险费和住房公积金。属于国有性质的企业，其工资薪金，不得超过政府有关部门给予的限定数额；超过部分，不得计入企业工资薪金总额，也不得在计算企业应纳税所得额时扣除。

　　综上所述，如果是私营企业，支付专家的安家费在符合上述条件的情况下是可以扣除的，但是这笔安家费要不要交个人所得税呢？如果交，边际税率45%，专家拿到手的就远远没有500万元。

　　《中华人民共和国个人所得税法》第四条第七款规定，下列各项个人所得，免征个人所得税：按照国家统一规定发给干部、职工的安家费免纳个人所得税。那么A企业支付给专家的安家费500万元是否可以享受免税呢？

　　此安家费非彼安家费，安家费的前提条件是"国家统一规定"，《关于颁发国务院关于安置老弱病残干部的暂行办法和国务院关于工人退休、退职的暂行办法的通知》（国发〔1978〕104号）中提及：离休、退休干部易地安家的，一般由原工作单位一次发给150元的安家补助费，由大中城市到农村安家的，发给300元。《财政部 国家税务总局关于西藏自治区贯彻施行中华人民共和国个人所得税法有关问题的批复》（财税字〔1994〕021号）经国家批准或者同意，由自治区人民政府或者有关部门发给在藏长期工作的人员和大中专毕业生的浮动工资，增发的工龄工资，离退休人员的安家费和建房补贴费免征个人所得税。

很明显，A企业给予的所谓安家费是不能够享受个人所得税减免的，那怎么办呢？

《财政部 国家税务总局关于完善股权激励和技术入股有关所得税政策的通知》（财税〔2016〕101号）规定，非上市公司授予本公司员工的股票期权、股权期权、限制性股票和股权奖励，符合规定条件的，经向主管税务机关备案，可实行递延纳税政策，即员工在取得股权激励时可暂不纳税，递延至转让该股权时纳税；股权转让时，按照股权转让收入减除股权取得成本以及合理税费后的差额，适用"财产转让所得"项目，按照20%的税率计算缴纳个人所得税。

股权转让时，股票（权）期权取得成本按行权价确定，限制性股票取得成本按实际出资额确定，股权奖励取得成本为零。

可以考虑给予此专家500万元的股权奖励，暂不缴纳个人所得税，待将来转让时再按20%的税率申报缴纳个人所得税，将会降低相应的个人所得税负担。

当然享受上述政策是需要条件的，条件如下：

享受递延纳税政策的非上市公司股权激励（包括股票期权、股权期权、限制性股票和股权奖励，下同）须同时满足以下条件：

（1）属于境内居民企业的股权激励计划。

（2）股权激励计划经公司董事会、股东（大）会审议通过。未设股东（大）会的国有单位，经上级主管部门审核批准。股权激励计划应列明激励目的、对象、标的、有效期、各类价格的确定方法、激励对象获取权益的条件、程序等。

（3）激励标的应为境内居民企业的本公司股权。股权奖励的标的可以是技术成果投资入股到其他境内居民企业所取得的股权。激励标的股票（权）包括通过增发、大股东直接让渡以及法律法规允许的其他合理方式授予激励对象的股票（权）。

（4）激励对象应为公司董事会或股东（大）会决定的技术骨干和高级管理人员，激励对象人数累计不得超过本公司最近6个月在职职工平均人数的30%。

（5）股票（权）期权自授予日起应持有满 3 年，且自行权日起持有满 1 年；限制性股票自授予日起应持有满 3 年，且解禁后持有满 1 年；股权奖励自获得奖励之日起应持有满 3 年。上述时间条件须在股权激励计划中列明。

（6）股票（权）期权自授予日至行权日的时间不得超过 10 年。

（7）实施股权奖励的公司及其奖励股权标的公司所属行业均不属于《股权奖励税收优惠政策限制性行业目录》范围。公司所属行业按公司上一纳税年度主营业务收入占比最高的行业确定。

▶▶ 工资抑或劳务？社保不是背书

关联法律：劳动合同与劳务合同

案例

> 税务局稽查某建安企业，建安企业找的工人基本全是从农村进城的务工人员。关于支付给这些人的报酬性质，税务局内部有不同看法：有的认为属于工资；有的认为这些人和企业并未签署劳动合同，应认定为劳务报酬，双方各持己见。

先看法律条文的规定：

《国家税务总局关于印发征收个人所得税若干问题的规定的通知》（国税发〔1994〕089号）规定：工资、薪金所得是属于非独立个人劳务活动，即在机关、团体、学校、部队、企事业单位及其他组织中任职、受雇而得到的报酬；劳务报酬所得则是个人独立从事各种技艺、提供各项劳务取得的报酬。两者的主要区别在于：前者存在雇佣与被雇佣关系，后者则不存在这种关系。

可见，独立与非独立是判别工资薪金与劳务报酬的主要标准。《国家税务总局关于企业所得税应纳税所得额若干税务处理问题的公告》（税务总局公告2012年第15号）有同样的规定，企业因雇用季节工、临时工、实习生、返聘离退休人员以及接受外部劳务派遣用工所实际发生的费用，应区分为工资薪金支出和职工福利费支出。

而实习生、返聘离退休人员是不需要由企业缴纳和代缴社会保险费的，但上述人员从事的劳动仍属于企业职工性质，获取的工资薪金和职工福利费，在个人所得税概念上均属于综合所得中的工资薪金所得。

再结合《企业会计准则》对职工的界定，"职工"主要包括三类人员：

一是与企业订立劳动合同的所有人员，含全职、兼职和临时职工；

二是未与企业订立劳动合同、但由企业正式任命的企业治理层和管理层人员，如董事会成员、监事会成员等；

三是在企业的计划和控制下，虽未与企业订立劳动合同或未由其正式任命，但向企业所提供服务与职工所提供服务类似的人员，也属于职工的范畴，包括通过企业与劳务中介公司签订用工合同而向企业提供服务的人员。

因此，是否签订劳动合同缴纳社会保险不是判定人员是企业职工的唯一因素，而要从独立与非独立的角度来衡量。

回到建筑农民工问题上来，我们看到《国务院办公厅关于促进建筑业持续健康发展的意见》（国办发〔2017〕19号）第十三条，保护工人合法权益。全面落实劳动合同制度，加大监察力度，督促施工单位与招用的建筑工人依法签订劳动合同，到2020年基本实现劳动合同全覆盖。健全工资支付保障制度，按照谁用工谁负责和总承包负总责的原则，落实企业工资支付责任，依法按月足额发放工人工资。将存在拖欠工资行为的企业列入黑名单，对其采取限制市场准入等惩戒措施，情节严重的降低资质等级。建立健全与建筑业相适应的社会保险参保缴费方式，大力推进建筑施工单位参加工伤保险。施工单位应履行社会责任，不断改善建筑工人的工作环境，提升职业健康水平，促进建筑工人稳定就业。

可见，国务院鉴于目前建筑农民工的现状，也只是在认同从农村进城务工人员的工人性质基础上，不断督促施工单位与招用的建筑工人签订劳动合同，而不是反过来，签订了劳动合同，才是建筑工人。

▶▶ 直接持股惹争议，只因合伙是虚体
关联法律：合伙企业法

案例

　　某新三板企业股东系有限合伙企业，该有限合伙企业的普通合伙人系公司法人，其他有限合伙人系公司核心高管，现新三板企业向有限合伙企业分红，是否可以适用《财政部 税务总局 证监会关于继续实施全国中小企业股份转让系统挂牌公司股息红利差别化个人所得税政策的公告》（财政部 国家税务总局 证监会公告2019年第78号）个人持有挂牌公司的股票，持股期限超过1年的，对股息红利所得暂免征收个人所得税。

　　有人认为，个人系有限合伙企业的合伙人，而有限合伙企业持有新三板企业的股份，因此不属于直接持有，不应当享受持股期限超过1年的股息红利所得暂免征收个人所得税的优惠政策。

先看法律条文的规定：

《国家税务总局关于〈国家税务总局关于个人独资企业和合伙企业投资者征收个人所得税的规定〉执行口径的通知》（国税函〔2001〕84号），合伙企业对外投资分回的利息或者股息、红利，不并入合伙企业的收入，而应单独作为投资者个人取得的利息、股息、红利所得，按"利息、股息、红利所得"应税项目计算缴纳个人所得税。

上述规定中的合伙企业当时对应的是1997年版《中华人民共和国合伙企业法》第八条设立合伙企业。应当具备下列条件：

> （一）有两个以上合伙人，并且都是依法承担无限责任者；
> （二）有书面合伙协议；
> （三）有各合伙人实际缴付的出资；
> （四）有合伙企业的名称；
> （五）有经营场所和从事合伙经营的必要条件。

即当时的合伙企业的合伙人是负无限责任的普通合伙人，普通合伙人持有合伙企业的份额，合伙企业持有新三板企业的股权，则新三板企业分配的股息是直接归属于合伙人的股息所得。到了 2006 年，我国对《中华人民共和国合伙企业法》作出修订。

> 第六十一条　有限合伙企业由二个以上五十个以下合伙人设立；但是，法律另有规定的除外。有限合伙企业至少应当有一个普通合伙人。
> 第六十二条　有限合伙企业名称中应当标明"有限合伙"字样。

那么，有限合伙企业的有限合伙人是否适用《国家税务总局关于〈国家税务总局关于个人独资企业和合伙企业投资者征收个人所得税的规定〉执行口径的通知》（国税函〔2001〕84 号）？我们认为由于"国税函〔2001〕84 号"既未废止，也未修改，当然适用于有限合伙人与普通合伙人，这里举一地方税务规范性文件进行佐证。

《福建省地方税务局关于有限合伙企业对外投资收益个人所得税有关问题的通知》（闽地税函〔2012〕87 号）：近接部分基层地税机关和企业反映有限合伙企业对外投资收益个人所得税问题，经研究，明确如下：

按照《国家税务总局关于〈关于个人独资企业和合伙企业投资者征收个人所得税的规定〉执行口径的通知》（国税函〔2001〕84 号）规定，合伙企业自然人合伙人，不论是否执行合伙企业的合伙事务，其对外投资取得的股权投资收益，均应单独按照"利息股息红利所得"项目，依 20% 税率计算缴纳个人所得税。

综上所述，我们认为合伙企业的个人所得税纳税人不是合伙企业，而是合伙企业的合伙人，《中华人民共和国合伙企业法》第六条也规定：合伙企业的生产经营所得和其他所得，按照国家有关税收规定，由合伙人分别缴纳所得税。

那么，新三板企业分配的上述股息红利所得与合伙企业毫无关系，依照"国税函〔2001〕84号"规定，其纳税人即为合伙个人而非合伙企业。既然如此则系合伙个人直接持有股权，我们以为应适用《财政部 税务总局 证监会关于继续实施全国中小企业股份转让系统挂牌公司股息红利差别化个人所得税政策的公告》（财政部 国家税务总局 证监会公告2019年第78号）。

其实，表面上看是合伙企业持有新三板公司的股票，但是根据《中国证券登记结算有限责任公司证券登记规则》第五条规定，证券应当登记在证券持有人本人名下，本公司出具的证券登记记录是证券持有人持有证券的合法证明。符合法律、行政法规和中国证监会规定的，可以将证券登记在名义持有人名下。名义持有人依法享有作为证券持有人的相关权利，同时应当对其名下证券权益拥有人承担相应的义务，证券权益拥有人通过名义持有人实现其相关权利。名义持有人行使证券持有人相关权利时，应当事先征求其名下证券权益拥有人的意见，并按其意见办理，不得损害证券权益拥有人的利益。

而《中国证券登记结算有限责任公司合伙企业等非法人组织证券账户开立业务操作指引》第四条规定，合伙企业、创投企业在填写合伙企业等非法人组织证券账户注册申请表时，"持有人名称"一项应为企业全称（如合伙企业全称中含有"普通合伙""特殊普通合伙""有限合伙"等字样不可省略），"有效身份证明文件号码"一项应为营业执照中的注册号。执行事务合伙人或负责人按营业执照记载填写，执行事务合伙人是法人或者其他组织的，还应填写委派代表姓名。"合伙人或投资者名单"一项应填写全体合伙人或投资者的姓名（名称）、有效身份证明文件号码、承担责任方式，承担责任方式填写"无限责任或无限连带责任"、"有限责任"或者"特殊普通合伙人责任"。

因此，新三板公司再向个人合伙企业派发红利时是直接派发到具体合伙人名下的，而且上述文件也表明合伙企业只是名义持有人而不是证券权益拥有人，进一步证明了证券权益拥有人通过登记与账户开立已经表明了是其直接持有新三板公司的股票，而不是作为名义持有人的合伙企业持有。

我们以为从反向推理也可得出结论：

如果个人合伙人是间接持有新三板公司股票，则表明由个人合伙人持有合伙企业股权，而合伙企业直接持有新三板公司股权，但我们知道合伙企业属于非法人实体，其可以作为股份有限公司的股东以其对新三板认购的股份为限对新三板公司承担责任。但个人合伙人却不可能存在对合伙企业的股权的，股权之不存，何来的股息红利？

我们从另一份文件分析它：《国家税务总局关于企业转让上市公司限售股有关所得税问题的公告》（国家税务总局公告 2011 年第 39 号）因股权分置改革造成原由个人出资而由企业代持有的限售股，企业在转让时按以下规定处理：企业转让上述限售股取得的收入，应作为企业应税收入计算纳税。上述限售股转让收入扣除限售股原值和合理税费后的余额为该限售股转让所得。依照本条规定完成纳税义务后的限售股转让收入余额转付给实际所有人时不再纳税。

新《企业所得税法》2008 年实行后，纳税人只可能是法人，明确非法人的个人独资企业、合伙企业不适用《企业所得税法》。因此，个人通过法人企业代持股才属于间接持股，反而言之，通过非法人企业的合伙企业并不属于间接持股。

综上所述，我们以为个人合伙人透过税收虚体的合伙企业持有新三板公司股票属于直接持有，应享有相应的税收优惠。

检索备注

广州地税局纳税服务部门官方问答

问：根据"财税〔2014〕48 号"：个人持有全国中小企业股份转让系统（简称"全国股份转让系统"）挂牌公司的股票，持股期限在 1 个月以内（含 1 个月）的，其股息红利所得全额计入应纳税所得额；持股期限在 1 个月以上至 1 年（含 1 年）的，暂减按 50% 计入应纳税所得额；持股期限超过 1 年的，暂减按 25% 计入应纳税所得额。上述所得统一适用 20% 的税率计征个人所得税。根据"财税〔2015〕101 号"："个人从公开发行和转让市场取得的上市公司股票，持股期限超过 1 年的，股息红利所得暂免征收个人所得税。"……"四、全国中小企业股份转让系统挂牌公司股息红利差别化个人所得税政策，按照本通知规定执行。"

那么，我公司为有限合伙企业（出资人均为自然人），投资一家新三板企业，持股期限在 1 年以上。目前，这家新三板公司要进行未分配利润转增股本。请问我公司的出资人是否能按以上政策享受税收减免？

答：一、根据《关于有限责任公司用税后利润和资本公积金转增注册资本征收个人所得税问题的批复》（粤地税函〔2005〕345号）的规定：有限责任公司用税后利润转增注册资本，实际上是该公司将税后利润向股东分配了股息、红利，股东再以分得的股息、红利增加注册资本。因此，对属于个人股东分得并再投入公司（转增注册资本）的部分应按照"利息、股息、红利所得"项目征收个人所得税。

二、根据《财政部 国家税务总局 证监会关于上市公司股息红利差别化个人所得税政策有关问题的通知》（财税〔2015〕101号）规定：全国中小企业股份转让系统挂牌公司股息红利差别化个人所得税政策，按照本通知规定执行。其他有关操作事项，按照《财政部 国家税务总局 证监会关于实施全国中小企业股份转让系统挂牌公司股息红利差别化个人所得税政策有关问题的通知》（财税〔2014〕48号）的相关规定执行。合伙企业持有全国中小企业股份转让系统挂牌公司股票而获得的股息红利，不并入合伙企业的收入，而应单独作为合伙企业个人投资者的股息红利，按"利息、股息、红利所得"缴纳个人所得税。对这部分股息红利所得缴纳个人所得税时，可按照"财税〔2015〕101号"的规定，根据持股时间的长短确定应纳税额。

►► "此注销"从此别离，"彼注销"后会有期
关联法律：商事主体迁移

案例

新办纳税人可以登记为一般纳税人，那么请问我公司在河北廊坊登记为一般纳税人，现想迁往天津武清，需要在天津武清主管税务机关重新登记为一般纳税人吗？

先看法律条文的规定：

《中华人民共和国企业法人登记管理条例施行细则》（国家市场监督管理总局令第14号）第三十九条：企业法人迁移（跨原登记主管机关管辖地），应向原登记主管机关申请办理迁移手续；原登记主管机关根据新址所在地登记主管机关同意迁入的意见，收缴企业法人营业执照，撤销注册号，开出迁移证明，并将企业档案移交企业新址所在地登记主管机关。企业凭迁移证明和有关部门的批准文件，向新址所在地登记主管机关申请变更登记，领取企业法人营业执照。

第四十七条：经营单位终止经营活动，应当申请注销登记。注销登记程序和应当提交的文件、证件，参照企业法人注销登记的有关规定执行。

《税务登记管理办法》（国家税务总局令第36号）第二十八条：纳税人发生解散、破产、撤销以及其他情形，依法终止纳税义务的，应当在向工商行政管理机关或者其他机关办理注销登记前，持有关证件和资料向原税务登记机关申报办理注销税务登记；按规定不需要在工商行政管理机关或者其他机关办理注册登记的，应当自有关机关批准或者宣告终止之日起15日内，持有关证件和

资料向原税务登记机关申报办理注销税务登记。

纳税人被工商行政管理机关吊销营业执照或者被其他机关予以撤销登记的，应当自营业执照被吊销或者被撤销登记之日起 15 日内，向原税务登记机关申报办理注销税务登记。

第二十九条：纳税人因住所、经营地点变动，涉及改变税务登记机关的，应当在向工商行政管理机关或者其他机关申请办理变更、注销登记前，或者住所、经营地点变动前，持有关证件和资料，向原税务登记机关申报办理注销税务登记，并自注销税务登记之日起 30 日内向迁达地税务机关申报办理税务登记。

综上所述，通俗地说，税务注销有两种：一种是纳税人终止纳税义务的注销；另外一种是纳税办理迁移的注销。

因此在"三证合一"的情况下，由河北廊坊迁往天津武清，应当办理的是市场监督管理部门的迁移手续，而非注销手续，也即企业的纳税义务并未终止，只是企业的经营地址作了变更，《财政部 国家税务总局关于企业重组业务企业所得税处理若干问题的通知》（财税〔2009〕59号）规定：企业由法人转变为个人独资企业、合伙企业等非法人组织，或将登记注册地转移至中华人民共和国境外（包括港、澳、台地区），应视同企业进行清算、分配，股东重新投资成立新企业。企业的全部资产以及股东投资的计税基础均应以公允价值为基础确定。企业发生其他法律形式简单改变的，可直接变更税务登记，除另有规定外，有关企业所得税纳税事项（包括亏损结转、税收优惠等权益和义务）由变更后企业承继，但因住所发生变化而不符合税收优惠条件的除外。

因此，企业所得税不需要办理清算，继续在天津武清办理预缴和汇缴事宜。

《国家税务总局关于一般纳税人迁移有关增值税问题的公告》（国家税务总局公告2011年第71号）规定，现就增值税一般纳税人经营地点迁移后仍继续经营，其一般纳税人资格是否可以继续保留以及尚未抵扣进项税额是否允许继续抵扣问题公告如下：

一、增值税一般纳税人（以下简称"纳税人"）因住所、经营地点变动，按照相关规定，在工商行政管理部门做变更登记处理，但因涉及改变税务登记机关，需要办理注销税务登记并重新办理税务登记的，在迁达地重新办理税务登记后，其增值税一般纳税人资格予以保留，办理注销税务登记前尚未抵扣的进项税额允许继续抵扣。

二、迁出地主管税务机关应认真核实纳税人在办理注销税务登记前尚未抵扣的进项税额，填写增值税一般纳税人迁移进项税额转移单。增值税一般纳税人迁移进项税额转移单一式三份，一份迁出地主管税务机关留存，一份交纳税人，一份传递迁达地主管税务机关。

三、迁达地主管税务机关应将迁出地主管税务机关传递来的增值税一般纳税人迁移进项税额转移单与纳税人报送资料进行认真核对，对其迁移前尚未抵扣的进项税额，在确认无误后，允许纳税人继续申报抵扣。

由于本案例发生在河北与天津之间，还可以依据《国家税务总局关于京津冀范围内纳税人办理跨省（市）迁移有关问题的通知》（税总发〔2015〕161号）具体操作：

（二）纳税人存在以下情况的，在未办结有关事项前，不得办理跨省（市）迁移手续：①有未申报记录的；②有各类欠缴或多缴税款、罚款或滞纳金的；③有未结清的出口退（免）税款的；④有未结稽查案件的；⑤有未结行政处罚、行政复议或者行政诉讼案件的；⑥有未处理完的在批文书的；⑦税务机关规定的其他情形。

这就要求企业要干干净净地迁移，而不能拖泥带水。

增值税一般纳税人迁移后，其增值税一般纳税人资格延续登记。纳税人办理注销税务登记前，尚有未抵扣进项税额的，迁出地税务机关应填报增值税一般纳税人迁移进项税额转移单，在增值税发票系统升级版中核实企业的发票缴销、补录情况。迁入地税务机关据此进行增值税进项税额的初始化处理。纳税人使用的增值税发票系统升级版专用设备（包括金税盘、税控盘、报税盘）交由迁出地税务机关注销收回，纳税人在迁入地重新购置专用设备。使用税控收款机的纳税人迁出前应抄报当期开票数据，报送相关资料并办理税控收款机注销核准（收回税控卡、用户卡）。

迁移前取得的增值税专用发票由于通过增值税一般纳税人迁移进项税额转移单得到了处理，但是迁移后可能还会接收到原纳税人识别号或统一社会信用代码的增值税专用发票，这种情况下就只能找迁入地税务机关了。因此，根据规定，增值税一般纳税人迁移后取得的原纳税人识别号或统一社会信用代码的增值税专用发票就需办理换票手续后，再进行申报抵扣。

🔍 检索备注

"多证合一、一照一码"是指商事主体的营业执照、组织机构代码证、税务登记证、刻章许可证、社保登记证，在商事登记部门"一表申请、一门受理、一次审核、信息互认、五证同发、档案共享"登记模式的基础上，只发放记载有统一社会信用代码的营业执照，不再发放商事主体的组织机构代码证、税务登记证、刻章许可证、社保登记证，赋予营业执照具有以上证（照）的全部功能。上海甚至达到了24证合一。

►► 桥归桥、路归路，发票不同于收据

关联法律：财政票据管理办法

案例

　　某建安企业向某县财政所缴纳了一笔款项，财政所开具了下述收据（票样为空白收据，只为说明此票出处），则该收据能否在企业所得税税前扣除？

　　先看法律条文的规定：

　　《企业所得税税前扣除凭证管理办法》（国家税务总局公告 2018 年第 28 号）第九条：企业在境内发生的支出项目属于增值税应税项目（以下简称"应税项目"）的，对方为已办理税务登记的增值税纳税人，其支出以发票（包括按照规定由税务机关代开的发票）作为税前扣除凭证；对方为依法无须办理税务登记的单位或者从事小额零星经营业务的个人，其支出以税务机关代开的发票或者收款凭证及内部凭证作为税前扣除凭证，收款凭证应载明收款单位名称、个人姓名及身份证号、支出项目、收款金额等相关信息。

第十条：企业在境内发生的支出项目不属于应税项目的，对方为单位的，以对方开具的发票以外的其他外部凭证作为税前扣除凭证。

综上所述，如果财政所收取的是应征增值税项目，依据"对方为依法无须办理税务登记的单位"，财政所作为国家机关的性质，是不需要办理税务登记的，则该支出以税务机关代开的发票或者收款凭证及内部凭证作为税前扣除凭证，即要么由财政所去税务局代开发票，或者以收款凭证及内部凭证作为税前扣除凭证。而这个收款凭证与内部凭证并无具体格式，财政所完全可以自制，该建筑企业可以在企业所得税税前扣除。

但如果财政所收取的不是应征增值税项目呢？那么这个资金往来结算票据算不算收款凭证？则依据《企业所得税税前扣除凭证管理办法》（国家税务总局公告2018 年第 28 号）第八条：外部凭证是指企业发生经营活动和其他事项时，从其他单位、个人取得的用于证明其支出发生的凭证，包括但不限于发票（包括纸质发票和电子发票）、财政票据、完税凭证、收款凭证、分割单等。

可见，需要由财政所开具财政票据，那上述这张票是否属于合法合规的财政票据呢，我们就有必要认真学习财政票据的管理办法，否则问题无解，或者似是而非地认为只要是财政所出具的票据即可以在企业所得税前扣除。

《财政票据管理办法》（财政部令 2012 年第 70 号）第六条，财政票据的种类和适用范围如下：

（一）非税收入类票据

1.非税收入通用票据，是指行政事业单位依法收取政府非税收入时开具的通用凭证。

2.非税收入专用票据，是指特定的行政事业单位依法收取特定的政府非税收入时开具的专用凭证。主要包括行政事业性收费票据、政府性基金票据、国有资源（资产）收入票据、罚没票据等。

3.非税收入一般缴款书，是指实施政府非税收入收缴管理制度改革的行政事业单位收缴政府非税收入时开具的通用凭证。

（二）结算类票据

资金往来结算票据，是指行政事业单位在发生暂收、代收和单位内部资金往来结算时开具的凭证。

（三）其他财政票据

1.公益事业捐赠票据，是指国家机关、公益性事业单位、公益性社会团体和其他公益性组织依法接受公益性捐赠时开具的凭证。

2.医疗收费票据，是指非营利医疗卫生机构从事医疗服务取得医疗收入时开具的凭证。

3.社会团体会费票据，是指依法成立的社会团体向会员收取会费时开具的凭证。

4.其他应当由财政部门管理的票据。

显然，我们展示的票样叫作资金往来结算票据，再来找《行政事业单位资金往来结算票据使用管理暂行办法》第七条下列行为，可以使用资金往来结算票据：

（一）行政事业单位暂收款项。

由行政事业单位暂时收取，在经济活动结束后需退还原付款单位或个人，不构成本单位收入的款项，如押金、定金、保证金及其他暂时收取的各种款项等。

（二）行政事业单位代收款项。

由行政事业单位代为收取，在经济活动结束后需付给其他收款单位或个人，不构成本单位收入的款项，如代收教材费、体检费、水电费、供暖费、电话费等。

（三）单位内部各部门之间、单位与个人之间发生的其他资金往来且不构成本单位收入的款项。

（四）财政部门认定的不作为行政事业单位收入的其他资金往来行为。

第八条下列行为，不得使用资金往来结算票据：

（一）行政事业单位按照自愿有偿的原则提供下列服务，其收费属于经营服务性收费，应当依法使用税务发票，不得使用资金往来结算票据。

（二）行政事业性收费、政府性基金、国有资源有偿使用收入、国有资产有偿使用收入、国有资本经营收益、彩票公益金、罚没收入、以政府名义接受的捐赠收入、主管部门集中收入等政府非税收入，应当按照规定使用行政事业性收费票据、政府性基金票据、罚没票据、非税收入一般缴款书等相应的财政票据，不得使用资金往来结算票据。

（三）行政事业单位受政府非税收入执收单位的委托，代行收取政府非税收入，应当按照有关委托手续，使用委托单位领购的有关政府非税收入票据代收相应的政府非税收入，不得使用资金往来结算票据。

（四）社会团体收取会费收入，使用社会团体会费专用收据；公立医疗机构从事医疗服务取得收入，使用医疗票据；公益性单位接收捐赠收入，使用捐赠票据，均不得使用资金往来结算票据。

（五）行政事业单位取得的拨入经费、财政补助收入、上级补助收入等形成本单位收入，不得使用资金往来结算票据。

（六）财政部门认定的其他行为。

我们终于可以恍然大悟了，财政所开具的是资金往来结算收据，本质上是代收暂收款项，通俗地说，就是往来款项。因此，该建筑企业支付的上述款项，取得上述资金往来结算收据，会计处理上只能作"其他应收款"处理，不得计入企业支出在企业所得税前扣除。

检索备注

下述这张城市管理综合行政执法局（简称城管局）开具的票据能否在企业所得税税前扣除呢？

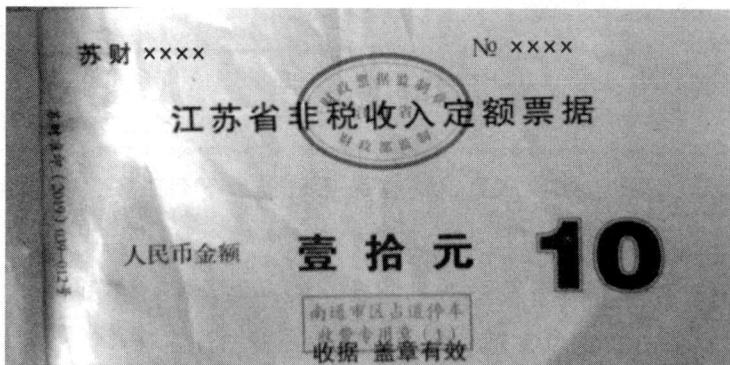

仍然按照我们的思路来剖析。

首先，判断该收费的性质，占道停车收费是否属于应征增值税行为。如果是，应当代开发票，或者以城管局的收款凭证作为企业所得税税前扣除票据；如果不属于应征增值税行为，则应当开具合法合规的财政票据。

其次，由于政府行政性收费和政府性基金征收都是有相应的依据的，我们查看依据，2018年江苏省行政事业性收费目录部分如下：

附件1

2018年江苏省行政事业性收费项目目录

序号	部 门	收费项目名称	收费标准	立项级别	资金管理方式	文件依据	备 注
10		停车费	由各市制定	省	缴入国库	苏价费〔2002〕224号、苏财综〔2002〕90号、苏价费〔2003〕311号、苏财综〔2003〕119号、苏价综〔2004〕114号、苏价费函〔2005〕63号、苏财综〔2005〕22号	由各市制定收费标准，由公安、城管等部门收取，不包括经营性停车收费

显然，城管局收取的占道停车收费属于行政事业性收费，需要取得合法有效的行政事业性收费票据，那么该张财政票据系非税收入财政票据，票据也是合法的。

最后，就是这个财政票据是不是假的？纳税人可以登录财政部门的各个网站进行搜索查询。比如，下面这个财政部全国财政电子票据查验平台，可以查询发票真假。

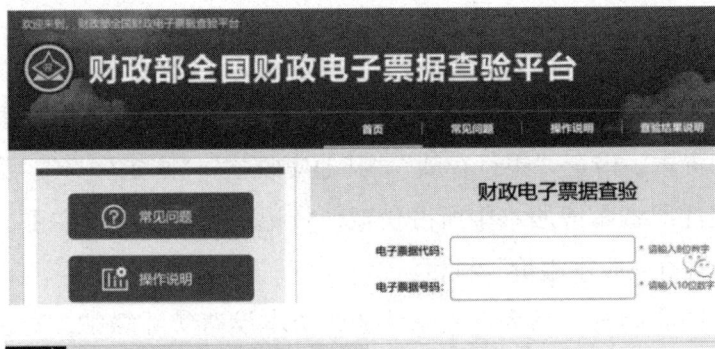

►► 吹牛引得自陶醉？直把认缴当实缴

关联法律：公司法与会计规定

案例

> 某企业办理注销，税务审核时产生争议，企业认缴的注册资本是否需要缴纳资金账簿印花税？

先看法律条文的规定：

《国家税务总局关于资金账簿印花税问题的通知》（国税发〔1994〕025号）规定：生产经营单位执行"两则"（《企业财务通则》《企业会计准则》）后，其"记载资金的账簿"的印花税计税依据改为"实收资本"与"资本公积"两项的合计金额。

那么，认缴的注册资本是不是记载资金账簿上的"实收资本"呢？

我们来看《企业会计准则应用指南——会计科目和主要账务处理》：企业收到投资者投入的资本，借记"银行存款""其他应收款""固定资产""无形资产"等科目，按其在注册资本或股本中所占份额，贷记本科目，按其差额，贷记"资本公积——资本溢价或股本溢价"科目。

有些税务同志即据此认为，股东认缴的资本没有实际缴纳，对于被投资企业而言，就是股东欠被投资企业的投资款，就应当根据上述会计要求，借记"其他应收款"，贷记"实收资本或股本"，贷记"资本公积——资本溢价或股本溢价"，"实收资本＋资本公积"全得按万分之五缴纳印花税（此案例发生在2018年5月之前）。

那么认缴资本而未实际缴纳的需要做账务处理吗？如果做账务处理，上述处理对吗？

我们再来看《中华人民共和国公司法》第二十七条：股东可以用货币出资，也可以用实物、知识产权、土地使用权等可以用货币估价并可以依法转让的非货币财产作价出资；但是，法律、行政法规规定不得作为出资的财产除外。

那么，其他应收款这种债权是否属于《中华人民共和国公司法》规范的用以出资的财产呢？我们再来查阅《公司债权转股权登记管理办法》第一条明确规定，该办法所规定的债权转股权，是债权人依法享有的对在中国境内设立的有限公司或股份公司享有的债权转为公司股权、增加公司注册资本的行为。

原来如此，比如乙欠甲的钱，乙还不了钱，则双方进行债务重组由乙增发自身股权用于偿付欠甲的钱，则乙作会计处理如下：

借：应付账款或其他应付款

贷：股本或实收资本

资本公积——资本溢价或股本溢价。

如果乙欠甲的钱，甲要对丙增资，甲是否可以用对乙的债权作为财产，对丙进行增资呢？即对于甲而言，账务处理如下：

借：长期股权投资

贷：其他应收款——乙

对于被投资企业而言，账务处理如下：

借：其他应收款——乙

贷：实收资本或股本

资本公积——资本溢价或股本溢价

对于债务人乙而言无非换了个债主，账务处理如下：

借：其他应付款——甲

贷：其他应付款——丙

行不行得通呢？在《公司债权转股权登记管理办法》出台的同时，时任国家工商总局局长周伯华在答记者问的解释上明确表示，该办法中的债权转股权"仅适用于债权人对公司的直接债权转为公司股权等，排除了以第三人债权出资等情形"。

水落石出，认缴资本压根不属于公司法规范的可以用于出资的财产，也不属于会计上的资产，不需要作会计处理。否则吹个牛皮，资产负债表的左边资产吹个10亿元，右边所有者权益高达10亿元，会计的谨慎性原则从何谈起？

"皮之不存，毛将焉附"，会计上都不需要作处理的认缴资本，又何来的资金账簿印花税？

> 资金账簿印花税减半征收的规定，《财政部 税务总局关于对营业账簿减免印花税的通知》（财税〔2018〕50号）规定，为减轻企业负担，鼓励投资创业，现就减免营业账簿印花税有关事项通知如下：自2018年5月1日起，对按万分之五税率贴花的资金账簿减半征收印花税，对按件贴花五元的其他账簿免征印花税。

▶▶ 资本公积多少事，尽在变更故事中
关联法律：会计规定溯源

案例

　　某企业将自持房屋用作长期对外出租，并采用公允价值模式计量，依据《企业会计准则》的要求，存货或自用房地产转换为"以公允价值计量的投资性房地产"，转换日公允价值高于账面价值的金额计入"资本公积——其他资本公积"。对于此资本公积是否需要缴纳印花税，企业内部产生了争议。

　　先看法律条文的规定：

　　《企业会计准则》对资本公积核算内容：资本溢价明细核算接受投资者投资的金额超出其享有的注册资本份额的部分，或者发行股票的溢价金额；其他资本公积明细：权益法下被投资单位除了实现净损益、分配现金股利、发生其他综合收益以外其他原因导致所有者权益变动的，投资单位确认其他资本公积，权益结算的股份支付在等待期内确认的成本费用金额等。

　　那么，案例中提到的其他资本公积需要交印花税吗？

　　《国家税务总局关于资金账簿印花税问题的通知》（国税发〔1994〕025号）规定：财政部发布的《企业财务通则》和《企业会计准则》（以下简称"两则"）自一九九三年七月一日起施行。按照"两则"及有关规定，各类生产经营单位执行新会计制度，统一更换会计科目和账簿后，不再设置"自有流动资金"科目。因此，《中华人民共和国印花税暂行条例》税目税率表中"记载资金的账簿"的计税依据已不适用，需要重新确定。为了便于执行，现就有关问题通知如下：

> 一、生产经营单位执行"两则"后，其"记载资金的账簿"的印花税计税依据改为"实收资本"与"资本公积"两项的合计金额。
>
> 二、企业执行"两则"启用新账簿后，其"实收资本"和"资本公积"两项的合计金额大于原已贴花资金的，就增加的部分补贴印花。

可见，资金账簿印花税的计税依据是参照的会计规定，即1993年版《企业财务通则》第八条：企业在筹集资本金活动中，投资者缴付的出资额超出资本金的差额（包括股票溢价），法定财产重估增值，以及接受捐赠的财产等，计入"资本公积"。

既然如此，依照2006年《企业会计准则》要求核算的"其他资本公积"便不是1993年版的股票股权溢价、法定财产重估增值、接受捐赠财产等，要求企业交这笔其他资本公积的印花税也就不太有道理。

特别是许多其他资本公积随着资产的处置，将来都会转入"投资收益"等科目，甚至有些其他资本公积会出现借方余额，比如，可供出售金融资产的公允价值变动，假设2019年公允价值变动导致的其他资本公积贷方余额增加1亿元，将其理解为资金账簿的印花税计税依据予以交税，那么2020年公允价值下跌导致的其他资本公积借方余额减少1亿元，则又不能退税，显然有悖税法原理。

因此，在实操中许多税务机关对此类资本公积是不作为印花税资金账簿税目的计税依据的，当然也有不少税务机关要求作为计税依据，这就需要我们纳税人据理陈词了，也更寄望于国家税务总局层面与时俱进，会计规定修正多少年了，相应的税收规定也应当及时跟进，避免不必要的争议。

下 篇

钻研程序法：化解税务危机

　　老百姓有句俗话："捉贼捉赃"，就是说凡事要讲证据，要讲程序；而英国著名法官 G·休厄特说过："正义不仅要实现，而且要以人们看得见的方式被实现。"结合税法来讲，道理同样如此，税务机关依法征税，纳税人、扣缴义务人、纳税担保人等依据税法履行义务，都要遵循相应的程序。如果程序错漏了，即使实体正确，结论也是不成立的。纳税人在学习实体法的同时，同样要关注程序法的学习。

▶▶ 事后备案和事前审批，该打的招呼必须要打
关键字：备案和审批

案例

  总分支机构，如果总机构是一般纳税人，分支机构是小规模纳税人，那么怎样可以使总分公司都适用一般计税方法呢？

  先看法律条文的规定：

  随着税务机关落实"放、管、服"的不断推进，事前的审批事项越来越少，但只要存在审批事项，就需要准备必要条件，取得税务机关的审批同意才能进行涉税事项的处理。

  《财政部 国家税务总局关于固定业户总分支机构增值税汇总纳税有关政策的通知》（财税〔2012〕9号）规定：固定业户的总分支机构不在同一县（市），但在同一省（区、市）范围内的，经省（区、市）财政厅（局）、国家税务局审批同意，可以由总机构汇总向总机构所在地的主管税务机关申报缴纳增值税。

  因此，总分支机构如果能够获得审批同意，合并汇总缴纳则可以解决很多问题。比如，统一核算增值税大大减少纳税成本，会计核算也更加简便。

  由于授权给省级税务机关，我们来看江苏省国家税务局的汇总纳税的文件，《江苏省国家税务局关于印发江苏省国家税务局增值税汇总申报纳税企业征收管理办法（试行）的通知》（苏国税发〔2007〕128号）规定，汇总纳税企业，是指经有权国税机关批准，可由总机构（汇总区域内的管理机构）汇总其统一核算的分支机构增值税应税事项向其所在地主管国税机关申报或缴纳增值税的增值税一般纳税人。

  申请在省内跨市汇总申报缴纳增值税的企业，应由总机构向其所在地主管国

税机关提出申请，并逐级上报省局审批。申请在市内跨县（市）汇总申报缴纳增值税的企业，应由总机构向其所在地主管国税机关提出申请，报省辖市局审批（涉及地方财政利益调整的，报省局会省财政厅审批）。

经审批同意，增值税汇总申报纳税的企业，其所属统一核算分支机构经申请可直接认定为一般纳税人，不纳入辅导期管理；其新增本省内统一核算的分支机构，在向其主管国税机关及总机构主管国税机关备案后可直接纳入统一申报纳税的范围。

从上述规定可见，即使分支机构只是小规模纳税人，但在汇总申报纳税获批后，总分机构是作为一个增值税纳税人的，因此，分支机构同总机构一样，同是一个一般纳税人。

对于具体交税方法，我们也不妨参考江苏省国家税务局的规定，经有权机关审批的汇总纳税企业，应根据审批的结果分别按以下三种方式进行纳税申报：

（一）经批准采取"统一计算应纳税额，按销售额进行分配，由分支机构按收入级次分别预缴申报入库，由总机构汇总办理纳税申报"方式的：

1. 总机构应按各分支机构的销售额对当月实现增值税进行分摊，如统一核算的增值税当月应纳税额为负数（即有留抵税额）的，不再计算分配，留待下期抵扣。

2. 分支机构应分摊的增值税按以下公式计算：

各分支机构应分摊的增值税＝总机构统一核算的当月应交增值税总额 × （分支机构实现销售额 ÷ 总机构当月实现销售额总额）

3. 总机构应在每月 7 日前汇总编制《增值税纳税申报表》和《汇总纳税企业及其所属分支机构应交增值税分配表》，并传递给相关分支机构，作为分支机构在预缴申报时的附报资料。

4. 汇总企业的分支机构应根据《汇总纳税企业及其所属分支机构应交增值税分配表》所列本地区的增值税分配数向主管国税机关办理预缴申报，并及时将有关税款入库信息回馈给总机构。

5. 总机构在收到各地分支机构增值税入库信息后，在每月 10 日前向主管税务机关办理纳税申报，结清税款。同时附报《汇总纳税企业及其所属分支机构应交增值税分配表》及分支机构的入库证明（复印件）。

（二）经批准采取"统一计算应纳税额、统一申报、由总机构统一缴纳、年终由地方财政统一调整地方财政利益"方式的：

1. 总机构应按月汇总编制《增值税纳税申报表》、以销售额比例为依据编制《汇总纳税企业及其所属分支机构应交增值税分配表》，并传递给所属统一核算的分支机构，由分支机构报送所在地主管税务机关备查。

2. 总机构应在次月申报期内向其主管税务机关办理增值税纳税申报并结清税款，同时附报《汇总纳税企业及其所属分支机构应交增值税分配表》。

3. 总机构应按年向审批的财政机关报送《汇总纳税企业及其所属分支机构应交增值税分配表》的汇总表，作为财政机关调整地方财政利益的依据。

4. 各分支机构不再办理增值税申报和缴纳增值税。

（三）经批准采取"统一计算应纳税额，按预先确定的比例进行分配，由分支机构根据分配比例计算的增值税按收入级次分别预缴申报入库，由总机构汇总办理纳税申报"方式的：

1. 总机构每月按规定汇总计算当月增值税应纳税额。如增值税当月应纳税额为负数（即有留抵税额）的，不再计算分配，留待下期抵扣。

2. 分支机构应分摊的增值税按以下公式计算：

各分支机构应分摊的增值税＝总机构统一核算的当月增值税应纳税额 × 分支机构应分摊税额的比例

3. 总机构应在每月 7 日前汇总编制《增值税纳税申报表》和《汇总纳税企业及其所属分支机构应交增值税分配表》，并传递给相关分支机构，作为分支机构在预缴申报时的附报资料。

4. 分支机构应根据《汇总纳税企业及其所属分支机构应交增值税分配表》所列本地区的增值税应纳数向主管国税机关办理预缴申报，并须及时将有关税款入库信息回馈给总机构。

5. 总机构在收到各地分支机构增值税入库信息后，在每月 10 日前向主管税务机关办理纳税申报，结清税款。同时附报《汇总纳税企业及其所属分支机构应交增值税分配表》及分支机构的入库证明（复印件）。

此后申请批准成功的一般纳税人不少，比如《江苏省国家税务局、江苏省财政厅关于苏州宏图三胞科技发展有限公司增值税汇总申报纳税有关问题的通知》（苏国税发〔2011〕166号）：根据《增值税暂行条例》第二十二条的规定，同意苏州宏图三胞科技发展有限公司及其苏州市（含苏州工业园区、张家港保税区）范围内统一核算的分支机构自2012年1月1日起在苏州市国家税务局第二税务分局统一申报缴纳增值税，采用"统一计算应纳税额，按销售额进行分配，由分支机构按收入级次分别预缴申报入库，由总机构汇总办理纳税申报"的方式。

现在有许多企业在外地设立办事处，总部与办事处并不在同一县（市、区），所以各自办理了一般纳税人登记，或仅是小规模纳税人，当然彼此之间也未获得汇总纳税的审批许可，有时总机构会向办事处移送一些产品作为展示用作推销产品之用，那么在现实操作中需要注意什么？这些办事处需要就上述产品在异地的销售缴纳增值税吗？

检索备注

《国家税务总局关于企业所属机构间移送货物征收增值税问题的通知》（国税发〔1998〕137号）：目前，对实行统一核算的企业所属机构间移送货物，接受移送货物机构（以下简称"受货机构"）的经营活动是否属于销售应在当地纳税，各地执行不一。经研究，现明确如下：

《中华人民共和国增值税暂行条例实施细则》第四条视同销售货物行为的第（三）项所称的用于销售，是指受货机构发生以下情形之一的经营行为：

一、向购货方开具发票；

二、向购货方收取货款。

受货机构的货物移送行为有上述两项情形之一的，应当向所在地税务机关缴纳增值税；未发生上述两项情形的，则应由总机构统一缴纳增值税。如果受货机构只就部分货物向购买方开具发票或收取货款，则应当区别不同情况计算并分别向总机构所在地或分支机构所在地缴纳税款。

所以有些在异地办理的办事处如果仅是负责推销、展示等工作：一不开具发票，二不收取货款，是不需要在异地申报缴纳增值税的。

此后，《国家税务总局关于纳税人以资金结算网络方式收取货款增值税纳税地点问题的通知》（国税函〔2002〕802号）规定：近接部分地区反映，实行统一核算的纳税人为加强对分支机构资金的管理，提高资金运转效率，与总机构所在地金融机构签订协议建立资金结算网络，以总机构的名义在全国各地开立存款账户（开立的账户为分支机构所在地账号，只能存款、转账，不能取款），各地实现的销售，由总机构直接开具发票给购货方，货款由购货方直接存入总机构的网上银行存款账户。对这种新的结算方式纳税地点如何确定，各地理解不一。经研究，现明确如下：

纳税人以总机构的名义在各地开立账户，通过资金结算网络在各地向购货方收取销货款，由总机构直接向购货方开具发票的行为，不具备《国家税务总局关于企业所属机构间移送货物征收增值税问题的通知》规定的受货机构向购货方开具发票、向购货方收取货款两种情形之一，其取得的应税收入应当在总机构所在地缴纳增值税。

检索备注

企业所得税恰好相反，总分机构原则上汇总缴纳，特殊情况下各缴各的税。《国家税务总局关于印发跨地区经营汇总纳税企业所得税征收管理办法的公告》（国家税务总局公告2012年第57号）第二条，居民企业在中国境内跨地区（指跨省、自治区、直辖市和计划单列市，下同）设立不具有法人资格分支机构的，该居民企业为跨地区经营汇总纳税企业，除另有规定外，其企业所得税征收管理适用本办法。

之所以和增值税不一样，因为增值税的总机构与分支机构是两个纳税人，但是企业所得税的总机构和分支机构是一个纳税人。

但是普遍情况中也会存在特殊情况，像以下两种情况。

一种是国有邮政企业（包括中国邮政集团公司及其控股公司和直属单位）、中国工商银行股份有限公司、中国农业银行股份有限公司、中国银行股份有限公司、国家开发银行股份有限公司、中国农业发展银行、中国进出口银行、中国投资有限责任公司、中国建设银行股份有限公司、中国建银投资有限责任公司、中国信达资产管理股份有限公司、中国石油天然气股份有限公司、中国石油化工股份有限公司、海洋石油天然气企业 [包括中国海洋石油总公司、中海石油（中国）有限公司、中海油田服务股份有限公司、海洋石油工程股份有限公司]、中国长江电力股份有限公司等企业缴纳的企业所得税（包括滞纳金、罚款）为中央收入，全额上缴中央国库，其企业所得税征收管理不适用本办法。铁路运输企业所得税征收管理不适用本办法。

一种是适用本办法的符合上述条件的分支机构不需要就地预缴，根据"国家税务总局公告 2012 年第 57 号"第五条，以下二级分支机构不就地分摊缴纳企业所得税：

> （一）不具有主体生产经营职能，且在当地不缴纳增值税、营业税的产品售后服务、内部研发、仓储等汇总纳税企业内部辅助性的二级分支机构，不就地分摊缴纳企业所得税；
>
> （二）上年度认定为小型微利企业的，其二级分支机构不就地分摊缴纳企业所得税；
>
> （三）新设立的二级分支机构，设立当年不就地分摊缴纳企业所得税；
>
> （四）当年撤销的二级分支机构，自办理注销税务登记之日所属企业所得税预缴期间起，不就地分摊缴纳企业所得税；
>
> （五）汇总纳税企业在中国境外设立的不具有法人资格的二级分支机构，不就地分摊缴纳企业所得税。

还有一种是"国家税务总局公告 2012 年第 57 号"第二十四条：以总机构名义进行生产经营的非法人分支机构，无法提供汇总纳税企业分支机构所得税分配表，也无法提供本办法第二十三条规定相关证据证明其二级及以下分支机构身份的，应视同独立纳税人计算并就地缴纳企业所得税，不执行本办法的相关规定。

按上款规定视同独立纳税人的分支机构，其独立纳税人身份一个年度内不得变更。

比如，某建筑企业的一个分公司，建筑企业总公司位于江苏，分公司位于浙江。如果浙江分公司符合上述第二十四条的规定，则浙江税务局将视同浙江分公司为独立纳税人计算缴纳企业所得税，也即"大路朝天，各走一边"。江苏总公司和浙江分公司的财务核算也分为两块，江苏和浙江的主管税务局各管一块。

▶▶ 特别调整加收利息，一般调整加收滞纳金
关键字：调整程序完全两样

案例

甲公司2019年从银行借款1 000万元为期一年，利息率为10%，当年支付利息100万元。但甲公司取得银行借款后即无偿借与关联方乙公司，则上述向银行支付的100万元利息能否税前扣除？

先看法律条文的规定：

《企业所得税法实施条例》第二十七条规定："《企业所得税法》第八条所称有关的支出，是指与取得收入直接相关的支出。"

现实中有不少企业或税务机关依据上述条款，由于甲公司获取资金后未给自己带来收入，即认为甲公司向银行支付的借款利息适用上述条款，属于与企业取得收入不直接相关的支出，因此予以调增，补缴了企业所得税。

其实，我们可以认真梳理《企业所得税法》及其实施条例。

上述第二十七条的规定属于《企业所得税法实施条例》第二章"应纳税所得额"的第二节"扣除"，但是《企业所得税法》第六章特别纳税调整的第一个条款即第四十一条规定：企业与其关联方之间的业务往来，不符合独立交易原则而减少企业或者其关联方应纳税收入或者所得额的，税务机关有权按照合理方法调整。

在这个案例中，按二十七条规定执行。是对甲公司向银行支付的利息进行调整；但如果按甲公司与乙公司的借贷行为进行调整，则可以适用《企业所得税法》的第四十一条。

那么到底适用哪一个条款是正确的呢？从税法的确定性而言，只能有一条是正确的，为什么呢？因为如果适用二十七条，甲公司与银行并不是关联方，适用

的是一般纳税调整，如果纳税人未调整导致少缴税款的，根据《税收征管法》第三十二条，纳税人未按照规定期限缴纳税款的，扣缴义务人未按照规定期限解缴税款的，税务机关除责令限期缴纳外，从滞纳税款之日起，按日加收滞纳税款万元分之五的滞纳金。而甲公司与乙公司是关联方，《国家税务总局关于完善关联申报和同期资料管理有关事项的公告》（国家税务总局公告 2016 年第 42 号）……四、关联交易主要包括：……（四）资金融通。资金包括各类长短期借贷资金（含集团资金池）、担保费、各类应计息预付款和延期收付款等。据上条又属于甲公司与乙公司之间的关联交易，则若被特别纳税调整的话，按《企业所得税法》第四十八条，税务机关依照本章规定作出纳税调整，需要补征税款的，应当补征税款，并按照国务院规定加收利息。

可见，适用一般纳税调整，加收滞纳金，但适用特别纳税调整，是加收利息，处理是不一致的。

我们假设 2019 年度甲公司和乙公司在未进行调整前的所得额均为 5 000 万元，两公司合计所得额 10 000 万元。

则如果按《企业所得税法实施条例》第二十七条调整，则甲公司支付的利息不得在企业所得税前扣除，纳税调整 100 万元后，所得额为 5 100 万元，而乙公司所得额仍为 5000 万元，合计所得 10 100 万元。

但如果按《企业所得税法》第四十一条来调整，假设按甲公司应当向乙公司收取利息 110 万元处理，则甲公司调增 110 万元，所得额为 5 110 万元，但由于采用的是特别纳税调整，同时也要调整其关联方乙公司，则乙公司增加利息支出 110 万元后的所得额为 4 890 万元，两者合计 10 000 万元。

另外，根据国家税务总局关于发布《特别纳税调查调整及相互协商程序管理办法的公告》（国家税务总局公告 2017 年第 6 号）第三十八条：实际税负相同的境内关联方之间的交易，只要该交易没有直接或者间接导致国家总体税收收入的减少，原则上不做特别纳税调整。

甲公司和乙公司均是中国境内居民企业，若符合上述条件，不予调整的话，所得额合计仍是 10 000 万元。

因此得出结论，如果适用一般纳税调整，会凭空多出 100 万元的所得额，明显是增加了纳税人的义务，侵蚀了纳税人的权利，是不妥的。

从企业所得税汇算清缴申报表附表 A105000 也可以看出这一点，见下表。如果按一般纳税调整的 27 行填报，你会发现税收金额是不允许填报的，即发生多少，调增多少，是永久性差异；但是按照第 44 行"特别纳税调整应税所得"填报，则甲公司填报第 3 列调增金额 110 万元的同时，乙公司则需填报第 4 列调减金额。

A105000　　　　　　　　　　　纳税调整项目明细表

行次	项　目	账载金额	税收金额	调增金额	调减金额
		1	2	3	4
12	二、扣除类调整项目（13+14+…+24+26+27+28+29+30）	*	*		
27	（十四）与取得收入无关的支出		*		*
28	（十五）境外所得分摊的共同支出	*	*		*
29	（十六）党组织工作经费				
30	（十七）其他				
31	三、资产类调整项目（32+33+34+35）	*	*		
32	（一）资产折旧、摊销（填写A105080）				
33	（二）资产减值准备金		*		
34	（三）资产损失（填写A105090）				
35	（四）其他				
36	四、特殊事项调整项目（37+38+…+43）	*	*		
37	（一）企业重组及递延纳税事项（填写A105100）				
38	（二）政策性搬迁（填写A105110）				
39	（三）特殊行业准备金（填写A105120）				
40	（四）房地产开发企业特定业务计算的纳税调整额（填写A105010）	*			
41	（五）合伙企业法人合伙人应分得的应纳税所得额				
42	（六）发行永续债利息支出				
43	（七）其他	*	*		
44	五、特别纳税调整应税所得	*	*		
45	六、其他	*	*		
46	合计（1+12+31+36+44+45）	*	*		

再举一个实践中和上述案例一模一样的税务处理的案例。

广州某外企在境内的关联企业主要某纸品有限公司、某口腔保健用品有限公司、北京某洗涤用品有限公司等。知情人士透露：2002 年，在广州某外企的关联企业中部分公司出现连续亏损，这些公司失去了向银行借贷的能力。广州某外企以公司本部的名义向中行广东省分行寻求巨额贷款。据悉，总金额高达 20 亿元左右。与正常企业行为相违背的是，广州某外企又拨出巨资以无息借贷的方式借给其关联企业使用，造成避税行为产生。一方面，借贷资金与随之产生的利息支付在账目上表现为负债。根据税法的规定，利息支出是允许在税前扣除。所以，广州某外资企业利用税前列支利息，先行分取企业利润而少交企业所得税。另一方面，提供巨额无息借贷给关联企业，也回避了正常借贷产生利息所得税的税赋。同时，作为该企业的关联企业，也为巨额借贷在账目上表现为负债而规避了大量所得税。

在广州国税局的公开资料上，对广州某外资企业的避税行为并没有明确的"非法"字样。广州国税局强调，税务部门对该企业做出的是税收"调整"，而非偷税查处。

综上所述，可见国家税务总局对于上述无息转贷给关联方采取的是特别纳税调整的"调整模式"，即只补税、加收利息而不罚款，而不是一般调整模式的定性为偷税，加滞纳金并罚款。

下面我们再讲讲一般纳税调整和特别纳税调整的程序，《重大税务案件审理办法》（国家税务总局令第34号）第十一条，本办法所称重大税务案件包括：

（一）重大税务行政处罚案件，具体标准由各省、自治区、直辖市和计划单列市税务局根据本地情况自行制定，报国家税务总局备案；

（二）根据重大税收违法案件督办管理暂行办法督办的案件；

（三）应司法、监察机关要求出具认定意见的案件；

（四）拟移送公安机关处理的案件；

（五）审理委员会成员单位认为案情重大、复杂，需要审理的案件；

（六）其他需要审理委员会审理的案件。

......

第三十九条 各级税务局办理的其他案件，需要移送审理委员会审理的，参照本办法执行。特别纳税调整案件按照有关规定执行。

对照上述两条，我们会发现特别纳税调整的案件处理并不适用于一般案件的处理，主要原因是特别纳税调整起码涉及关联两方的调整，关联方多的话，可能涉及多方调整，必然会涉及多地税务机关的协调配合，如果是跨国调整，甚至需要跨国税务机关的合作。

《国家税务总局关于印发〈特别纳税调整内部工作规程〉的通知》（税总发〔2016〕137号）第四条：税务机关发现纳税人存在特别纳税调整风险的，应当采取集体研究讨论的方式确定调查对象；未确定为调查对象的，主管税务机关可以向纳税人提示其存在特别纳税调整风险，并送达《税务事项通知书》。

第五条：调查对象确定后，主管税务机关应当填制《特别纳税调整立案审核表》，并附立案报告以及有关资料，通过案件管理系统层报省级税务机关进行审核。

> 属于全国联查案件和一般反避税管理案件的，省级税务机关审核后，应当及时通过案件管理系统呈报税务总局审核，税务总局审核同意后，将《特别纳税调整立案审核表》以及有关资料转发给主管税务机关；税务总局审核后不同意立案或者需进一步补充相关资料的，应当及时通过案件管理系统将意见转发给主管税务机关。
>
> 除全国联查案件和一般反避税管理以外的特别纳税调整案件，省级税务机关审核后同意立案的，应当及时通过案件管理系统呈报税务总局备案，并将《特别纳税调整立案审核表》以及有关资料转发给主管税务机关，主管税务机关应当组成办案小组实施调查；省级税务机关审核后不同意立案或者需进一步补充相关资料的，应当及时通过案件管理系统将意见转发给主管税务机关。

由上可知，实施特别纳税调整是需要取得上级税务机关至少是省级税务机关的审核的，而且还需要双方或多方调整，程序显然较纳税评估或税务稽查更加严谨与繁杂，也体现出了对特别纳税调整调查的谨慎，所以为了避免各地争抢税源，需要上级税务机关统一审核批准，跨国调查更要注意以免影响双方国家签订的协定的顺利执行。

►► 程序虽然错，实体可追溯
关键字：实体法与程序法的关系辨析

案例

我公司2017年发现有一种产品，符合享受《财政部 税务总局 发展改革委公布的资源综合利用企业所得税优惠目录（2018年版）》第二类序号第8项中综合利用资源所生产的产品。根据有关规定，这种产品取得的收入，在计算应纳税所得额时减按90%计入当年收入。问题是：由于2017年才发现，按照规定应向税务机关备案，由于2017年以前年度未备案，现在企业是否可以追补前三年度应享受的优惠政策。如果能享受，依据哪些政策文件。企业应如何具体操作，是修改以前年度的企业所得税年终汇算清缴申报表，还是在2017年度一次性作抵免来享受未享受的优惠政策。如果不能追补前三年，可追补的期限是哪年？如果不能享受，依据的政策文件又是什么？

先看法律条文的规定：

《国家税务总局关于发布修订后的〈企业所得税优惠政策事项办理办法〉的公告》（国家税务总局公告2018年第23号）第三条，企业应当自行判断其是否符合税收优惠政策规定的条件。凡享受企业所得税优惠的，应当按照本办法规定向税务机关履行备案手续，妥善保管留存备查资料。留存备查资料参见《企业所得税优惠事项备案管理目录》。

第十六条，企业已经享受税收优惠但未按照规定备案的，企业发现后，应当及时补办备案手续，同时提交《目录》列示优惠事项对应的留存备查资料。税务机关发现后，应当责令企业限期备案，并提交《目录》列示优惠事项对应的留存备查资料。

特别是第十六条提到享受优惠但未按规定备案，仍然可以享受。那么，未享受优惠，必定也就没有办理备案，还可不可以由企业提出，或税务机关发现后，责令企业限期备案，提交留存备查资料后重新享受呢？

我们查阅了《税收减免管理办法》（国家税务总局公告2015年第43号）第六条，纳税人依法可以享受减免税待遇，但是未享受而多缴税款的，纳税人可以在《税收征管法》规定的期限内申请减免税，要求退还多缴的税款。

但该办法已全文于2017年12月29日被《国家税务总局关于公布失效废止的税务部门规章和税收规范性文件目录的决定》（国家税务总局令第42号）宣布全文废止。

那么是不是只能在2018年重新备案后从2018年开始享受，过去的就栽？

我们来看个重磅文件：《国家税务总局关于税务行政审批制度改革若干问题的意见》（税总发〔2014〕107号）规定，实施备案管理的事项，纳税人等行政相对人应当按照规定向税务机关报送备案材料，税务机关应当将其作为加强后续管理的资料，但不得以纳税人等行政相对人没有按照规定备案为由，剥夺或者限制其依法享有的权利、获得的利益、取得的资格或者可以从事的活动。纳税人等行政相对人未按照规定履行备案手续的，税务机关应当依法进行处理。

纳税人确实可以享受税收优惠，只是因为程序法违规，那么按照程序法处罚后，还是可以享受其实体法的税收优惠的。

《立法法》第八十四条"法律、行政法规、地方性法规、自治条例和单行条例、规章不溯及既往，但为了更好地保护公民、法人和其他组织的权利和利益而作的特别规定除外"，也即如果对公民、法人和其他组织的权利和利益有利的，还是可以追溯享受的，也正因为此，《财政部 国家税务总局 科技部关于完善研究开发费用税前加计扣除政策的通知》（财税〔2015〕119号）规定，企业符合本通知规定的研发费用加计扣除条件而在2016年1月1日以后未及时享受该项税收优惠的，可以追溯享受并履行备案手续，追溯期限最长为3年。

《广东省地方税务系统税收优惠管理办法（试行）》（广东省地方税务局公告2014年第1号）第六条，纳税人符合税收优惠条件但未办理审批或备案手续而未享受税收优惠的，除税法明确规定办理期限外，可以参照《税收征管法》第五十一条规定（纳税人超过应纳税额缴纳的税款，税务机关发现后应当立即退还；纳税人自结算缴纳税款之日起三年内发现的，可以向税务机关要求退还多缴的税款并加算银行同期存款利息，税务机关及时查实后应当立即退还；涉及从国库中退库的，依照法律、行政法规有关国库管理的规定退还），自依法应缴纳税款之日起三年内申请补办税收优惠审批或备案手续。涉及退税的，可以在补办税收优惠审批或备案手续后，根据《税收征管法》的有关规定申请退税，但不加算银行同期存款利息。

最近我们看到福建省税务局《2020年6月12366咨询热点难点问题集》其中的一题，与我们的分析思路一脉相承，如出一辙。

> ......
>
> 5.纳税人在办理备案前已符合即征即退条件的年度，是否可以追溯享受即征即退政策？
>
> 答：根据《国家税务总局关于税务行政审批制度改革若干问题的意见》（税总发〔2014〕107号）规定：
>
> 四、坚持放管结合强化事中事后管理
>
> ......
>
> （十一）实施备案管理。各级税务机关应当严格区分行政审批和备案管理方式，不得以事前核准性备案方式变相实施审批。实施备案管理的事项，纳税人等行政相对人应当按照规定向税务机关报送备案材料，税务机关应当将其作为加强后续管理的资料，但不得以纳税人等行政相对人没有按照规定备案为由，剥夺或者限制其依法享有的权利、获得的利益、取得的资格或者可以从事的活动。纳税人等行政相对人未按照规定履行备案手续的，税务机关应当依法进行处理。
>
> 因此，纳税人在办理备案前已符合即征即退条件的年度，可以追溯享受即征即退政策。

►► 偷税前提是故意，没有故意不能定
关键字：偷税认定

案例

超过年应税销售额标准而不办理一般纳税人登记的话，比如某"营改增"试点小规模纳税人2018年1月—11月销售额为400万元，12月销售额200万元，但并未办理一般纳税人登记，则12月份的增值税销售额200万元如何处理呢？

先看法律条文的规定：

《国家税务总局关于界定超标准小规模纳税人偷税数额的批复》（税总函〔2015〕311号）规定，纳税人年应税销售额超过小规模纳税人标准且未在规定时限内申请一般纳税人资格认定的，主管税务机关应制作《税务事项通知书》予以告知。纳税人在《税务事项通知书》规定时限内仍未向主管税务机关报送一般纳税人认定有关资料的，其《税务事项通知书》规定时限届满之后的销售额依照增值税税率计算应纳税额，不得抵扣进项税额。税务机关送达的《税务事项通知书》规定时限届满之前的销售额，应按小规模纳税人简易计税方法，依3%征收率计算应纳税额。

再根据《增值税一般纳税人登记管理办法》（国家税务总局令第43号）第八条，纳税人在年应税销售额超过规定标准的月份（或季度）的所属申报期结束后15日内按照本办法第六条或者第七条的规定办理相关手续；未按规定时限办理的，主管税务机关应当在规定时限结束后5日内制作《税务事项通知书》，告知纳税人应当在5日内向主管税务机关办理相关手续；逾期仍不办理的，次月起按销售额依照增值税税率计算应纳税额，不得抵扣进项税额，直至纳税人办理相关手续为止。

可见，该小规模纳税人应当在2019年1月申报期结束后15日内办理一般纳税人登记手续，只有在未按规定办理手续后主管税务机关才可以制作税务事项通

知书，告知纳税人办理，如此该纳税人不仅 2018 年 12 月的销售额，即使 2019 年 1 月的销售额虽然已连续 12 个月超过了一般纳税人登记标准，仍然应适用 3% 或 5% 的征收率而不能按增值税税率补税。

因此可见，如果税务机关有义务对未按规定时限办理一般纳税人登记的纳税人下达起提醒作用的《税务事项通知书》，则纳税人不存在责任。

▶▶ 法律追溯有时效，过了时效莫追责

关键字：追溯时效

> **案例**
>
> 　　税务稽查人员于2015年7月1日对L公司2013年—2014年税收缴纳情况进行稽查，查无所获，因此特意向以前年度追溯。发现2009年L公司发放自然人股东股息1 000万元未代扣代缴个人所得税，那么能否依据《中华人民共和国税收征收管理法》第六十九条，扣缴义务人应扣未扣、应收而不收税款的，由税务机关向纳税人追缴税款，对扣缴义务人处应扣未扣、应收未收税款百分之五十以上三倍以下的罚款。即要求个人股东缴纳200万元的个人所得税，并对扣缴义务人的L公司处以罚款？

先看法律条文的规定：

请注意，税务稽查或纳税评估中的税务检查一般均有检查所属期的，这很正常，不可能对纳税人开办以来的全部年度实施检查，但是请注意上述税务检查通知书中的括号内的内容"如检查发现此期间以外明显的税收违法嫌疑或线索不受此限"，即可以有条件地突破原布置的检查所属期，这里就有必要认真学习税法的追溯期问题了。

《税收征管法》第五十二条规定，因税务机关的责任，致使纳税人、扣缴义务人未缴或者少缴税款的，税务机关在三年内可以要求纳税人、扣缴义务人补缴税款，但是不得加收滞纳金。

因纳税人、扣缴义务人计算错误等失误，未缴或者少缴税款的，税务机关在三年内可以追征税款、滞纳金；有特殊情况的，追征期可以延长到五年。

对偷税、抗税、骗税的，税务机关追征其未缴或者少缴的税款、滞纳金或者

所骗取的税款，不受前款规定期限的限制。

上述第二款中的特殊情况，《税收征管法实施细则》第八十二条作了说明，即《税收征管法》第五十二条所称特殊情况，是指纳税人或者扣缴义务人因计算错误等失误，未缴或者少缴、未扣或者少扣、未收或者少收税款，累计数额在 10 万元以上的。

好的，2015 年 7 月 1 日入户检查，距离 L 公司未扣缴个人所得税时点已经过了五年，因此如果要追征，则必须定性为偷税（本案例纳税人和扣缴义务人不存在抗税、骗税情形）。

根据《税收征管法》第六十三条，纳税人伪造、变造、隐匿、擅自销毁账簿、记账凭证，或者在账簿上多列支出或者不列、少列收入，或者经税务机关通知申报而拒不申报或者进行虚假的纳税申报，不缴或者少缴应纳税款的，是偷税。对纳税人偷税的，由税务机关追缴其不缴或者少缴的税款、滞纳金，并处不缴或者少缴的税款百分之五十以上五倍以下的罚款；构成犯罪的，依法追究刑事责任。

扣缴义务人采取前款所列手段，不缴或者少缴已扣、已收税款，由税务机关追缴其不缴或者少缴的税款、滞纳金，并处不缴或者少缴的税款百分之五十以上五倍以下的罚款；构成犯罪的，依法追究刑事责任。

在本案例中，L 公司系扣缴义务人，其并没有扣缴税款，自然不存在不缴或者少缴已扣、已收税款，自然定不了 L 公司偷税责任。

那么作为纳税人的自然人股东是偷税吗？

根据《税务登记管理办法》第二条，企业，企业在外地设立的分支机构和从事生产、经营的场所，个体工商户和从事生产、经营的事业单位，均应当按照《税收征管法》及《税收征管法实施细则》和本办法的规定办理税务登记。前款规定以外的纳税人，除国家机关、个人和无固定生产、经营场所的流动性农村小商贩外，也应当按照《税收征管法》及《税收征管法实施细则》和本办法的规定办理税务登记。

由上可见个人是无须办理税务登记的，自然也就不存在设置账簿、记账凭证，同时个人也未办理纳税申报，因此如果认定自然人股东偷税，只能套用"经税务机关通知申报而拒不申报，不缴或少缴税款、滞纳金"。

这里引用两个文件：一是《最高人民法院关于审理偷税抗税刑事案件具体应用法律若干问题的解释》（2002 年 11 月 4 日最高人民法院审判委员会第 1254 次会议通过法释〔2002〕33 号）解释规定：具有下列情形之一的，应当认定为《中华人民共和国刑法》第二百零一条第一款规定的"经税务机关通知申报"：

> （一）纳税人、扣缴义务人已经依法办理税务登记或者扣缴税款登记的；
>
> （二）依法不需要办理税务登记的纳税人，经税务机关依法书面通知其申报的；
>
> （三）尚未依法办理税务登记、扣缴税款登记的纳税人、扣缴义务人，经税务机关依法书面通知其申报的。

显然自然人股东因不需要办理税务登记，其取得的 1 000 万元的股息申报缴纳个人所得税必须要由税务机关依法书面通知其申报。

二是《国家税务总局关于印发个人所得税自行纳税申报办法（试行）的通知》（国税发〔2006〕162 号）第二条规定，凡依据《中华人民共和国个人所得税法》负有纳税义务的纳税人，有下列情形之一的，应当按照本办法的规定办理纳税申报：（一）年所得 12 万元以上的；……

第二十六条主管税务机关应当在每年法定申报期间，通过适当方式，提醒年所得 12 万元以上的纳税人办理自行纳税申报。

可见，虽然纳税人取得的年所得超过了 12 万元，需要办理自行申报，但同样需要由主管税务机关在法定申报期间内提醒纳税人办理自行纳税申报。

综上，由于自然人股东 2009 年取得的股息红利，扣缴义务人 L 公司既未代扣代缴，税务机关也未通知纳税人在 2010 年办理年度自行申报，则不能定性为偷税。由于已超过补缴税款和滞纳金的追征期限，因此上述税款和滞纳金不能再行征收。

关于罚款，《税收征管法》第八十六条规定，违反税收法律、行政法规应当给予行政处罚的行为，在五年内未被发现的，不再给予行政处罚。

显然，不论是否税务机关原因，纳税人计算错误等原因，甚至是偷税、抗税、骗税的情形，只要超过五年未被发现，均不能再予以罚款。

因此税款和罚款均不宜征收。

►► 接受虚开如何定性，行政处理与刑事处理的异同
关键字：程序法

湖南省沅江市人民法院刑事判决书

（2019）湘0981刑初244号

……

经审理查明，2012年3月至2018年6月期间，被告人杨某担任被告单位西平县某某医药有限公司（以下简称"某某公司"）负责人、财务总监，负责公司具体业务和财务工作。2015年5月至同年6月，李某某、陆某某（均已判刑）等人冒用他人身份证在沅江市分别注册成立沅江市某宁药业有限公司（以下简称"某宁公司"）、沅江市某某康药业有限公司（以下简称"某某康公司"），在无任何生产、经营情况下，为他人虚开增值税专用发票。2015年5月至同年6月，某宁公司经与某某公司业务员联系，为某某公司虚开的增值税专用发票30份，票面金额共计2 985 128.07元，税额为507 471.93元；2015年6月，某某康公司经与某某公司业务员联系，为某某公司虚开增值税专用发票40份，票面金额共计3 972 649.6元，税额共计675 350.4元。2015年7月至同年10月，被告人杨某明知某某公司与某宁公司、某某康公司没有货物交易，先后持虚开的票面金额共计6 957 777.67元，税额1 182 822.33元的增值税专用发票70份，向国家税务总局西平县税务局申报认证，共计抵扣税款1 182 822.33元。2018年8月23日，被告人杨某主动到湖南省益阳市公安局直属分局投案。案发后，被告单位某某公司主动向益阳市公安局直属分局退缴违法所得1 182 822.33元。

……

> 依照《中华人民共和国刑法》第二百零五条第二款、第三款，第六十七条第一款，第七十二条第一、三款、第七十三条第二、三款、第五十二条、第六十四条之规定，判决如下：
>
> 一、被告单位西平县某某医药有限公司犯虚开增值税专用发票罪，判处罚金人民币25万元（罚金已缴纳）；
>
> 二、被告人杨某犯虚开增值税专用发票罪，判处有期徒刑三年，缓刑四年；（缓刑考验期限，从判决确定之日起计算）。
>
> 三、被告单位西平县某某医药有限公司向湖南省益阳市公安局直属分局退缴的违法所得人民币1 182 822.33元，予以没收，由湖南省益阳市公安局直属分局上缴国库。如不服本判决，可在接到判决书的第二日起十日内，通过本院或者直接向湖南省益阳市中级人民法院提出上诉。书面上诉的，应当提交上诉状正本一份，副本二份。

先看法律条文的规定：

从上文的"2015 年 5 月至同年 6 月，李某某、陆某某（均已判刑）等人冒用他人身份证在沅江市分别注册成立沅江市某宁药业有限公司、沅江市某某康药业有限公司，在无任何生产、经营情况下，为他人虚开增值税专用发票"可以知道，本案是"拔出萝卜带出泥"，对外虚开的李某某、陆某某出了事，从而带出了接受虚开的河南某某公司。

根据《中华人民共和国刑事诉讼法》第十九条规定，职能管辖刑事案件的侦查由公安机关进行，法律另有规定的除外。……第二十五条刑事案件由犯罪地的人民法院管辖。如果由被告人居住地的人民法院审判更为适宜的，可以由被告人居住地的人民法院管辖。

因此，起因应当是犯罪地的湖南省益阳市公安局抓捕了李某某、陆某某，并由湖南省益阳市人民法院予以判决，随后由彼案追到此案，对河南某某公司和直接责任人杨某按刑法第二百零五条予以了判决。

《中华人民共和国刑法》第二百零五条规定：

> 虚开增值税专用发票、用于骗取出口退税、抵扣税款发票罪虚开增值税专用发票或者虚开用于骗取出口退税、抵扣税款的其他发票的，处三年以下有期徒刑或者拘役，并处二万元以上二十万元以下罚金；虚开的税款数额较大或者有其他严重情节的，处三年以上十年以下有期徒刑，并处五万元以上五十万元以下罚金；虚开的税款数额巨大或者有其他特别严重情节的，处十年以上有期徒刑或者无期徒刑，并处五万元以上五十万元以下罚金或者没收财产。单位犯本条规定之罪的，对单位判处罚金，并对其直接负责的主管人员和其他直接责任人员，处三年以下有期徒刑或者拘役；虚开的税款数额较大或者有其他严重情节的，处三年以上十年以下有期徒刑；虚开的税款数额巨大或者有其他特别严重情节的，处十年以上有期徒刑或者无期徒刑。虚开增值税专用发票或者虚开用于骗取出口退税、抵扣税款的其他发票，是指有为他人虚开、为自己虚开、让他人为自己虚开、介绍他人虚开行为之一的。

2018 年 8 月 27 日，最高人民法院《关于虚开增值税专用发票定罪量刑标准的通知》中，对虚开增值税专用发票刑事案件定罪量刑的数额标准，在新的司法解释颁布前，可以参照最高人民法院《关于审理骗取出口退税刑事案件具体应用法律若干问题的解释》（法释〔2002〕30 号）第三条的规定执行，即虚开的税款数额在五十万元以上的，认定为刑法第二百零五条规定的"数额较大"；虚开的税款数额在二百五十万元以上的，认定为刑法第二百零五条规定的"数额巨大"。

综上，虚开税款数额 1 182 822.33 元属于数额较大，在 5 万元与 50 万元罚金中处罚金 25 万元，在三年以上十年以下有期徒刑里判处了三年，缓刑四年。

案例二

> 2015 年至 2019 年间，贾某、田某利用两人名下公司，在无真实交易的情况下，以虚构合同、资金回流的方式，直接或通过中间人介绍，向张某、杨某等人经营的南京某实验仪器设备有限公司、南京某贸易有限公司等 12 家民营企业虚开增值税专用发票 232 张，票额共计 1 136 万余元，税额共计 163 万余元。按照法律规定，虚开增值税专用发票罪中的上游开票、中介介绍、下游受票都须承担相应刑事责任。

在审查起诉过程中，浦口区检察院承办检察官先后审查卷宗20余册、梳理银行流水10余万元条，并在单位犯罪认定、资金回流规律、真实交易情况等重点难点问题上加大审查力度，先后向公安机关发出补充侦查事项30余条，力求全面查清虚开事实。此外，通过讯问犯罪嫌疑人、查阅公司账册、实地走访企业等方式，逐一核实了涉案经营者的虚开目的，涉案企业的经营情况。

承办检察官表示，涉案的多家企业经营者均具有自首、坦白、补缴税款等情节，到案后认罪认罚，依法可以从轻处理。为进一步追赃挽损，审查起诉阶段，办案检察官督促部分企业和经营者进一步补缴应纳税款及滞纳金85万余元，退缴违法所得9万余元。

2020年7月24日，浦口区检察院举行了20余人参加的不起诉公开集中宣告，并联合税务机关开展训诫教育。不起诉宣告后，税务稽查人员以授课形式，向各被不起诉单位、不起诉人进一步明晰了危害税收征管行为的严重后果，介绍了当前税收减免的政策法规，督促当事企业吸取教训、合法经营。

"不起诉"不代表"不处罚"，会上，浦口区检察院还向税务机关送达了检察意见书，建议对被不起诉单位、被不起诉人依法做作出行政处罚。

先看法律法规条文：

《中华人民共和国刑事诉讼法》第十六条：

依法不追诉原则有下列情形之一的，不追究刑事责任，已经追究的，应当撤销案件，或者不起诉，或者终止审理，或者宣告无罪：

（一）情节显著轻微、危害不大，不认为是犯罪的；

（二）犯罪已过追诉时效期限的；

（三）经特赦令免除刑罚的；

（四）依照刑法告诉才处理的犯罪，没有告诉或者撤回告诉的；

（五）犯罪嫌疑人、被告人死亡的；

（六）其他法律规定免予追究刑事责任的。

因此，南京市人民检察院本着刑法效果与社会效果的有机统一进行了上述处理，其实这也是落实最高人民检察院着眼于保护民营经济角度出发而做出的决定。

案例三

国家税务总局北京市税务局稽查局税务行政处罚事项告知书（京税稽罚告〔2019〕××号）

我局于2017年8月21日起对你单位2014年1月1日至2017年7月31日的纳税情况进行了检查，对你单位的税收违法行为拟做出行政处罚决定，根据《中华人民共和国税收征收管理法》第八条、《中华人民共和国行政处罚法》第三十一条规定，现将有关事项告知如下：

一、税务行政处罚的事实依据、法律依据及拟作出的处罚决定。

（一）税务行政处罚的事实依据

经检查，你单位在2014年5月至2015年12月期间，取得由广东××药业有限公司开具的890份增值税专用发票，涉及金额87 173 612.97元，税额14 819 515.27元，价税合计101 993 128.24元。上述890份增值税专用发票经广东省深圳市国家税务局出具的"已证实虚开通知单"证实虚开。其中864份增值税专用发票，系你单位2015年至2016年让他人为自己开具与实际经营业务情况不符的增值税专用发票，并抵扣税款且结转当年商品销售成本。

（二）法律依据及拟作出的处罚决定

根据《中华人民共和国税收征收管理法》第六十三条之规定，你单位让他人为自己开具与实际经营业务情况不符的增值税专用发票864份，并抵扣税款且结转当年商品销售成本，造成少缴税款的行为属于偷税，少缴税款共计36 071 312.63元，现拟决定对你单位处少缴税款一倍的罚款，共计36 071 312.63元。

二、你单位有陈述、申辩的权利。请在我局做出税务行政处罚决定之前，到我局进行陈述、申辩或自行提供陈述、申辩材料；逾期不进行陈述、申辩的，视同放弃权利。

三、拟对你单位罚款10 000元（含10 000元）以上，你单位有要求听证的权利。可自收到本告知书之日起3日内向本局书面提出听证申请；逾期不提出，视为放弃听证权利。

税务机关（签章）

2019年12月04日

解析：这个案例同样也是"拔出萝卜，带出泥"的窝案，但上家出事是被深圳市国家税务局发现的，因此，深圳市国家税务局通过税务稽查系统发出已证实虚开通知单，由北京市国家税务局予以查处。这里涉及两个法条：一是依据《中华人民共和国发票管理办法》（国务院令第587号）第二十二条，开具发票应当按照规定的时限、顺序、栏目，全部联次一次性如实开具，并加盖发票专用章。

> 任何单位和个人不得有下列虚开发票行为：
>
> （一）为他人、为自己开具与实际经营业务情况不符的发票；
>
> （二）让他人为自己开具与实际经营业务情况不符的发票；
>
> （三）介绍他人开具与实际经营业务情况不符的发票。
>
> ……
>
> 第三十七条：违反本办法第二十二条第二款的规定虚开发票的，由税务机关没收违法所得；虚开金额在1万元以下的，可以并处5万元以下的罚款；虚开金额超过1万元的，并处5万元以上50万元以下的罚款；构成犯罪的，依法追究刑事责任。
>
> 非法代开发票的，依照前款规定处罚。

二是依据《税收征管法》第六十三条：纳税人伪造、变造、隐匿、擅自销毁账簿、记账凭证，或者在账簿上多列支出或者不列、少列收入，或者经税务机关通知申报而拒不申报或者进行虚假的纳税申报，不缴或者少缴应纳税款的，是偷税。对纳税人偷税的，由税务机关追缴其不缴或者少缴的税款、滞纳金，并处不缴或者少缴的税款百分之五十以上五倍以下的罚款；构成犯罪的，依法追究刑事责任。

那么既涉及虚开又涉及偷税，如何处理呢？根据《国家税务总局关于纳税人取得虚开的增值税专用发票处理问题的通知》（国税发〔1997〕134号）：

> 一、受票方利用他人虚开的专用发票，向税务机关申报抵扣税款进行偷税的，应当依照《中华人民共和国税收征收管理法》及有关规定追缴税款，处以偷税数额五倍以下的罚款；进项税金大于销项税金的，还应当调减其留抵的进项税额。利用虚开的专用发票进行骗取出口退税的，应当依法追缴税款，处以骗税数额五倍以下的罚款。

二、在货物交易中，购货方从销售方取得第三方开具的专用发票，或者从销货地以外的地区取得专用发票，向税务机关申报抵扣税款或者申请出口退税的，应当按偷税、骗取出口退税处理，依照《中华人民共和国税收征收管理法》及有关规定追缴税款，处以偷税、骗税数额五倍以下的罚款。

三、纳税人以上述第一条、第二条所列的方式取得专用发票未申报抵扣税款，或者未申请出口退税的，应当依照《中华人民共和国发票管理办法》及有关规定，按所取得专用发票的份数，分别处以一万元以下的罚款；但知道或者应当知道取得的是虚开的专用发票，或者让他人为自己提供虚开的专用发票的，应当从重处罚。

四、利用虚开的专用发票进行偷税、骗税，构成犯罪的，税务机关依法进行追缴税款等行政处理，并移送司法机关追究刑事责任。

由上可见，税务机关是按偷税来处理的，与虚开增值税专用发票、用于骗取出口退税、抵扣税款发票罪不同的是，《中华人民共和国刑法》第二百零一条规定：

纳税人采取欺骗、隐瞒手段进行虚假纳税申报或者不申报，逃避缴纳税款数额较大并且占应纳税额百分之十以上的，处三年以下有期徒刑或者拘役，并处罚金；数额巨大并且占应纳税额百分之三十以上的，处三年以上七年以下有期徒刑，并处罚金。扣缴义务人采取前款所列手段，不缴或者少缴已扣、已收税款，数额较大的，依照前款的规定处罚。对多次实施前两款行为，未经处理的，按照累计数额计算。有第一款行为，经税务机关依法下达追缴通知后，补缴应纳税款，缴纳滞纳金，已受行政处罚的，不予追究刑事责任；但是，五年内因逃避缴纳税款受过刑事处罚或者被税务机关给予二次以上行政处罚的除外。

可见，按偷税处理，补缴应纳税款，缴纳滞纳金，并接受行政处罚的，可以不予追究刑事责任，而如果按虚开处理，达到一定标准，则依据《行政执法机关移送涉嫌犯罪案件的规定》（国务院令第730号）第三条，行政执法机关在依法查处违法行为过程中，发现违法事实涉及的金额、违法事实的情节、违法事实造成的后果等，根据刑法关于破坏社会主义市场经济秩序罪、妨害社会管理秩序罪等罪的规定和最高人民法院、最高人民检察院关于破坏社会主义市场经济秩序罪、妨害社会管理秩序罪等罪的司法解释以及最高人民检察院、公安部关于经济犯罪案件的追诉标准等规定，涉嫌构成犯罪，依法需要追究刑事责任的，必须依照本规定向公安机关移送。

案例四

2018年9月19日，Y市税务稽查局对K公司作出税务处理决定书，内容如下：

你公司接受C公司发票案件已经H法院审结，并于2017年7月6日作出刑事判决，认定你公司构成虚开增值税专用发票罪。你公司取得C公司和F公司增值税发票38份，票面金额合计3 395 726.53元，税额合计577 273.47元，H区经侦以税款为标的物扣押了你公司577 273元税款，H法院作出判决：判处罚金20万元（已缴纳）；刘某武、刘某文免予刑事处罚；扣押税款577 273元，已由Y市H区经侦上缴国库，但未经主管税务机关按规定上缴国库，决定：

1. 补缴增值税577 273元，根据《中华人民共和国增值税暂行条例》第九条；

2. 按日加收滞纳金，根据《中华人民共和国税收征收管理法》第三十二条。

Y市税务稽查局对K公司作出税务处理决定书后，K公司未在法定时限内，按Y市税务稽查局要求补缴577 273元增值税及滞纳金348 095.62元。2019年4月3日，Y税务稽查局对K公司作出税收强制执行决定书，并决定从2019年4月3日起从K公司在工商银行账户中扣缴入国库。

K公司不服Y市税务稽查局的税务处理决定书和税收强制执行决定书，向法院提起诉讼。

公司观点：

2017年7月6日，经法院判决，对于经侦扣押的K公司退缴的税款577 273元予以追缴，上缴国库。2018年9月19日，Y市税务稽查局依据判决内容又以同样的事实对K公司作出处理，要求K公司补缴增值税577 273元，并支付滞纳金348 095.62元。

Y市税务稽查局以K公司未缴纳为由仍强制执行了925 368.62元。Y市税务稽查局的税务处理和税收强制执行没有事实和法律依据，应当予以撤销。

> 税务稽查局观点：
>
> Y市税务稽查局认为法院判决对公安机关扣押的K公司违法所得予以追缴与其要求K公司补缴增值税，两者是不同的法律概念。
>
> 法院观点：
>
> 根据《中华人民共和国刑法》第二百一十二条的规定，犯偷税罪、抗税罪、逃避追缴欠税罪、骗取出口退税罪、虚开增值税发票罪和虚开用于骗取出口退税、抵扣税款发票罪，被判处罚金、没收财产的，在执行前，应当先由税务机关追缴税款。据此规定，税收优先于罚款、没收违法所得。

但当司法机关已经对违法所得作出没收违法所得的判决，税务机关对税收如何进行征收？依据《最高人民法院　最高人民检察院　国家税务局关于办理偷税、抗税案件追缴税款统一由税务机关缴库的规定》第四条，偷税、抗税案件经人民法院判决应当予以追缴或退回的税款，判决生效后，由税务机关依据判决书收缴或退回。对当事人以及有关单位，拒绝依据判决书缴纳或划拨税款的，由人民法院强制执行。

本案Y市税务稽查局具有依生效的刑事判决书追缴税款的职责，但生效的刑事判决中查明公安机关扣押的K公司退缴的税款应予以追缴，上缴国库，并被判决没收违法所得577 273元，二者数额一致，实同为K公司虚开增值税抵扣的税款577 273元。该部分税款实际已经上缴国库，Y市税务稽查局再向K公司作出税务处理决定，要求补缴，缺乏事实依据和法律依据。至于该款项在税务机关及司法机关之间如何划转以保证国家税收足额入库，则属于税务机关与司法机关依据法律、法规进行处理的问题。

法院最终判决撤销了Y市税务稽查局的税务处理决定和税收强制执行决定，并返还强制扣缴的K公司税款和滞纳金925 368.62元。

先看法律条文的规定：

> 《国家税务总局关于印发税务稽查工作规程的通知》（国税发〔2009〕157号）第六十条，税收违法行为涉嫌犯罪的，填制《涉嫌犯罪案件移送书》，经所属税务局局长批准后，依法移送公安机关，并附送以下资料：
>
> （一）《涉嫌犯罪案件情况的调查报告》；

（二）《税务处理决定书》《税务行政处罚决定书》的复制件；

（三）涉嫌犯罪的主要证据材料复制件；

（四）补缴应纳税款、缴纳滞纳金、已受行政处罚情况明细表及凭据复制件。

《中共中央办公厅 国务院办公厅转发国务院法制办等部门〈关于加强行政执法与刑事司法衔接工作的意见〉的通知》（中办发〔2011〕8号）规定，"行政执法机关向公安机关移送涉嫌犯罪案件，……未作出行政处理处罚决定的，原则上应当在公安机关决定不予立案或者撤销案件、人民检察院作出不起诉决定、人民法院作出无罪判决或者免予刑事处罚后，再决定是否给予行政处理及处罚。"

综上所述，既然法院已给予判决，其中的没收违法所得实质上就是虚开抵扣的增值税税款，税务机关再次要求补税，显然陷入了循环之中，即税务机关处理处罚，达到涉刑标准移送司法机关，司法机关予以判决，判决后税务机关又给予处理处罚，这显然是不应该的。

案例五

税务处理决定书

湖北××物流有限公司

法定代表人：张××

我局对你单位设立之日至2018年12月31日期间的涉税情况进行检查，发现违法事实及处理决定如下：

一、违法事实

经核实，你公司2018年11月中旬纳税征期结束后未进行纳税申报，主管税务机关根据"金三"实名登记信息多次电话联系企业有关人员，但均无法接通，后赴企业登记地址进行实地核查，确认企业注册地址为虚构信息，故证实你公司已走逃（失联）。

检查人员通过主管税务机关在"金三"系统查询你公司2018年度自登记以来纳税申报情况，系统显示你公司进行零申报。检查人员通过主管税务机关查询你公司2018年共计领购增值税专用发票50份，开具有效增值税专用发票50份（发票号码：14556894—14556918、14346412—14346436），金额4 517 518.5元，税额645 345.13

元，价税合计5 162 863.63元。你公司开具的增值税专用发票未申报纳税。

检查人员通过主管税务机关和工商管理部门查询你公司银行账户信息，发现其均未登记公司账户信息。故检查人员履行相关手续对你公司开具增值税专用发票上所载银行账号（中国建设银行股份有限公司咸宁市咸安区支行，账号：6217002458844357852）进行查询。经查，中国建设银行股份有限公司咸宁市咸安区支行无此账户信息。发票销售单位的账号虚假，无销售货物资金流真实的证明资料，证明发票开具的内容虚假。

检查人员通过实地核查企业的注册登记信息和生产经营地址，询问所在有关部门工作人员，发现其登记注册经营地址根本没有你公司实际生产经营。检查人员通过"金三系统"查询其法定代表人和财务负责人联系方式，拨打法人和财务负责人的电话号码，发现无人接听或已停机。实地核查生产经营场地虚假，证明没有货物生产、场地和设备；无生产能耗和委托加工信息；未进行纳税申报，无法证明有货物购进，进一步证明发票开具的销售行为虚假。

综上，你公司的经营销售行为是无货开具增值税专用发票的违法行为。你公司开具与经营业务情况不符的发票，根据《国家税务总局关于走逃（失联）企业涉嫌虚开增值税专用发票检查问题的通知》（税总发〔2016〕172号）第二条第二款"直接走逃失踪不纳税申报，或虽然申报但通过填列增值税纳税申报表相关栏次，规避税务机关审核比对，进行虚假申报的"和第五款"已查实全部或部分交易资金信息不真实的（如利用银行账户回流资金）、大宗交易未付款或虚假现金支付的等"及《中华人民共和国发票管理办法》第二十二条第二款第一项："为他人、为自己开具与实际经营业务情况不符的发票"规定，认定你公司开具增值税专用发票50份的行为属于虚开增值税专用发票的行为，金额4 517 518.5元，税额645 345.13元，价税合计5 162 863.63元。

二、处理决定

你公司开具增值税专用发票50份，是以虚开发票牟取非法利益为目的，没有真实生产经营业务，本质上并没有增值税应税行为的发生，因此不产生相应的增值税纳税义务。根据《中华人民共和国发票管理办法》第二十二条第二款和第三十七条之规定，你公司开具发票的行为是虚开增值税专用发票的违法行为，且涉嫌犯罪移送公安机关。

> 　　若同我局在税务处理上有争议，应自收到本决定之日起六十日内依法向国家税务总局咸宁市税务局申请行政复议。
>
> 　　来源《国家税务总局咸宁市税务局第一稽查局税务处理决定书（咸税一稽处〔2019〕77号）》

　　解析：先看法律条文的规定。

> 　　《中华人民共和国增值税暂行条例》第十九条，增值税纳税义务发生时间：
>
> 　　（一）发生应税销售行为，为收讫销售款项或者取得索取销售款项凭据的当天；先开具发票的，为开具发票的当天。
>
> 　　《财政部 国家税务总局关于全面推开营业税改征增值税试点的通知》（财税〔2016〕36号）第四十五条 增值税纳税义务、扣缴义务发生时间为：
>
> 　　（一）纳税人发生应税行为并收讫销售款项或者取得索取销售款项凭据的当天；先开具发票的，为开具发票的当天。

　　上述均有"先开具发票的，为开具发票的当天"的表述，一般均认为只要开具发票就要缴纳增值税，《国家税务总局对代开、虚开增值税专用发票征补税款问题的批复》（国税函发〔1995〕415号）解答如下。

> 安徽省国家税务局：
>
> 　　你局《关于代开增值税专用发票如何计算补税问题的请示》（皖国税流〔1995〕305号）收悉。关于企业为他人非法代开、虚开增值税专用发票如何征补税款问题，我局曾以《国家税务总局关于加强增值税征收管理工作的通知》（国家发〔1995〕015号）作出规定："对已开具发票的销售货物，要及时足额计入当期销售额征税。凡开具了专用发票，其销售额未按规定计入销售账户核算的，一律按偷税论处。"为加强增值税专用发票的管理，我们意见：对代开、虚开专用发票的，一律按票面所列货物的适用税率全额征补税款，并按《中华人民共和国税收征收管理法》的规定给予处罚。

此后，该文件被《国家税务总局关于纳税人虚开增值税专用发票征补税款问题的公告》（国家税务总局公告 2012 年第 33 号）所代替，规定如下：

> 纳税人虚开增值税专用发票，未就其虚开金额申报并缴纳增值税的，应按照其虚开金额补缴增值税；已就其虚开金额申报并缴纳增值税的，不再按照其虚开金额补缴增值税。税务机关对纳税人虚开增值税专用发票的行为，应按《中华人民共和国税收征收管理办法》及《中华人民共和国发票管理办法》的有关规定给予处罚。纳税人取得虚开的增值税专用发票，不得作为增值税合法有效的扣税凭证抵扣其进项税额。

本质上仍是坚持只要开具了发票，即需要缴纳增值税。

但是到了 2016 年，国家税务总局货劳司《全面推开营业税改征增值税试点政策培训参考材料》中对先开具发票的解释却是："以开具发票的当天为纳税义务发生时间的前提是纳税人发生应税行为。"

那么，纳税人未发生应税行为，则不属于增值税的应税范畴，补缴增值税就没有法理依据，而按《中华人民共和国发票管理办法》（国务院令第 587 号）第二十二条进行处理，开具发票应当按照规定的时限、顺序、栏目，全部联次一次性如实开具，并加盖发票专用章。

> 任何单位和个人不得有下列虚开发票行为：
> （一）为他人、为自己开具与实际经营业务情况不符的发票；
> （二）让他人为自己开具与实际经营业务情况不符的发票；
> （三）介绍他人开具与实际经营业务情况不符的发票。
> ……
> 第三十七条　违反本办法第二十二条第二款的规定虚开发票的，由税务机关没收违法所得；虚开金额在 1 万元以下的，可以并处 5 万元以下的罚款；虚开金额超过 1 万元的，并处 5 万元以上 50 万元以下的罚款；构成犯罪的，依法追究刑事责任。